U0877657

數據發展之路
廣東實踐

傅建平　袁昭晅　年冰清
罗　漫　张宏建　杨婉仪　◎编著

人民日報出版社
北　京

图书在版编目（CIP）数据

数据发展之路：广东实践 / 傅建平等编著 . — 北京：人民日报出版社，2023.9

ISBN 978-7-5115-7927-0

Ⅰ. ①数… Ⅱ. ①傅… Ⅲ. ①信息经济—经济发展—研究—广东 Ⅳ. ① F492.3

中国国家版本馆 CIP 数据核字（2023）第 146198 号

书　　名：数据发展之路：广东实践
　　　　　SHUJU FAZHAN ZHI LU: GUANGDONG SHIJIAN
作　　者：傅建平　袁昭晅　牟冰清　罗　漫　张宏建　杨婉仪

出 版 人：刘华新
责任编辑：蒋菊平　徐　澜
版式设计：九章文化

出版发行：人民日报出版社
社　　址：北京金台西路 2 号
邮政编码：100733
发行热线：(010) 65369509　65369527　65369846　65369512
邮购热线：(010) 65369530　65363527
编辑热线：(010) 65369528
网　　址：www.peopledailypress.com
经　　销：新华书店
印　　刷：大厂回族自治县彩虹印刷有限公司
法律顾问：北京科宇律师事务所　(010) 83622312

开　　本：710mm×1000mm　1/16
字　　数：267 千字
印　　张：19.5
版次印次：2023 年 9 月第 1 版　　2023 年 9 月第 1 次印刷

书　　号：ISBN 978-7-5115-7927-0
定　　价：56.00 元

专家推荐

Advance praise

构建面向中国式现代化的数据要素治理体系，要以促发展、保安全、强创新为原则，充分发挥有为政府与有效市场的主体创新协同作用，建立安全可控、弹性包容的数据要素治理制度。《数据发展之路：广东实践》抓住制约数据发展的主要矛盾，剖析当前发展所面临的困境，推进在改革实践基础上的数据要素治理理论创新，从理念、思维、关系、愿景和目的，全面呈现了数据要素领域的关键议题。作者团队深入浅出的风格，使复杂概念变得易于理解。这本书不仅是一次前沿实践的经验升华，更是一次引人深思的智慧之旅，强烈推荐给所有关心数据要素治理与发展的人。

————国家信息中心副主任　周民

数据要素支持高质量经济发展，是中国式现代化的重要课题。《数据发展之路：广东实践》作者团队基于广东的实践，从经济、社会、治理、法律、制度、技术、安全等视角，为理论创新者、政策制定者和改革实践者深入研究数据要素支持高质量经济发展，提供了一个有价值的框架。

——北京大学教授、北京大学数字金融研究中心主任　黄益平数据时代已经来临，数据正在深刻改变生产、生活和治理全过程。《数据发展之路：广东实践》以破解数据要素供给侧结构性矛盾为主线，着重从数据要素供需、分类、权益、流通、分配、技术、治理、合规、监管、案例、愿景等多个维度，全面剖析数据要素化是什么、数据要素化怎么做及其路径选择，进而提炼出一些理论性认识、前瞻性思考和创新性案例，特色鲜明，值得广大领导干部、专家学者、关注数据要素的人士阅读。

——清华大学教授、博士生导师，教育部“长江学者”特聘教授　孟庆国

数据作为新型生产要素，其价值实现涉及法律、经济、管理、财会、工商、市场等方面的理论、制度和实践，更需要数据科学、计算机科学的支撑。《数据发展之路：广东实践》以广东数据要素发展实践为基础，进行了深入的学术思考，抽象凝练了数据发展的理论体系，提出了相关的解决方案，是数字经济从业者的重要参考书！

——复旦大学教授、博士生导师　朱扬勇

人类社会已进入了数字经济时代，数据是数字经济的重要要素。数据经济价值和社会价值的挖掘决定着数字经济的高质量发展，同时也是智能发展的基础。作者团队以广东数据发展的实践为基础，结合地方发展的经验对数据价值挖掘过程中的主要问题进行了深入研究。该研究的内容进一步丰富了促进我国数据应用、发展数据产业、激活数据要素市场、释放数据红利方面的研究成果，为业内人士提供数据发展实践研究支撑。

——中国政法大学教授、博士生导师　李爱君

《数据发展之路：广东实践》不仅是广东数据要素市场建设实践的经验总结，也是对数据新型生产要素需要的新战略、新制度、新机制的理论探索。“谁掌握了数据，谁将掌握发展的主动权；谁利用好数据，谁将赢得未来数字竞争新优势”，但数据要素具有“六大特性”，是具有不确定性的资源，因而“推进数据合规就是发展数据生产力”。我相信该书许多观点会引发读者的共鸣和进一步思考。

——华东政法大学教授、华东政法大学数据法律研究中心主任　高富平

《数据发展之路：广东实践》以数据要素化“十大关系”为主线，系统地阐述了数据发展的历史、现状和未来趋势，揭示了数据发展的深层次矛盾和根本性问题。作者以一种“简单的”“可解释”的独特视角阐述了数据发展这一复杂理论问题，为读者提供了一种全新的思考和行动框架。藉此，把这本书推荐给所有活跃在数据发展领域的人士。让我们共同携手探索和开创数字时代美好未来！

——中央党校（国家行政学院）研究员、博士生导师　翟云

《数据发展之路：广东实践》深刻探讨了数据在当今社会如何扮演引领创新和进步的重要角色。作者团队以独到的洞察力，对数据要素化“十大关系”进行全面解析，对数据价值、数据要素改革进行深入探讨，为读者呈现了一场关于中国式数据发展之路的精彩思想盛宴。对于想要了解数据未来发展趋势的人士，这本书绝对不可或缺。

——北京师范大学博士生导师，中国互联网协会研究中心副主任　吴沈括

数据要素是个新生事物，各界对“实现怎样的数据发展，怎样实现中国式数据发展”众说纷纭，《数据发展之路：广东实践》一书恰逢其时。该书作者团队躬身改革前沿，探索在实践基础上的理论创新，抓住制约数据要素发展的主要矛盾，提炼出数据要素化“十大关系”，以“数据为民、还数于民”的社会责任感，“树立数据价值观引领中国式数据发展”“用结构性改革破解结构性难题”的战略眼光和思考深度，相信会为读者带来一场酣畅淋漓的思辨盛宴。

——中国软件评测中心副主任、正高级工程师　吴志刚

《数据发展之路：广东实践》是一本极具洞见和启发性的图书，深入浅出地探讨了数据对我们生产方式转变、经济结构重构、生活方式变迁、治理方式变革带来的巨大影响。对于有志推动数据要素发挥价值的管理者、参与数据发展的创业者、数据领域课题的研究者，是一本不容错过的参考书。

——华为公司数据产业发展首席专家　陈荣富

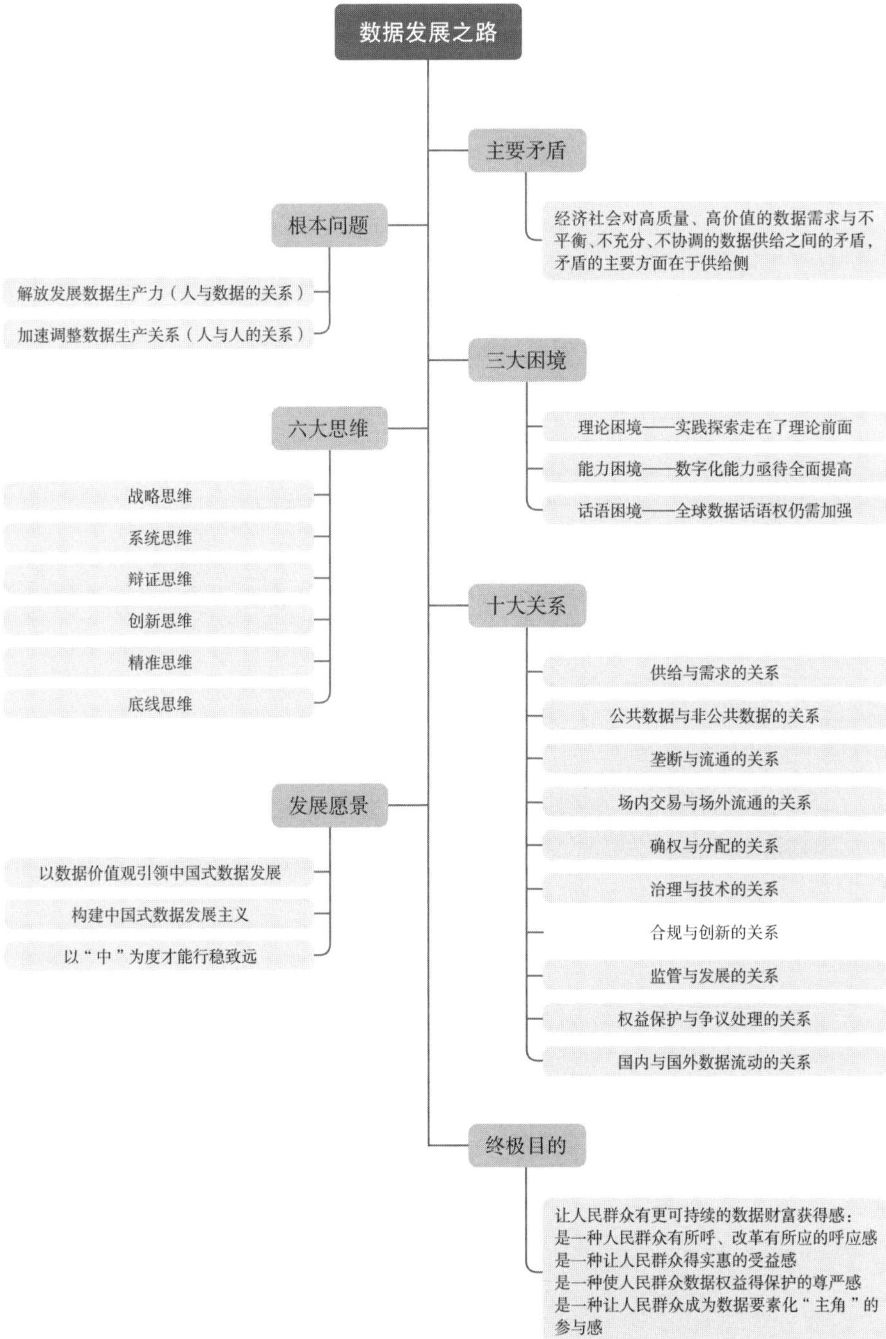
数据发展之路
主要矛盾
经济社会对高质量、高价值的数据需求与不平衡、不充分、不协调的数据供给之间的矛盾，矛盾的主要方面在于供给侧
根本问题
解放发展数据生产力（人与数据的关系）
加速调整数据生产关系（人与人的关系）
三大困境
理论困境——实践探索走在了理论前面
能力困境——数字化能力亟待全面提高
话语困境——全球数据话语权仍需加强
六大思维
战略思维
系统思维
辩证思维
创新思维
精准思维
底线思维
十大关系
供给与需求的关系
公共数据与非公共数据的关系
垄断与流通的关系
场内交易与场外流通的关系
确权与分配的关系
治理与技术的关系
合规与创新的关系
监管与发展的关系
权益保护与争议处理的关系
国内与国外数据流动的关系
发展愿景
以数据价值观引领中国式数据发展
构建中国式数据发展主义
以“中”为度才能行稳致远
终极目的
让人民群众有更可持续的数据财富获得感：
是一种人民群众有所呼、改革有所应的呼应感
是一种让人民群众得实惠的受益感
是一种使人民群众数据权益得保护的尊严感
是一种让人民群众成为数据要素化“主角”的参与感

前言 Preface

数字化是全球趋势，也是中国实践。本书立足广东实践，着眼全球视野，发挥新型举国体制优势，围绕“实现什么样的中国式数据发展，怎样实现中国式数据发展”时代命题，从供给与需求、公共数据与非公共数据、垄断与流通、场内与场外、确权与分配、治理与技术、合规与创新、监管与发展、权益保护与争议处理、国内与国外等方面对中国式数据发展路径进行全面探讨。

本书认为数据已成为党的重要执政资源、国家的战略性资产和新型生产要素，推进数据要素化归根结底是一个政治经济学问题。当前供给侧结构性矛盾突出，制约着数据要素更好发挥作用，要把握数据要素“六大特性”，树立数据治理“六大思维”，处理好数据要素化“十大关系”，重塑共建共享共治共用共赢的数据生产关系，解放和发展数据生产力，促进全要素共享开放、协同共生、数实融合，实现全面高质量发展。要树立正确的数据价值观，努力构建面向中国式现代化的数据发展价值主张，以数据价值观引领中国式数据发展，牢牢掌握国家未来数字竞争主动权。

本书认为应当构建供给和需求正反馈机制，促进公共数据与非公共数据融合，允许适度垄断促进数据流通，规范场外流通与培育场内交易并重，探索多元化确权分配，可信技术支撑治理落地，推进数据合规促进创新，包容监管促进发展，完善争议处理强化权益保障，有效利用国内国际两个市场两种数据资源。

本书认为应当更加注重数据治理体系和治理能力建设，更加注重理论供给、制度供给、数据供给、能力供给，更加注重公共数据授权运营生态建设，更加注重构建多层级、多元化流通生态，更加注重国外数据要素的引进，更加注重数据与实体经济活动融合赋能，更加注重数据权益和数据合规。

本书以期在认识上、理论上取得新突破，进一步揭示数据基本特性及其价值运动规律、数据生产力与数据生产关系运动规律、数据要素市场发展规律等，为各级政府部门、相关企事业单位、科研机构和社会公众提供借鉴和参考，为数据要素全国统一大市场建设贡献绵薄之力。

目录

Contents

导　论

“数通利天下，数创赢未来”。人类发展进入新纪元，数据时代已经到来，数字化发展浪潮翻涌，催生新变革新机遇。在新时代条件下，探究数据要素化是什么、怎么做及路径选择，有利于认识数据要素的基本特性和发展规律，廓清思想迷雾，凝聚改革共识，抢抓发展机遇，推动数字变革，更好发挥数据要素作用。大数据是大家的数据，要取之于民、用之于民，合力开启中国式数据发展之门，共同探索中国式数据发展之路。

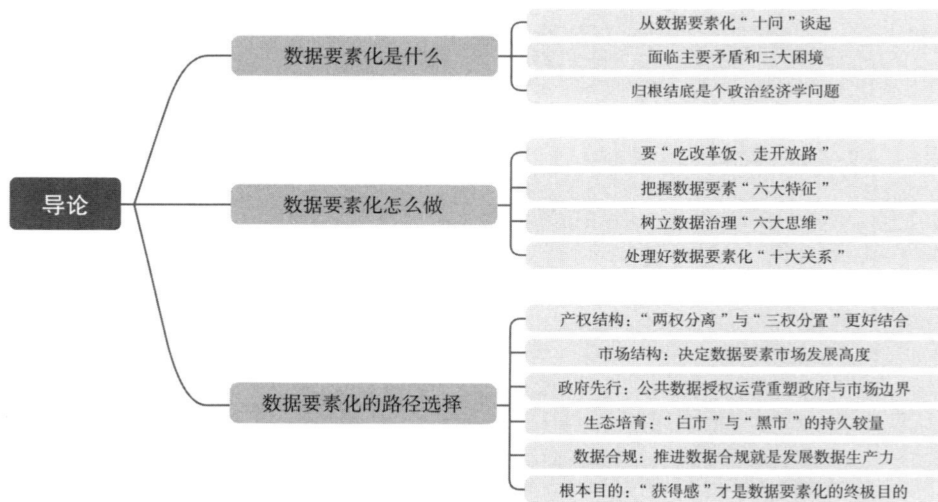
导论
数据要素化是什么
从数据要素化“十问”谈起
面临主要矛盾和三大困境
归根结底是个政治经济学问题
数据要素化怎么做
要“吃改革饭、走开放路”
把握数据要素“六大特征”
树立数据治理“六大思维”
处理好数据要素化“十大关系”
数据要素化的路径选择
产权结构：“两权分离”与“三权分置”更好结合
市场结构：决定数据要素市场发展高度
政府先行：公共数据授权运营重塑政府与市场边界
生态培育：“白市”与“黑市”的持久较量
数据合规：推进数据合规就是发展数据生产力
根本目的：“获得感”才是数据要素化的终极目的

一、数据要素化是什么

（一）从数据要素化“十问”谈起

所谓“数据”，是一切客观事物含义的记录。

所谓“要素”，是构成一切客观事物的必要因素。

所谓“化”者，《管子·七法》曰“渐也、顺也、靡也、久也、服也、习也，谓之化”。毛泽东则讲“化者，彻头彻尾彻里彻外之谓也”。

数据要素化是指用“全面的、联系的、运动的”观点，把握数据特性及其生产、分配、流通、消费等过程的价值运动规律，更好发挥数据要素作用的过程。

2023 年 5 月 27 日，在中国国际大数据产业博览会“数据要素流通与价值化”论坛上，中国科学院院士、中国计算机学会理事长梅宏“十问”数据要素化。

第一问：能否以及如何将数据列为资产？

第二问：如何理解数据权属性质，如何确权？

第三问：如何度量评估数据价值？

第四问：什么是数据要素的基本度量单位？

第五问：如何构建高效数据流通交易体系？

第六问：如何合理分配数据收益？

第七问：如何实现公共数据的真正开放？

第八问：如何平衡发展与安全？

第九问：如何为数据要素化提供技术支撑？

第十问：数据要素如何加入生产函数？

正确定义问题是解决问题的关键

梅宏院士的“十问”一语道破当前数据要素化的痛点、难点、堵点问题，可以进一步归纳成两大类问题，即：在数据要素化过程中“人与数据的关系”和“人与人的关系”。

1. 涉及“人与数据的关系”的是，第四、三、一、九问，这四个问题不是并列的，而是层层递进、相互制约，由里及表，依次是第四问（数据计量）、第三问（价值评估）、第一问（资产入表）、第九问（技术支撑）。

2. 涉及“人与人的关系”的是，第二、五、六、七、八、十问，这六个问题空间上并列、上下游逻辑关联，涉及数据权属、流通、分配、应用、监管及要素协同。

综上，第二问“数据权属”、第四问“数据计量”是破解梅宏院士“十问”的题眼和关键所在，此两问本质上是“构建数据产权制度”和“寻找衡量数据价值的一般等价物”，一旦被解决，其他问题将迎刃而解。

“构建数据产权制度”将在专门章节讨论，现主要探究用“社会必要数据化劳动时间”作为衡量数据价值的一般等价物的可行性。

合理的数据价格形成机制是数据要素市场健康运行的基础。劳动价值决定论是马克思主义政治经济学的理论基石，也是我国社会主义市场经济价格形成的理论依据。

价值规律作用的表现形式是价值决定价格、价格受市场供求关系的影响围绕价值上下波动。它同样适用于数据要素领域，即数据价值决定数据价格，数据价格随着供需关系围绕数据价值上下波动。

而数据价值是凝结在商品中的无差别的数据化劳动。数据是一切客观事物含义的记录，客观事物的复杂性决定了数据的复杂性，数据的复杂性决定了数据化劳动的复杂性。

数据化劳动是复杂劳动，在相同劳动时间，比传统劳动能够创造更大价值。数据化劳动的复杂性主要体现在劳动主体的多元化，劳动工具的数字化，劳动对象即数据的复杂性，劳动关系的复杂性等。

“社会必要数据化劳动时间”决定数据价值量。而社会必要数据化劳动时间，是“在现有的社会正常的生产条件下，在社会平均的劳动熟练程度和劳动强度下制造某种数据使用价值所需要的劳动时间”。

由以上推导可知，“社会必要数据化劳动时间”可以作为数据要素的基本度量单位，即一般等价物，进行度量和评估数据价值，进而推进数据资产入表。

总之，梅宏院士数据要素“十问”，触及数据要素领域的“芯片级问题”，聚焦“人与数据的关系”和“人与人的关系”，旨在探究调整数据生产关系、进一步解放和发展数据生产力。

（二）面临主要矛盾和三大困境

数据成为新型生产要素，给人们的生产、生活和治理方式变革带来机遇。权威机构预测 2025 年全球产生的数据将达 175ZB，而中国数据量将增至 48.6ZB，占全球数据量的 27.8%，成为全球最大的数据圈。

当前，机遇与挑战并存，受制于法规、制度、安全、能力、市场、技术等方面发展的不平衡不充分不协调，数据要素化过程存在许多不确定性。数据要素法规制度不健全、数据要素供给侧结构性矛盾突出、数据合规治理能力待提升等挑战，制约着数据要素更好发挥作用。“数据割据”局面已经形成，大部分数据掌握在公共管理与公共服务机构、大型数字平台以及行业龙头企业的手中，阻碍了数据的高效生产、合理分配、自由流通、深度应用。

在新发展格局下，按照党中央、国务院决策部署，各地各部门正推进数据要素市场化配置改革，更好发挥数据要素作用，促进高质量发展，构筑国家竞争新优势。各界对数据要素这一新生事物的特性和运动规律的把握需要一个过程，各地区积极改革实践，不断取得突破，同时，也面临“三大困境”，即理论困境、能力困境、话语困境，其根源在于思想认识。

理论困境——实践走在了理论前面。当前，在国家和地方相关政策加持下，各地在推进数据要素市场化配置改革过程中，已触碰到数据权属、授权运营、统计核算、资产价值评估、跨境流动、合规安全等“硬骨头”，亟须通过理论创新指导改革实践。同时，数据产权、流通交易、收益分配、安全监管等基础制度尚未建立，数据要素供给侧结构性矛盾突出，制约着市场功能的有效发挥。

能力困境——数字化能力亟待提高。领导干部是数字化发展的组织者和决策者，各类组织和个人是数据要素的生产者、消费者以及数据要素市场的建设者，其现有数字化能力距离推动数据要素向现实生产力转化的要求还有很大提升空间。另据《产业数字人才研究与发展报告（2023）》统计，我国数字人才缺口超过2500万，且缺口持续放大。

话语困境——数据领域“软实力”仍需加强。当今世界经济全球化遭遇逆流，数据保护主义抬头，打着自由主义的幌子大搞单边主义。中国在数据领域的话语体系的建设与体现我国大国地位、展示我国大国形象等新要求还不匹配，中国数据领域话语体系整体建设水平有待提高。

（三）归根结底是个政治经济学问题

当代中国，正经历着中华民族历史上最为广泛而深刻的社会变革，进行着人类历史上宏大而独特的实践创新。全面数字化发展是大趋势，数据与数字技术结合推动社会生产力的发展和生产关系的重塑，引发经济、政治、社会、文化、生态等重要领域的深刻变革，显著地改变着政府、市场、社会之间的边界。数据已经成为党的重要执政资源、国家的战略性资产和新型生产要素，这将给中国特色社会主义政治经济学的理论创造，提供强大动力和广阔空间。

一切事物皆可数据化，推进数据要素化，更好发挥数据要素作用，其核心问题是要具体而深入地阐释中国式数据生产过程，塑造新型数据生产关系，解放和发展数据生产力，助力中国式现代化建设。“数据要素化”归根结底是个政治经济学问题。

从研究对象看。数据要素化过程是研究的出发点，由生产过程、分配过程、交换过程、消费过程共同构成，在这个过程中，涉及两个核心问题，即人与数据的关系（生产力）、人与人的关系（生产关系）。生产力是数据生产的物质内容，生产关系是数据生产的社会形式，二者辩证统一构成数据生产方式。

从研究层次看。分为数据基础法规制度、数据治理体制两个层次。其中，数据基础法规制度聚焦于数据所有制形式和收益分配方式，属于数据生产关系的本质层次，反映着数据生产关系的根本性质。数据治理体制是数据基础法规制度的具体组织形式，包括管理体系、供给体系、流通体系、应用体系、统计核算体系、技术体系、安全体系及监管体系等，反映的是数据要素的配置方式，属于数据生产关系的运行层次。

从研究任务看。揭示数据基本特性及数据价值创造、交换与实现的运动规律，剖析制约数据要素作用有效发挥的主要矛盾。树立数据治理的战略思维、系统思维、辩证思维、创新思维、精准思维和底线思维等“六大思维”。处理好供给和需求、公共数据与非公共数据、垄断与流通，场外与场内，确权与分配，治理与技术、合规与创新、监管与发展、争议处理与权益保障、国内与国际等数据要素化“十大关系”。

总之，在新时代条件下，推进数据要素化，构建全国统一大市场，是一场涉及面广、兼具根本性和全局性影响力的供给侧结构性改革，是一项兼具理论创造与实践创新的系统工程，必将会丰富和发展中国特色社会主义政治经济学。

因此，必须从国家战略最高层面考虑，立足国际秩序大变局把握数字化规律，立足提升党执政能力的大前提谋划数字化发展，立足国内国际大循环统筹推进数据要素市场化配置改革，构建数据发展价值主张，牢牢掌握国家数字竞争“主动权”，走出一条中国式的数据治理与市场化利用之路。

二、数据要素化怎么做

（一）要“吃改革饭、走开放路”

2020年3月，中共中央、国务院印发《关于构建更加完善的要素市场化配置体制机制的意见》，提出加快培育数据要素市场。2022年6月，国务院印发《关于加强数字政府建设的指导意见》，提出建立健全数据要素市场规则，完善数据要素治理体系。2022年12月，中共中央、国务院印发《关于构建数据基础制度更好发挥数据要素作用的意见》，要求统筹推进数据产权、流通交易、收益分配、安全治理。

数据要素市场化配置改革是一项极具开创性、挑战性和探索性的战略任务，没有现成模式可以参考，没有成熟经验可以借鉴，没有固定路径可以依赖，必须要“吃改革饭、走开放路”，关键要进一步解放思想、实事求是，按照中央擘画的数据要素基础制度“四梁八柱”，聚焦堵点、痛点和难点，大兴调查研究之风，创造性贯彻落实中央精神，扫除思想障碍，破除制度藩篱，解放和发展数据生产力。

以理论创新勇气推动制度创新工作创新。当前制约着数据要素作用有效发挥的主要矛盾，是经济社会对高质量高价值数据要素的迫切需要与不平衡不充分的供给之间的矛盾，而矛盾的主要方面在于供给侧，因此，应当根据数据生成特征，推进供给侧结构性改革，形成需求牵引供给、供给创造需求的高水平动态平衡。

1.“搁置争议、共同开发”——创造性落实数据产权制度。数据是一切客观事物含义的记录，客观事物的复杂性决定了数据的复杂性，数据产权制度要适应数据的复杂性，根据数据来源、数据生成及应用场景，探索依法确权登记、民事商事合同约定和行政协议约定等多元化确权新方式，先易后难，能确当确，若权属复杂难界定但应用场景价值高的，坚持“价值共创、利益均衡、责任共担”的共同体理念，可暂且搁置争议、共同开发，先做大“蛋糕”，再分好“蛋糕”，切实动态保护相关利益主体的合理数据权益。

2. “能抓住老鼠就是好猫”——场内场外都要合规高效促进数据价值实现。从全国统一大市场的视角出发，凡是符合我国法律、政策、规则的无形之场与有形之场，都是合法合规的数据要素市场，要在统一的数据要素市场体系内，鼓励各类组织建立健全数据合规治理与安全保障体系，将盘活场外数据流通存量与培育场内数据交易增量有机结合，深刻把握数据要素价值运动规律，从数据的生产、分配、流通、消费等全流程各环节着手，推动数据价值创造、价值交换和价值实现，更好发挥数据要素作用。

3. “百花齐放、百舸争流”——推动构建统一开放、多元化、多层级数据流通生态。充分发挥各类所有制企业的优势，将国企的实力、民企的活力和广大市场主体的创造力更好地结合，在数据加工处理、授权运营、流通交易、收益分配、场景应用等方面保障机会公平。要跳出交易看交易，不能单纯追求交易额，而要更加关注数据交易带来的经济社会附加值，既要规范发展国家级数据交易所和区域级数据交易机构，又要大力发展行业性数据交易平台、数据经纪人、数据合作社、数据银行、数据信托、行业及跨境可信数据空间等数据流通新模式。

提升数字化能力，鼓励首创为先行者撑腰打气。加强各级领导干部、领军人才、专业技术人才的培养，打造一支政治过硬、数字化能力过硬的人才队伍，使其从传统思维定式和路径依赖中解放出来，激发内生动力，释放体制机制活力。全面提升各类组织的数字化领导力、数据治理能力和数据应用发展能力，不断提高全民数字素养。建立健全“鼓励创新、价值驱动、包容审慎”的容错纠错机制和数据权益保护机制，鼓励各类主体参与改革创新、大胆探索，突破体制机制障碍，推动产业数字化和数据产业化；要广泛凝聚改革共识，增强改革动力，形成百舸争流、百花齐放的良好改革局面。

构建“数据发展价值主张”，牢牢掌握国家数字竞争的“话语权”。谁掌握了数据谁将掌握发展的主动权，谁利用好数据谁将赢得未来数字竞争新优势。

伟大的时代呼唤建立更加科学有力的“数据发展价值主张”话语体系，坚持社会主义核心价值观，坚持党的集中统一领导，推动有效市场和有为政府更好结合，构建符合人口巨大规模国情的，促进全体人民共同富裕、物质文明和精神文明相协调、人与自然和谐共生、走和平发展道路的“数据发展价值主张”，推动构建数据要素全国统一大市场，更好发挥数据要素作用，促进全面高质量发展，走出一条中国式数据治理现代化与高质量发展之路。

（二）把握数据要素“六大特性”

当前，推动数据要素市场化配置改革和数据要素市场体系建设，是一项极具探索性和创造性的重要任务。相对土地、劳动力、资本和技术等其他要素而言，数据要素具有虚在性、依附性、运动性、边际收益递增性、价值差异性和外部性等特性，以及大规模连续协同、指数级积累增长和非组合等规律。因此，在统筹设计数据要素市场化配置改革整体架构时，应充分考虑数据要素特性及其配置机理。

数据与信息的关系

从哲学上讲，信息是一切客观对象的含义，是客观对象的“虚化”存在方式，是与物质“客观实在”不同的另一种“客观虚在”，但是信息又离不开物质，它需要依赖物质才能存在，是物的派生现象。因此，一般认为构成信息的三要素是载体、外壳和含义，信息的载体和外壳是“形”，含义是“义”。

1.“载体”是信息产生和运动的必要条件，呈现多样化发展的特征，具体表现在从声音、文字、印刷术，演化到电报、电话、广播、电视，再发展到如今计算机技术及通信技术，它是信息存储和信息生成能力强弱的体现。

2.“外壳”是信息表达所使用的符号系统 / 概念体系，呈现多元化发展特征，具体表现在从语言的产生、文字的形成、图像的生成、计算机二进制广泛应用乃至一切客观对象信息化后所得到的结构化和非结构化的数据，它是信息表达能力强弱的体现。随着海量数据资源的指数级增长，数据资源日益成为推动经济社会发展必不可少的核心要素。

3.“含义”是主体对客体的思想建构，是隐藏在载体和外壳背后的意义，它属认识论和属人性范畴。其中，信息结构是对“含义”及其内在逻辑关系的映射，是信息增长的基石和方向，是理解信息、利用信息的钥匙，也是挖掘数据要素背后的真正价值和数据要素市场化配置的关键所在。

数据的“六大特性”

数据是信息的记录和载体，要深刻把握数据要素特性及其价值运动规律，更好发挥数据要素作用。

1. **虚在性**：相对于土地、劳动力、资本和技术等传统生产要素的“客观实在”而言，数据要素具有“客观虚在”的特性。因此，要注重提升各类市场主体的数据治理能力和数字素养，使之能够认识和把握数据背后的“虚在”含义，更好地挖掘数据价值。

2. **依附性**：数据需要在具体业务场景中与其他生产要素相结合，才能产生价值、发挥价值。因此，要坚持问题和需求导向，创新数据要素与其他要素的协同联动机制及应用场景，完善多主体、多环节数据要素配置规则，理顺利益相关方的数据生产关系。

3. **运动性**：数据“形态变迁”和“含义运动”，使得信息增长从串行走向并行，从小规模并行到大规模并行，进化速度呈指数级增长。因此，要强化数字技术在数据开发利用等关键环节的应用，推动实现重点领域数据的结构化、显性化和完备化。

4. **边际收益递增性**：数据的价值在于连接，数据的连接数量与其价值呈指数级增长关系，只有建立更广泛的关联，才会产生更大的边际效益。因此，要推动各类数据的跨层级、跨领域、跨系统汇聚融合，推动数据资源向数据资产、数据资本跃迁。

5. **价值差异性**：不同主体对同一数据的理解存在价值不一致性。因此，要发挥市场在数据要素配置中的决定性作用，更好地发挥政府作用，健全数据要素流通规则，引导数据要素向具有高价值需求的市场主体流动，使数据要素价值最大化。

6. 外部性：数据具有正外部性和负外部性，数据的边际收益递增、价值差异、数据赋能等构成数据的正外部性，而隐私泄露、数据污染、数据鸿沟等形成数据的负外部性。因此，应加强监管，发挥数据的正外部性的同时，抑制数据的负外部性，营造良好数据生态。

（三）树立数据治理“六大思维”

构建数据发展价值主张应树立“六大思维”，以战略思维为引领，以系统思维推进数据治理体系建设，以辩证思维和创新思维调整数据生产关系，以精准思维提高数据供给质量与效率，以底线思维夯实数据安全保障体系。

战略思维。聚焦构建数据治理生态体系，涉及政治、经济、社会、技术、文化等方面。应从全球发展战略层面出发，立足经济社会发展根本和全球数字化变革大局，着眼数字时代的长远发展，完善相关战略规划、政策规则与法律体系，培育数据治理生态，构筑数据治理共同体。

系统思维。聚焦协同治理体制机制，应当从整体性、系统性着手，打破部门壁垒，打通国家、行业、组织等多层次，整合政府、企业、个人等利益相关方的力量，从政策、标准、技术、应用等多维度进行综合考量，构建共建、共享、共治的数据治理环境。

辩证思维。聚焦数据要素市场一般规律，要从辩证法和认识论的角度入手，深刻理解数据要素的内涵及数据空间的内在本质，辨析虚拟与现实社会、安全保护与开发利用等辩证统一关系，归纳和总结数据治理的一般规律，推动数据由资源向要素转化，挖掘数据价值。

创新思维。聚焦数据要素前沿技术、先进文化，主动把握新概念、新理念、新应用、新需求，勇于探索运用新机制、新技术、新手段来防范和化解面临的新风险，聚焦管理方式、协调机制、组织文化等方面改革创新，推动数据治理体系建设。

精准思维。聚焦数据质量管理，数据只有流动起来才能创造价值，数据治理需要促进数据在不同主体之间有序流动，而数据流通的前提，需要建立在数据质量可靠的基础上。低质量甚至错误的数据，会影响数据流通，并最终影响价值的挖掘。

底线思维。聚焦保护国家安全和数据权益，数据是个人和组织的重要资产，是国家重要的战略资源，成为数字经济发展的重要驱动力。要注重防风险，做好风险评估，努力排除风险因素，加强先行先试、科学求证，健全监管体系，提高监管能力，筑牢安全网。

（四）处理好数据要素化“十大关系”

数据成为新型生产要素，给人们的生产、生活和治理方式变革带来机遇。谁掌握了数据，谁将掌握发展的主动权；谁利用好数据，谁将赢得未来数字竞争新优势。当前，机遇与挑战并存，数据要素供给侧结构性矛盾突出，应抓主要矛盾，处理好“十个关系”，调整数据生产关系，解放和发展数据生产力，更好地发挥数据要素作用，走出一条中国式数据合规治理和市场化利用之路。

关系一：供给与需求的关系

供给与需求是一个矛盾统一体，更好地发挥数据要素作用就要处理好供给与需求的关系，要把提高供给质量和提升需求层级有效匹配。当前，制约数据要素作用有效发挥的主要矛盾是，经济社会对高质量高价值的数据要素的迫切需求与不平衡不充分的数据要素供给之间存在结构性矛盾，而矛盾的主要方面是供给侧，体现在数据基础制度不健全、数据供需存在结构性梗阻、数据治理能力亟待提升等。因此，需要通过供给侧结构性改革打通堵点和痛点，破除体制机制障碍，鼓励市场主体创新需求、提高数据供给水平、承担社会责任，贯通生产、分配、流通、消费各环节，构建供给和需求正反馈机制，推动形成需求牵引供给、供给创造需求的更高水平动态平衡。

关系二：公共数据与非公共数据的关系

公共数据与非公共数据是构成数据要素的重要内容，二者具备数据的虚在性、依附性、运动性、边际收益递增性、价值差异性和外部性等一般特性。但是，二者价格形成机制不同，公共数据以政府指导价格形成机制为主，非公共数据以市场竞争价格形成机制为主，这决定了二者在数据获取、加工处理、开发利用、授权运营、流通定价及收益分配等方面存在差异。因此，应根据数据特性和价格形成机制差异，推动构建与之相适应的统一开放、多层级数据要素市场体系，更好地发挥公共数据与非公共数据的经济社会价值。

关系三：垄断与流通的关系

数据遵循大规模连续协同、指数级积累增长等客观规律，只有汇聚融合多源异构数据，才能发挥更大作用，具有走向垄断的趋势。事实上，以数据为关键要素的大型数字平台等，已成为推动数字经济发展的重要力量。适度的数据垄断有利于调动市场主体的积极性促进数据流通，但垄断不是目的，更不是权力，而是一种社会责任，不能滥用垄断地位。因此，政府应明确由具有数据垄断地位的企业承担起促进数据流通“守门人”的角色，带动中小企业共同参与数据流通行业规则建设，发挥中小企业的创新主动性，促进数据在供应链产业链上的场景化市场化利用。

关系四：场外流通与场内交易的关系

场外流通与场内交易都是为了更好地发挥数据要素作用，二者不可顾此失彼而要兼得，共同推动全国统一大市场建设。从规模体量和发展实际看，当前规范场外流通重于场内数据交易，场外流通是一个规模巨大的存量市场，而场内交易是一个正在培育探索的增量市场。因此，既要规范场外流通，充分发挥“数据矿主”和产业链主作用，带动产业链供应链上下游大中小企业间开展数据协作与共享，建设行业数据空间，提升产品和服务的数据附加值，又要培育壮大上下联动、内外结合的场内数据交易生态。

关系五：确权与分配的关系

明晰的数据权属有利于数据收益分配。应根据数据来源和数据生成特征，探索通过依法确权登记、民事商事合同和行政协议约定等多元化确权新方式，推动构建数据资源持有权、数据加工使用权、数据产品经营权等分置的产权运行机制。强化基于数据价值创造的激励导向，扩大按价值贡献参与分配渠道，推动数据要素由市场评价贡献、按贡献决定报酬，着重保护数据要素各参与方的劳动收益，促进劳动者的贡献和劳动报酬相匹配。建立健全数据要素收益的初次、二次、三次分配调节机制，推动数据资产入表，让各类组织和个人更好共享共用数据要素发展成果。

关系六：治理与技术的关系

好的数据治理体系才能真正提高治理能力，好的数据治理能力才能充分发挥治理体系的效能，而技术为数据治理体系和能力建设提供落地支撑手段，增强数据可控、可信、可用、可追溯水平。因此，要以“整体性治理”优化顶层设计，明确中央层面数据主管部门，强化中央与地方统筹协调工作机制，加强地方主管部门统一归口管理力度。要以“数字化治理”重塑政府与市场之间的权力结构与功能配置和边界划分，利用数字化技术，实现多元治理主体大规模跨界互动协作与价值协同。要以“源头性治理”压实政府部门和市场主体对数据治理的主体责任，强化数据源头治理。要构建集约高效的数据流通基础设施，为数据流通提供低成本、高效率、可信赖环境。加快传统基础设施的数字化改造，推动与数据流通基础设施共建共享、互联互通。

关系七：合规与创新的关系

在数据要素创新探索面临的不确定因素中，数据合规是最确定性因素，数据合规可以规避风险，提升竞争力，创造价值，增加确定性。就合规而言，“规”是法度，是边界，为了防止创新探索失控。“合”是过程，是政府、企业、个人全员参与的过程，是构建统一的数据合规治理体系的过程，是提升全领域数据合规治理能力的过程。因此，数据合规是一个不断调整数据生产关系、解放和发展数据生产力的历史发展过程。应当平衡数据合规建设与创新探索之间的关系，推进数据合规治理体系和治理能力建设，构建政府、企业和个人多方参与的“数据合规共同体”，做到价值共创、责任共担、利益均衡、合规不处罚、合规不起诉，推动数据要素合规高效赋能高质量发展。

关系八：监管与发展的关系

数据要素市场化配置改革是一项极具探索性、开创性和潜力巨大的战略任务，从构筑国家数字竞争新优势的战略高度，包容协同监管促进数据要素市场化发展，坚持监管规范和促进发展两手并重、两手都要硬。要明确规则，划出底线，设置好“红绿灯”，鼓励支持市场主体在促进产业数字化、数字产业化、便利人民生活、参与国际竞争中发挥积极作用。数据成为生产要素，带来了政府与市场边界的变化，政府既是监管者，也是公共数据的持有者，需要构建一系列的上层建筑以适应经济基础变化，如数据相关法律法规、政策制度、行业规则、技术规范及社会伦理等，筑牢社会主义市场经济有效运行的体制基础，为数据要素健康发展提供牢固保障。

关系九：权益保护和争议处理的关系

注重数据权益保护有利于激发市场主体创新活力，而争议处理是为了更好地保护数据权益，未来数据权益保护高地必将是数据集聚融合高质量发展的高地。因此，政府应当合理配置数据权益纠纷解决的社会资源，完善和解、调解、仲裁、公证、行政复议与诉讼有机衔接、相互协调的多元化纠纷解决机制。法院应当加强网上诉讼服务平台建设，逐步形成有利于数据争议解决的诉讼机制。加强数据争议仲裁组织机制建设，完善现有仲裁规则体系适应数据争议解决需求，完善仲裁加调解对接机制与在线仲裁模式。有关政府部门应当完善数据争议行政调解机制。

关系十：国内与国外数据流动的关系

在新发展格局下，做大做强国内数据要素统一大市场的同时，积极开拓多元化国际市场，深度对接国际经贸体系，有效利用国内国际两个市场两种数据资源，更高水平参与国内国际双循环。以场景创新为牵引，加快全面数字化发展，催生新产业、新业态和新模式，激活重要领域数据潜能，推动建设更具国际竞争力的现代产业体系。围绕区域发展战略，率先打造粤港澳大湾区、长三角地区、京津冀地区、成渝经济圈等若干区域一体化数据要素市场，支撑全国统一大市场建设。适时将北京、上海、广东打造成为国内数据要素大循环的核心枢纽和国内国际双循环的战略链接点，打造可信跨境数据空间，维护数据主权。

三、数据要素化的路径选择

（一）产权结构："两权分离"与"三权分置"更好结合

数据产权制度是社会主义市场经济的基石，推进构建数据产权制度，关键在于处理好数据所有权与使用权的关系，保护数据生产、分配、流通、消费等环节相关方的数据权利。

2022 年 12 月，中共中央、国务院印发《关于构建数据基础制度更好发挥数据要素作用的意见》，要求"探索数据产权结构性分置制度。……建立数据资源持有权、数据加工使用权、数据产品经营权等分置的产权运行机制"。为今后一段时期，推进数据产权制度建设指明了方向，即淡化数据所有权（为谁所有），细化数据使用权（归谁所用），也为当下正在推动的数据要素市场化配置改革开辟了全新探索空间，可谓意义重大。

淡化数据所有权并非治本之策

从短期来看，搁置所有权争议、共同使用权开发，较符合改革实践，有利于数据流通利用。但从长期来看，数据产权结构是不完整的，缺少对数据所有者诉求主张的权利保障，不利于更好地发挥数据要素作用。客观事物的复杂性决定了数据的复杂性，数据所有权很复杂、难界定、有争议成为普遍共识，当前采取搁置所有权争议的做法，实属务实之举，但也不是不可触碰之处。

当前，数据权属难定、各界茫然，仅靠“小打小闹、修修补补”难以破解，要把握数据特性及其价值运动规律，靠“吃改革饭、走开放路”，用结构性改革破解结构性难题。因此，构建适应数据生产力发展要求的“数据所有制”是彻底解决“数据所有权”难题的根本破题之道。

辩证把握数据所有权与数据所有制的关系

数据所有权是由数据所有制决定的。所有制是所有权的经济基础，所有权是所有制的法律形式。因此，要想解决数据所有权问题，必须从数据所有制下手。“数据生产关系”处于我国社会生产关系体系中的运行层次，其重在完善中国特色社会主义市场经济体制，更好促进以公有制为主体、多种所有制经济共同发展。

数据所有制要适应数据生产力发展要求。数据所有制是数据生产关系的核心，数据归谁所有，由谁支配，不仅决定直接生产过程中人与人的关系，而且决定着分配关系、交换关系和消费关系。这就要求数据所有制适应共享开放、协同共生、数实融合的数据生产力发展。

创立数据共有权才是治本之策

大数据是大家的数据，各类组织和个人是数据的产生者、处理者、交换者和消费者。正因为数据要素的复杂性、运动性和非排他性，才使得各类组织和个人有机会，以“主人翁”身份参与到数据价值创造、价值交换和价值实现的运动过程中，这正是土地、资本、技术等其他生产要素所不具备的。

1. 探索构建“共建共治共享的数据生产关系”，就是让人民真正掌握数据生产资料，创造属于人民的数据价值，规范财富积累机制，提升人民对数据财富的获得感，解放和发展数据生产力，促进共享开放、协同共生、数实融合发展。

2. 探索“数据共同所有制”的具体实现形式。初次分配，可探索从法律意义上赋予各类组织和个人“数据共有权利”，在保护个人隐私和保障数据安全的基础上，以价值共创、互惠利他为导向，按价值贡献参与分配，由市场评价贡献、按贡献决定报酬，着重保护数据资源持有者、加工使用者、产品经营者的劳动收益，推动数据资产入表，共享共用数据要素发展成果。**再分配**，由政府按照公平优先原则，通过税收减免、社会保障支出等方式，兑现数据所有者权益。**三次分配**，以慈善、志愿、公益方式分配数据财富。

创立“两权分离”与“三权分置”相结合的中国式数据产权结构

发挥新型举国体制优势，秉持数据发展价值主张，健全共建、共治、共享的数据生产关系，探索建立中国式数据共有制，创立数据共有权与数据用益权“两权分离”的数据产权结构。

将数据用益权细分成数据资源持有权、数据加工使用权、数据产品经营权，并健全“三权结构性分置”运行机制。按“先法定后约定、有约定从约定、无约定从法定”原则，支持依法登记、商事民事合同约定、行政协议约定等多元化确权方式。

从数据的生产、分配、流通、消费等关键环节着手，坚持“价值共创、责任共担、利益均衡”数据共同体理念，调整和完善数据所有者、生产者、处理者、中介服务者、消费者等利益相关方权利义务。

（二）市场结构：决定数据要素市场发展高度

客观事物的组成与结构决定其性质与变化。以碳基为主的人类生命和以硅基为主的人工智能，造就全然生命体和万千世界。数据要素成为数字时代连接碳基生命和硅基生命的“桥梁”，要构建适宜数据要素特性及其运动规律的市场结构，支撑“桥梁”稳固运行，推动数据的充分生产、合理分配、高效流通、自由消费以及人机协同共生与数实融合。

数据要素市场结构仁者见仁

第一种，按数据是否进现有数据交易场所划分：场内集中交易、场外自主交易（两类市场）。

第二种，按数据不同形态和阶段划分：数据资源市场、元件市场、产品/服务市场（三级市场）。

第三种，按数据价值评估方法划分：以成本法为导向的数据资源市场、以收益法为导向的数据资产市场、以市场法为导向的数据资本 / 证券化市场（三级市场）。

第四种，按数据价格形成机制划分：以政府指导价格形成机制为主的一级市场、以市场竞争价格形成机制为主的二级市场（两级市场）。

以上四种划分方式各有千秋

第一种，适合当下数据要素市场培育初期，重在培育数据交易所 / 中心，引导场外市场主体入场集中交易，便于政府部门监管。从数据运动规律来看，数据交易不受物理时空限制，不以人的意志为转移，只要合法合规、能满足供需双方需求、有形无形的交易场所或接洽点其实都可以。“普天之下，莫非王土”，待到全国统一大市场成形之时，就无所谓场内场外了。

第二种，如果抛开数据的复杂性，按数据开发利用的线性视角来看，它是具有一定合理性的，但是若推而广之，它的局限性也就暴露出来了。数据的形态千变万化，仁者见仁智者见智，例如，同一份数据，供方认为是产品 / 服务，而需方认为是原材料，那么供需方到底在哪个市场交易呢。

第三种，对数据资源、数据资产或者数据资本的价值评估方法很多，包括成本法、收益法和市场法及其衍生方法，利用单一评估方法是片面的、不够的，需要综合运用多种方法才能更全面反映其实际价值。当然，在数据要素市场培育初期，由于无法有效博弈，则可优先选择成本法和收益法；而在数据要素市场逐步完善阶段，形成有效博弈的情况下，则可推进市场法的应用。

第四种，广东两级数据要素市场结构，是根据公共数据和非公共数据不同的价格形成机制，合理划分政府与市场边界，充分发挥公共数据由政府指导的价格形成机制作用，以及非公共数据由市场竞争的价格形成机制作用。这将有利于建设全省乃至全国一体化政务大数据体系，培育公共数据授权运营生态，提升公共数据供给水平；有利于激发广大市场主体积极性，促进公共数据与非公共数据融合创新，释放数据红利。

数据要素市场结构优化要与时俱进

数据要素市场结构不是一成不变的，要根据生产方式发展要求不断演进。要把握数据要素特性及其价值运动规律，以平衡效率与秩序、安全与发展为价值导向，以统一、完整、开放为原则，从合理化、高级化和梯度化三个方面，构建“数据要素市场结构优化模型”。

合理化是指数据要素市场各个组成要素之间应相互适应、相互配合和相互协调；

高级化是指数据要素市场结构层次由简单到复杂、由低级到高级、由封闭到开放的转换、提升；

梯度化是指数据要素市场结构在规模、区域、层次由小到大、由单一到多层、由垄断到竞争、由发达地区到落后地区、由境内到境外等渐次发展。

三者相互影响、相互制约、相互作用，共同决定数据要素市场结构及其优化方向。即：

合理化是高级化的基础，只有先进行合理化，才能实现高级化；

高级化是梯度化的前提，只有先进行高级化，才能实现梯度化；

数据要素市场发展水平越高，对合理化要求也越高，而要实现合理化，就要实现其高级化和梯度化的动态平衡。

数据要素市场结构优化路径要实事求是

市场结构是数据要素市场发展的综合体现，市场发展的变化必然反映为市场结构的变化。数据要素市场结构优化必须及时满足数据要素市场发展的客观需要，既不能超前也不能滞后。

从纵向看，市场结构优化的路径分为近期路径、中期路径和远期路径：

近期路径，应选择以“政府引导”为主的路径；

中期路径，应选择“政府引导”与“市场跟进”相结合的路径；

长期路径，随着数据要素市场规模和结构的增加和改善，数据流通效率提高，数据要素市场整体功能得到一定发挥，数据核心竞争力不断增强，可选择以“市场引导”为主的优化路径。

从横向看，根据数据要素市场发展水平高低、市场结构以及市场内部要素结构的具体层次来选择优化的路径：

“高级别、高梯度”市场结构，属于目标模式，不作具体安排；

“高级别、低梯度”市场结构，可选择“先实践，后规范”的路径安排；

“低级别、高梯度”市场结构，可选择“先规范，后实践”的路径安排；

“低级别、低梯度”市场结构，可选择“边实践，边规范”的路径安排。

当前数据要素市场处于培育初期且市场结构尚未成型

在全国范围内数据要素市场结构属于低级别、低梯度的“双低”市场结构，距离形成全国统一大市场尚有很长的路要走。

从合理化看：供需结构不匹配、主体结构不平衡、层级结构不协调；

从高级化看：市场治理体系尚不完善、尚未成熟、尚未定型；

从梯度化看：市场规模小、区域分割、层次单一，市场化配置效率低。

（三）政府先行：公共数据授权运营重塑政府与市场边界

公共数据是大家的数据，要取之于民、用之于民。当前，人民群众对高质量、高价值公共数据的需要与不平衡、不充分的供给之间的矛盾突出，矛盾的主要方面在于供给侧，即公共数据的流动性差、利用率低、供给不足。政府既是数据要素市场的监管者，也是公共数据的持有者，亟须平衡政府在公共数据开发利用中的“双重角色”，重塑政府与市场边界，创造性落实公共数据授权运营工作。

应从“顺道”“重人”“求和”“法治”“发展”等方面发力。

“顺道”

“道法自然”，做好公共数据运营。要认识、把握、遵循数据要素特性及其价值运动规律，以及党中央对数字中国、数字政府、数字经济、数据要素等决策部署，来组织各项运营管理活动，创造性推动公共数据运营工作落实、落细、落地。

公共管理与公共服务等事务的复杂性决定了公共数据的复杂性，公共数据更加强调公益属性，这就决定了以政府指导为主的公共数据价值形成过程和价格形成机制，而不同于非公共数据以市场竞争为主的价格形成机制。因此，搞公共数据运营必须要适应这个客观规律要求。

“重人”

民之所需，运营之所向。公共数据运营要以当下企业群众急难愁盼的痛点难点问题为导向，深化公共数据价值潜力，让数据“穿针引线”，开发有针对性的应用场景，便利民生，赋能产业高质量发展。

专业人干专业事。加强首席数据官、首席数据运营官、首席数据安全官、数据合规师及专业技术人才的培训培养，打造一支政治过硬、数字化能力过硬的人才队伍，营造良好的人才发展环境，“教之、取之、任之”，充实公共数据运营管理人才体系。让企业群众参与评价公共数据运营成效。

“求和”

“利之用，和为贵”。公共数据运营应着眼于构建公共数据运营生态，不同于单一集中授权模式，而是设立“公共数据运营管理机构”，采用新型研发机构的组织形式，坚持公益属性、政府主导、市场化运作，不仅要种好“一棵树”，也要培育“一片森林”——“公共数据运营生态圈”模式，要构建一片茂密的“森林”，一片生机勃勃的“森林”，让各类有能力、有担当、积极主动的市场主体加入“热带雨林”式数据运营创新生态中。在完整的生态系统中，不仅有枝繁叶茂的大树、丰富多彩的植被、动物和昆虫，也有深埋地下盘绕相通的根茎和提供大量营养的细菌，共同创建“数据要素生态氧吧”。

“法治”

“法必明，令必行”。公共数据授权运营是“主体、客体、对象、目的”四位一体的有机整体，应全面谋划、统筹兼顾、有序协调推进，要明规则、划底线、设置好“红绿灯”，要建立完整的公共数据运营授权链、运营管理规则、技术标准及容错机制等制度。

在实践过程中指定一家或几家国企“一授了之”，这将会引发授权合法性问题、授权不授责问题、市场公平性问题、两个“婆婆”问题。要发挥国企的实力、民企的活力和广大市场主体的创造力，在数据加工处理、授权运营、流通交易、收益分配、场景应用等方面保障机会公平。要明确业务部门的数据持有责任、主管部门的监管责任、运营机构的数据加工处理与产品运营责任，探索对运营机构市场准入和分类分级管理，通过市场化手段，遴选合格的市场主体。

“发展”

数据发展为了人民、依靠人民、成果由人民共享。推动有效市场和有为政府更好结合，做好公共数据授权运营工作，培育公共数据运营服务生态，优化供需结构，畅通供需渠道，提高供给效能，促进公共数据与全社会数据融合，释放数据红利，更好发挥数据要素作用，探索共建、共治、共享的新型数据生产关系，进一步解放和发展数据生产力。

（四）生态培育：“白市”与“黑市”的持久较量

何为交易？

交易的本质是人与人之间的博弈，是交易者资金、信息、心理、技术、团队等优势的较量。

有需求、有供给才有市场，而供给能满足需求，才能产生交易。通过交易，供需方发生权益交换，供方实现“商品的价值”变现，需方获得“商品的使用价值”。

数据能否被交易？

社会上存在两类观点：“数据交易是个伪命题”VS“数据交易至上”。

因为各界对于数据这种新的生产要素的特性和价值运动规律尚未完全把握，

所以应该理性看待数据交易：既不要贬低，也不要夸大。

黑市与白市的斗争。

数据交易就像是一座坚硬的“冰山”一样，要想使之化冰成水，润泽万物，就需要改变生态环境才行，这将是一个长期、复杂的系统工程。

为了直观理解，我们不妨把水面之上的部分称为“白市”，水面以下的部分称为“黑市”。

只有将黑市和白市联系起来看，才能更好地把握当下我国数据交易市场发展的全貌，发现关键问题和问题的关键。

据公开数据显示，2020 年黑市数据交易规模达 1500 亿，从业规模达 200 万人，已经形成涵盖生产、分配、流通、消费的完整数据产业链，按条数定价，简单粗暴，利用暗网交付，隐蔽性很强，犯罪成本低，非法收益高，安全风险极大。

反观“白市”发展现状则差强人意，领导不可谓不重视，业内不可谓不努力，变着花样拼交易额，效果不好且意义不大，总干不过“黑市”，让人有一种“秀才遇到兵，有理说不清”的钝力感，真让人着急。

据统计，从 2015 年至今，国内数据交易场所数量突破 100 家，交易规模达百亿级别。对于我国这样一个拥有 1.7 亿户市场主体、121 万亿 GDP 体量以及 50 万亿数字经济规模的全球第二大经济体，现有数据交易无论是数量还是规模都是远远不够的。

一般来说，一个地区的数据规模与其经济体量呈现强相关关系，随着我国数据要素市场化配置改革的不断深入推进，法规制度体系、市场体系、监管体系、技术体系、应用体系的不断健全，未来我国数据要素化及其经济社会附加值的潜力巨大。

问题到底出在哪里？

当前，数据交易发展不平衡不协调不充分，存在交易场所主责主业不清、交易规则不一、地域割据、无序同质化竞争、监管机制缺位等问题，亟须国家层面出手规制解决。

近三年，中央顶层设计与地方实践探索得到了有效结合，地区数据要素市场建设在提速，但企业群众、传统业务部门、行业产业界参与度不高，数据交易尚未深入人心，亟须凝聚共识、开发动员。

路漫漫其修远兮，“白市”与“黑市”的斗争将是一场持久战，仅靠几十个数据交易机构、几百个数据服务商、几十亿的交易额是远远无法与“黑市”抗争的，需要政府、市场、社会的“共同参与、全员抗战、整体突围”。

当下，推进数据要素市场化配置改革，就是要调动各类组织和个人的积极主动性和广泛参与度，进一步释放新一波的数据要素“改革红利”，增加各类组织和个人对数据财富的“获得感”。

白市如何突围？

数据作为党的重要执政资源、国家的战略资产和新型生产要素，事关国家安全和未来数字竞争力，不能任由黑市肆意践踏。要创造性运用“统一战线、武装斗争、党的建设”三大法宝。

1. 构筑“数据交易统一战线”。各类组织和个人才是推进数据要素化的靠山、根本和源泉，要着眼于激发和调动最广大的市场主体的主观能动性，不断凝聚各方对数据要素市场化配置的改革共识，鼓励各类组织和个人广泛而深入参与数据价值的创造、交换和实现等全过程各方面，规范其数据财富形成机制，保障各类组织和个人的数据权益。

2. 多管齐下严厉打击“黑市”。铲除黑市数据交易产业链，打击暗网数据交易犯罪，大幅提升犯罪成本，彻底改变数据供需扭曲错配、黑市交易猖獗的不利局面，为“白市”发展创造空间。

3. 加强党对数据工作的全面领导。发挥新型举国体制优势，以组建国家数据局为契机，构建横向到边、纵向到底的国家数据治理体系，提高政府数字化治理能力、企业数字化发展能力、社会数字素养。从构建全国统一大市场的全局视角，完善共建共治共享共用的数据生产关系，健全数据共同所有、三权分置、数治为民等基础法规制度，促进数据要素与其他生产要素协同以及与经济社会活动的深度融合，发展数据生产力，实现全面高质量发展，牢牢掌握国家数字竞争“主动权”。

4. 明职责、统规则、划底线，增加确定性。尽早明确国家级数据交易平台及其公益属性和准公共服务职能，减少同质化内耗。赋予区域数据交易机构“数据交易市场守门人”地位，压实其行业协管责任，发展行业性数据交易平台。统一数据交易规则，统一数据度量衡，打破地域割据，形成交易合力。划底线，包容审慎监管，为先行者撑腰。

（五）数据合规：推进数据合规就是发展数据生产力

近年来，一些企业利用其数据垄断地位，过度获取、不正确使用和处理用户数据、违规跨境传输用户数据，侵害公民个人信息权益，危害国家关键信息基础设施安全和数据安全。国家出重拳整治数据违法违规行为，2021年2月，中国银行辽宁省分行未按规定收集、使用个人金融信息，被罚款114.7万元；2022年7月，国家网信办对“滴滴全球股份有限公司”开出了80.26亿元的天价罚单；2023年1月，厦门银行违反个人金融信息保护规定，被处罚金764.6万元。在国外，我国字节跳动公司在2019年至2020年期间因数据违法行为，被美国、韩国、俄罗斯、土耳其等国的相关部门开出巨额罚单。

从全球数据合规的立法和实践来看，欧洲、美国、中国、印度、东南亚等国家和地区纷纷出台法律法规，标志着数据合规时代已经到来。企业家是这个时代的中流砥柱，是社会经济发展的中坚力量，合规管理考验的是一个企业家的格局，以及其运用系统化思维去理解、研判企业发展所立足的背景和发展趋势的能力。无论一个企业的战略多么宏大、战术多么给力、战果多么辉煌，如果不在数据合规管理上投入资源与花费精力，不主动进行数据合规管理，必然付出惨痛代价。因此，数据合规管理已成为关系企业生死存亡的大事，履行了合规义务，价值随之而生；违背了合规义务，风险随之而来。

数据合规是企业应对不确定性的最确定性因素。推进数据合规本质上是一个不断调整数据生产关系、解放和发展数据生产力的历史过程。就合规而言，“规”是法度，是边界，是为了防止企业创新发展失控的措施；“合”是过程，是政府、企业、个人全员参与的过程，是构建统一的数据合规治理体系的过程，是提升全领域数据合规治理能力的过程。今后，数据合规管理考验着每一个企业的生存能力，数据合规管理将成为企业发展新常态，如果企业能够跨越雷区，变风险为企业发展的机遇或第二增长曲线，则收获数据合规的利好。因此，数据合规可以使企业规避风险、增加确定性、创造价值、提升竞争力。

平衡好数据合规建设与创新发展之间的关系。数据合规应贯穿企业创新发展的全过程各方面，用结构性改革破解结构性矛盾，用高水平数据治理推动高质量数据供给。从法治环境、发展战略、组织变革、制度完善、流程优化、技术支撑、文化建设等方面构建数据合规治理体系，加强数据合规师、数据管理师、首席数据官、数据安全技术等专业人才队伍建设，提升政府、企业和个人的数据合规治理能力。推进在实践基础上的数据合规治理体系和治理能力建设，打造政府、企业和个人多方参与的“数据合规共同体”，做到价值共创、责任共担、利益均衡、合规不处罚、合规不起诉，走出一条中国式数据合规治理和市场化利用之路。

处理好“有效市场”与“有为政府”之间的关系。充分发挥市场在配置资源中的决定性作用，“百花齐放、百舸争流”“能抓住老鼠就是好猫”，激发各类所有制企业的积极性和创造力，保障数据要素化全过程机会公平、场内场外合规高效促进数据价值实现。更好发挥政府作用，站稳监管者角色，全面依法履行职能，明规则、划底线、设置好“红绿灯”，激发各类市场主体的活力。从统一大市场的视角，统筹场内场外数据交易健康发展，使其相互成全、互为补充，秉持数据发展、数据利他原则，打造统一开放、多元化多层次、合规高效的数据要素市场。以组建国家数据局为契机，理顺国家数据治理体制，强化国家数据立法保障，从数据的生产、分配、流通、消费等关键环节着手，调整和完善数据利益相关方权利义务，构建适应数据生产力发展要求的数据产权制度。

（六）根本目的："获得感"才是数据要素化的终极目的

"捧着金饭碗要饭吃"，反映了当前数据要素供给侧结构性矛盾突出。

把数据比作"金饭碗"，是因为它是人们生产、生活和治理的必要因素，是党的重要执政资源、国家的战略性资产和新型生产要素。

让人民群众有更可持续的获得感，才是改革的终极目的。

"获得感"是一种"人民群众有所呼，改革有所应"的呼应感，是一种让人民群众得实惠的受益感，是一种使人民群众数据权益得保护的尊严感，是一种让人民群众成为数据要素化"主角"的参与感。

中央和地方正在推动的数据要素市场化配置改革，就是要调动人民群众的积极主动性和广泛参与度，不但要做大"数据财富蛋糕"，而且要分好"数据财富蛋糕"，进一步释放新一波的数据要素化改革红利，增强各类组织和个人的获得感。

让数据"金饭碗"牢牢端在人民手中。

大数据是大家的数据，取之于民，用之于民，唯有共有，方利天下。

打破"数据割据"，推进数据要素化，是一项艰巨的供给侧结构性改革，不亚于一场新的"土地革命"，将开启未来几十年数据财富生成机器。

正因为数据要素的复杂性、运动性和非排他性，才使得各类组织和个人有机会，以"主人翁"身份参与到数据价值创造、价值交换和价值实现的运动过程中，这正是土地、资本、技术等其他生产要素所不具备的。

探索构建"共建共享共用共治共赢的数据生产关系"及"数据共同所有制"

形式，让人民群众真正掌握数据生产资料“金饭碗”，创造属于人民的数据价值，提升各类组织和个人对数据财富的获得感。

让数据“金饭碗”装满“优质数据粮”。

何为“优质数据粮”？是指数据要素的三大类形态。

第一类是经过良好的数据治理，与组织内部业务活动深度融合，降本增效，增加业务的数据附加值，促进组织数字化转型的高质量数据资源。该类是助力政府、企业、社会数字化转型的“主粮”，也是数字中国建设的基石。

第二类是经定制处理形成专门用来卖的高价值数据产品 / 服务。该类将是助力政府、企业、社会数字化转型的“辅粮”，是数据要素市场交易的主要形态，合规、确权、估值、入表是其必要条件。

第三类是突出数据的资本属性，脱离具体场景应用，专门用于股权投资、直接融资的优势数据资本。该类将是助力企业发展壮大的“精粮”，但要防止其无序扩张，制造数据泡沫，引发数据危机。

第一章　供给与需求

供给与需求是一个矛盾统一体，更好地发挥数据要素作用就要处理好供给与需求的关系，要把提高供给质量和提升需求层级有效匹配。当前，制约数据要素作用有效发挥的主要矛盾是，经济社会对高质量高价值的数据要素的迫切需求与不平衡不充分的数据要素供给之间存在结构性矛盾，而矛盾的主要方面是供给侧，体现在数据基础制度不健全、数据供需存在结构性梗阻、数据治理能力亟待提升等。因此，需要通过供给侧结构性改革打通堵点和痛点，破除体制机制障碍，鼓励市场主体创新需求、提高数据供给水平、承担社会责任，贯通生产、分配、流通、消费各环节，构建供给和需求正反馈机制，推动形成需求牵引供给、供给创造需求的更高水平动态平衡。

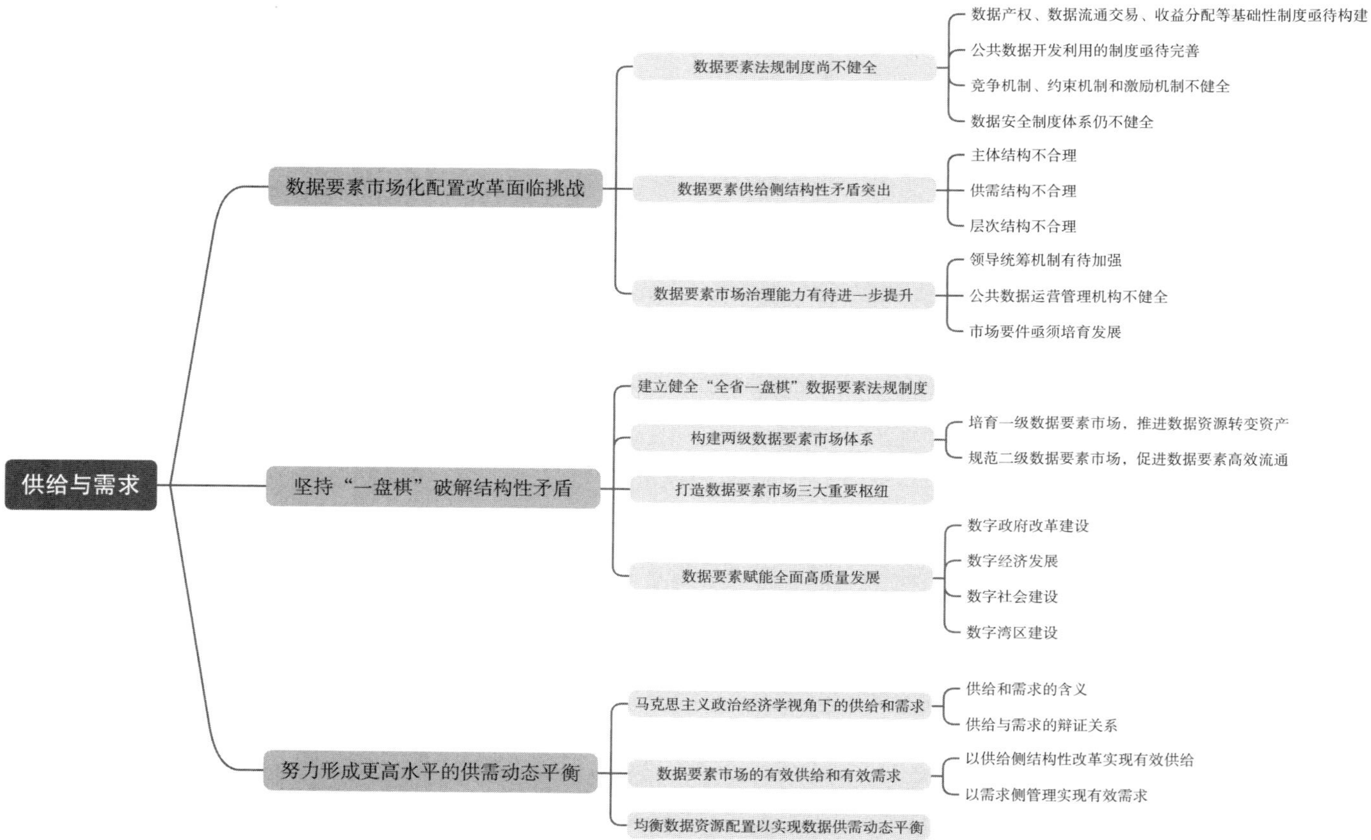

图 1-1　供给与需求思维导图

第一节　数据要素市场化配置改革面临挑战

数据是关键生产要素，推进数据要素流通、发展数据要素市场是一项重要的战略任务。目前，我国数据要素市场化配置尚处于起步阶段，数据要素流通存在一些深层次问题和结构性矛盾，制约着数据要素市场功能的有效发挥，主要体现在数据要素法规制度尚不健全、数据要素供给侧结构性矛盾突出、数据要素市场治理能力有待进一步提升等三个方面。

一、数据要素法规制度尚不健全

（一）数据产权、数据流通交易、收益分配等基础性制度亟待构建

一是数权不清晰。数据产权制度本质上是调节主体与主体之间数据利益关系的根本制度，涉及三大核心问题，即：数据是谁的？谁可以使用数据？如何分配数据产生的收益？[①]明晰的数据产权是数据要素得以有序流通的前提，然而数据产权属于基本民事制度范畴，涉及中央的立法事权，目前国家层面的数据产权相关立法仍处于空白[②]。针对此问题，中共中央、国务院于2022年12月印发《关于构建数据基础制度更好发挥数据要素作用的意见》（以下简称“数据二十条”），提出要建立保障权益、合规使用的数据产权制度，探索数据产权结构性分置制度，建立数据资源持有权、数据加工使用权和数据产品经营权“三权分置”的数据产权制度框架。**二是地方立法受限。**地方立法权限的不足，加

① 张莉，中国电子信息产业发展研究院．数据治理与数据安全［M］．人民邮电出版社：数据治理与数字化转型丛书，201909.281：74–78.

② 翟云．走进数字政府［M］．北京：国家行政学院出版社：塑造数字中国丛书，202211.256：143–146.

之地方立法的地域性难以适应数据要素跨区域流通的状况，难以在数据产权、交易、流通、监管、安全等基础性法规制度方面取得实质性突破。

扩展阅读

《关于构建数据基础制度更好发挥数据要素作用的意见》都有哪些主要内容？

把握一条主线。坚持促进数据合规高效流通使用、赋能实体经济这一主线，以充分实现数据要素价值、促进全体人民共享数字经济发展红利为目标。

构建四个制度。建立保障权益、合规使用的数据产权制度，探索数据产权结构性分置制度，建立数据资源持有权、数据加工使用权、数据产品经营权“三权分置”的数据产权制度框架；建立合规高效、场内外结合的数据要素流通和交易制度，从规则、市场、生态、跨境等四个方面构建适应我国制度优势的数据要素市场体系；建立体现效率、促进公平的数据要素收益分配制度，在初次分配阶段，按照“谁投入、谁贡献、谁受益”原则，推动数据要素收益向数据价值和使用价值创造者合理倾斜，在二次分配、三次分配阶段，重点关注公共利益和相对弱势群体，防止和依法规制资本在数据领域无序扩张形成市场垄断等各类风险挑战；建立安全可控、弹性包容的数据要素治理制度，构建政府、企业、社会多方协同的治理模式。

推进四项措施。加强党对构建数据基础制度工作的全面领导；加大政策支持力度，做大做强数据要素型企业；积极鼓励试验探索，支持浙江等地区和有条件的行业、企业先行先试；稳步推进制度建设，逐步完善数据产权界定、数据流通和交易等主要领域关键环节的政策及标准。

资料来源：新华社：《构建数据基础制度　更好发挥数据要素作用——国家发展改革委负责同志答记者问》。

（二）公共数据开发利用的制度亟待完善

一是程序性制度设计缺失。企业参与公共数据开发利用的授权机制、服务标准及定价标准等政策规章基本处于空白，公共数据授权运营程序不完善。**二是公共数据供给制度不完善。**公共数据参与开发利用的供给制度不完善，造成市场主体开发利用动力不足，成为市场主体参与公共数据开发利用的制度性障碍。**三是政企合作关系制度不规范。**政府和市场主体之间权责义务划分不清晰，当发生国家安全、个人隐私数据泄露等安全事故时，难以找到责任主体。

（三）竞争机制、约束机制和激励机制不健全

一是缺乏有序的竞争机制。数据要素市场无法形成有效的资源配置机制，总体呈现两种不正常形态：政府侧“小行政化配置”形态，表现为以部门为中心，小规模、低频率、无效率，自然垄断的形态；社会侧“伪市场化配置”形态，表现为低效、不公、无序竞争的形态，“黑市”不法交易猖獗。**二是缺乏有效的约束和激励机制。**公共数据与非公共数据割据现象严重，相关主体之间因不了解或太了解数据价值而“不愿”流通，因数据安全、数据质量等问题频发而“不敢”流通，因数据产权、数据定价等制度不明确而“不会”流通。

（四）数据安全制度体系仍不健全

纵使我们国家已经在数据安全立法方面取得了一些突破性的进展，包括出台《中华人民共和国网络安全法》（以下简称《网络安全法》）、《中华人民共和国个人信息保护法》（以下简称《个人信息保护法》）、《中华人民共和国数据安全法》（以下简称《数据安全法》）等法律文件，但在实践过程中，数据要素开发利用、流通交易等行为依旧缺乏具体的安全保障制度及规范，数

据分类分级、隐私保护、安全审查等规则及技术保障体系仍处于不完备、不健全的状态。

二、数据要素供给侧结构性矛盾突出

（一）主体结构不合理

数据要素市场尚在培育和探索期，政府、市场主体和社会公众等数据要素市场建设主体的边界和角色有待规范。**一是政府角色“缺位”。**政府作为数据要素市场环境的营造者和公共数据的主要供给者，在制度供给、公共数据运营、市场监管等方面“缺位”。**二是市场环境不健全。**市场主体既是非公共数据的供给者也是各类数据的消费者，由于市场环境不健全，使得市场主体鱼龙混杂、良莠不齐，市场环境亟须规范治理。**三是权益保障制度规则不健全。**社会公众是数据要素市场建设的重要利益相关者和参与者，但当前社会公众数据权益保障等方面的制度规则不健全，社会公众权利主张得不到保障，参与市场建设受限较多，成为“沉默的大多数”。

（二）供需结构不合理

当前，经济社会对高质量、高价值数据要素的迫切需要与不平衡不充分的数据要素供给之间的结构性矛盾日益突出。**一是政府内部数据共享应用效率还有待提高。**数据共享交换平台数据的实时性、权威性、完整性有待提高，支撑跨部门协同应用需求相对不足。另外，随着国垂、省垂业务系统部署力度加大，数据从下向上不断集中，形成中央、省级“数据悬河”与市、县基层“数据空心化”之间结构性错位，亟待破解。**二是公共数据开放成效有待提高。**虽然各地区纷纷搭建公共数据开放平台，但总体呈现总量规模小、供给分散、质量不高、流通不畅、社会参与度较低、应用效果不理想的状态。**三是公共数据与非公共数据融合利用路径尚不明确。**疫情期间，虽然公共数据与电信运营商、航空公司、铁路集团、交通集团等企业所掌握的非公共数据开展融合利用，对疫情防控工作起到了关键支撑作用，但类似探索仅限于个别场景，没有形成具有广泛可行性的全社会数据融合利用路径。

（三）层次结构不合理

我国数据要素市场建设尚处于“中央政策支持、地方培育探索”阶段，尚未形成全国统一的数据要素市场体系和有效的市场化配置新格局。另外，缺乏对区域数据要素市场体系培育建设的长远规划和配套制度规则基础，没有催生规范化、大规模、高效率的数据流通交易。究其根源在于当前地方数据要素市场体系结构单一，缺乏层次，不利于在多层次市场体系中有效发挥行政机制和市场机制的比较优势，不能满足各类主体的多样性、高质量用数需求。[①]

三、数据要素市场治理能力有待进一步提升

（一）领导统筹机制有待加强

推动数据要素市场化配置改革涉及大量跨部门统筹规划与组织协调工作，需要高权限的领导支持和强有力的协调机制支撑，还需建立权威高效的工作协调、风险防控、综合保障、监督管理机制，统筹领导数据要素市场化配置改革。针对此问题，中共中央、国务院于 2023 年 3 月印发《党和国家机构改革方案》，明确组建国家数据局，负责协调推进数据基础制度建设，统筹数据资源整合共享和开发利用，统筹推进数字中国、数字经济、数字社会规划和建设等，是国家实施数据发展战略的重要举措。[②]

---

① 翟云．走进数字政府［M］．北京：国家行政学院出版社：塑造数字中国丛书，202211.256：143-146.

② 新华网：《组建国家数据局》，http：//www.news.cn/2023-03/07/c_1129419141.htm。

扩展阅读

国家数据局的主要职责

《关于国务院机构改革方案的说明》指出，在保持数据安全、行业数据监管、信息化发展、数字政府建设等现行工作格局总体稳定前提下，把数据资源整合共享和开发利用方面的有关职责相对集中，组建国家数据局，作为国家发展和改革委员会管理的国家局，负责协调推进数据基础制度建设，统筹推进数字中国、数字经济、数字社会规划和建设等。

把中央网络安全和信息化委员会办公室承担的研究拟订数字中国建设方案、协调推动公共服务和社会治理信息化、协调促进智慧城市建设、协调国家重要信息资源开发利用与共享、推动信息资源跨行业跨部门互联互通等职责，国家发展和改革委员会承担的统筹推进数字经济发展、组织实施国家大数据战略、推进数据要素基础制度建设、推进数字基础设施布局建设等职责划入国家数据局。

资料来源：新华社：《关于国务院机构改革方案的说明》。

（二）数据运营管理机构不健全

数据运营管理机制的建设被忽视，尚未建立权威高效的、统一协调的专业化数据运营管理机构，以提升高质量公共数据供给效率，推动公共数据和非公共数据深度融合创新。这导致公共数据供给呈现“供给分散、质量不高、流通不畅、供不应求”状态，造成“有店无货”和“产销不畅”等尴尬局面。

（三）市场要件亟须培育发展

企业、科研机构、产业联盟、行业协会等是数据要素市场的参与主体、创新主体和桥梁纽带，更是数据要素市场发展的关键载体[①]。目前，全国范围内数据交易机构、中介服务机构、产业联盟、行业协会等市场要件的数量和规模明显不足，各市场要件在服务、沟通和监督各类市场主体中的桥梁和纽带作用尚未有效发挥，尚未形成“政府有为、市场有效、企业有利”的数据要素市场新格局。

案例 1-1

筑桥梁 联政企 成立广东数据发展联盟

广东数据发展联盟于 2022 年成立。由广东省政务服务数据管理局、广东省发展改革委、广东省科技厅作为指导单位，旨在发挥政企桥梁纽带作用，培育数据要素市场生态，释放数据要素潜能，促进全省数字化发展，搭建服务广东、辐射粤港澳大湾区、面向国内外的高水平数据创新发展平台。

联盟集聚数据要素市场各方优势，主要开展理论研究、政策建议、标准制定、产业合作、市场培育、人才培养、国际合作、宣传推广等工作，助力数据要素领域相关政策落地，促进经济社会高质量发展。

资料来源：南方网:《广东数据发展联盟正式成立，助推数据要素市场化改革》。

第二节 坚持“一盘棋”破解结构性矛盾

广东省以数据要素市场化配置改革为突破口，遵循“有效市场和有为政府更好结合”的组合方案，构建“全省一盘棋”数据要素市场体系，重构新型数据生产关系，解放和发展数据生产力，打通数据要素价值创造、价值交换和价

① 顾天安，刘理晖，程序，许国腾．我国构建数据要素市场的挑战与建议［J］．发展研究，2022，39（01）：44-51.

值实现的全链条。总体框架可概括为“1+2+3+X”：

“1”是坚持“全省一盘棋”，统筹推进数据要素市场化配置改革，完善法规政策，优化制度供给，保障市场的统一开放；

“2”是构建两级数据要素市场体系，推动“有为政府”与“有效市场”更好结合，优化供需结构，畅通供需渠道，提高供给效率，加强数据权益保护，激发市场主体活力；

“3”是围绕数据集聚、运营和交易等环节，推动数据要素市场一体化基础运营体系、数据运营管理机构、数据交易场所三大枢纽建设，支撑两级市场健康运行，着力解决确权难、定价难、互信难、入场难、监管难等关键问题；

“X”是推动数据要素市场治理体系和治理能力建设，重塑新型数据生产关系，解放和发展数据生产力，推动数据要素赋能经济社会全面高质量发展。

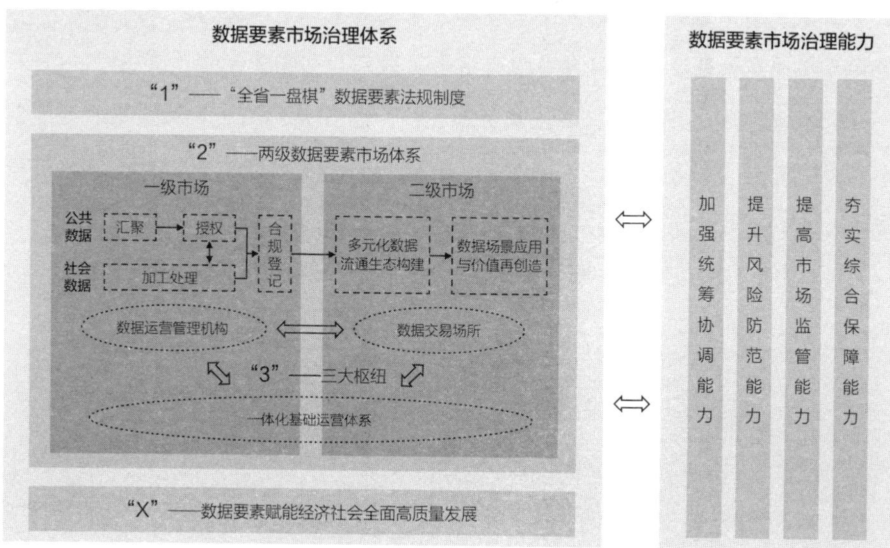

图 1-2　广东省数据要素市场化配置改革总体框架

资料来源：广东省政务服务数据管理局：《广东省数据要素市场化配置改革白皮书（2022）》。

一、建立健全“全省一盘棋”数据要素法规制度

统筹推进数据要素市场化配置改革，完善法规政策，优化制度供给，保障市场的统一开放。建立健全数据产权、供给、流通、分配和监管等方面法规制度，完善数据分类分级、资产登记、价值评估、共享开放、开发利用、信用管理、安全管理和隐私保护等标准规范，营造良好的数据要素市场法治环境。保护自然人、法人和非法人组织的合法权益，推动数据要素合规高效流通交易，促进数字产业化和产业数字化，形成与广东省发展相称的数字竞争新优势。

案例 1–2

一盘棋　聚焦点　构建数据要素法规制度体系

强化法规保障。出台《广东省数字经济促进条例》，聚焦“数字产业化、产业数字化”两大核心，突出制造业数字化转型。印发《广东省公共数据管理办法》，全面规范公共数据管理，促进公共数据资源开发利用。出台《深圳经济特区数据条例》，国内首次以地方立法形式，探索数据权益、个人数据保护和公共数据管理等数据要素市场相关基础制度。编制《广东省数据条例》，促进数据资源开发利用和流通交易，加强数据跨域流动和监管执法，为数据要素市场化配置改革保驾护航。

优化政策供给。印发《关于构建更加完善的要素市场化配置体制机制的若干措施》《关于加快数字化发展的意见》《关于进一步深化数字政府改革建设的实施意见》《广东省数据要素市场化配置改革行动方案》《广东省数字经济发展指引 1.0》等各类中长期发展规划，指导各地在数字政府、数字经济、数据要素等领域出台支持性文件，为打造数字化发展强省、促进数据要素价值释放提供坚实政策保障。

完善标准规范。持续推动全省统一的数据要素标准规范体系建设，整合政产学研资源，编制数据聚合、质量、分类分级、共享开放、开发利用、资产登记、价值评估、流通交易、信用管理、安全管理和隐私保护等配套规范，推进各行业、各领域标准规范体系建设。加强对数据采集、存储、处理、传输、交换和销毁等关键环节的质量管控指导。探索规范政府采购数据服务行为。

资料来源：广东省政务服务数据管理局：《广东省数据要素市场化配置改革白皮书（2022）》；南方 +：《省委全面深化改革委员会召开会议　认真学习贯彻习近平总书记在中央全面深化改革委员会会议上的重要讲话精神　部署推进财政体制、数字政府、土地管理等改革事项　黄坤明王伟中出席》。

二、构建两级数据要素市场体系

推动有为政府与有效市场更好结合，优化供需结构，畅通供需渠道，提高供给效率，加强数据权益保护，激发市场主体活力。**构建以政府指导为主的一级数据要素市场**，建立政府首席数据官制度，提高公共数据管理水平和供给质量。加快数据资源“一网共享”，推动公共数据与社会数据汇聚融合、授权运营、加工处理、合规登记，实现数据资源向数据资产转化，为数据进入流通交易环节创造条件。**构建以市场竞争为主的二级数据要素市场**，培育涵盖数据交易所、数据经纪人、数据服务商及第三方专业服务机构等主体的多元化数据流通生态，培育壮大场内交易，规范引导场外流通，有序开展跨境流动，推动数据规模化应用、价值释放与再创造。推广企业首席数据官，提高社会数据治理与利用能力。探索数据要素纳入国民经济核算体系及数据要素收益再分配调节机制。

（一）培育一级数据要素市场，推进数据资源转变资产

构建政府首席数据官制度，提升公共数据的管理和开发利用水平，增强数

据要素供给能力。构建涵盖数据资源组织管理、数据汇聚、数据服务和数据安全保障在内的数据资源“一网共享”体系，推进公共数据资源汇聚，扩大高质量数据要素供给。创新公共数据运营管理模式，促进公共数据与社会数据汇聚融合、授权运营、加工处理、合规登记，实现数据资源向数据资产转化。搭建全省统一的数据资产凭证体系，实现凭证生成、存储、归集、流转和应用全流程管理，为公共数据资产流通和应用提供支撑。建立个人和法人数字空间，开辟授权用数新途径，实现数据合规便捷流通。

（二）规范二级数据要素市场，促进数据要素高效流通

坚持“无场景不登记、无登记不交易、不合规不挂牌”原则，统筹推进广州数据交易所、深圳数据交易所优势互补、协同发展，打造二级数据要素市场的核心枢纽。依托数据经纪人建立供需信任关系、挖掘数据要素价值、维护各方合法权益，解决目前数据流通存在的信任、质量和可持续等问题，推动数据流通走规范化发展道路，探索数据可信有序流通和市场化利用新模式。强化企业首席数据官建设，打造高素质的人才梯队，推动全省企业适应数字经济的发展，加快以数据要素驱动为核心的数字化转型。探索数据要素纳入国民经济核算体系及数据要素收益再分配调节机制，充分激发各类主体活力。

三、打造数据要素市场三大重要枢纽

打造数据运营管理机构、数据交易场所、数据要素市场一体化基础运营体系等三大枢纽。共同支撑两级市场健康运行，着力解决确权难、定价难、互信难、入场难、监管难等关键问题。其中，数据运营管理机构是一级数据要素市场的核心枢纽，坚持公益性、非营利定位，以健全数据合规治理体系和创新公共数据运营管理模式为主要任务，切实防控数据安全风险，培育数据授权运营服务生态。数据交易场所是二级数据要素市场的核心枢纽，推动广州数据交易所和

深圳数据交易所健康可持续发展，加强与兄弟省市数据交易机构开展务实合作，培育具有湾区特色、面向全国的数据交易生态。数据要素市场一体化基础运营体系是支撑两级市场健康运行的重要枢纽，基于数字政府公共支撑能力，形成规范化、可监管的数据要素市场基础运营体系，促进数据安全流通及数据要素市场健康发展。

四、数据要素赋能全面高质量发展

坚持共建共治共享的理念，打造“理念先进、制度完备、模式创新、高质安全”的数据要素市场和市场化配置改革先行区。充分发挥广东海量数据资源和丰富应用场景的优势，通过数据要素市场化配置改革，解放和发展数据生产力，激发数据要素潜能，加快建设数字政府、数字经济、数字社会、数字湾区，以数字化转型整体驱动生产方式、生活方式和治理方式变革。

（一）数字政府改革建设

面对公共需求多样化、公共服务精细化、公共问题复杂化和公共治理多元化等前所未有的挑战，传统的政府管理模式已经无法适应时代的要求和政府治理的需要，政府数字化转型迫在眉睫①。以高质量数据为基础，推进数字化转型，将从内外两个方面完善政府治理体系和提升政府治理能力现代化水平：一是政府运行更加顺畅、决策更加科学智慧、社会治理更加精准全面；二是公共服务更加精细高效，回应性更强、人民满意度更高②。

2017 年，广东省在全国率先启动数字政府改革建设，在总结近六年实践经验基础上，根据新的形势发展要求，形成广东省数字政府改革建设

① 傅建平．基于公共价值的政务服务数字化转型研究［D］．中共中央党校，2020.

② 周文彰．数字政府和国家治理现代化［J］．行政管理改革，2020（02）：4–10.

“12345+N”工作业务体系。其中，“1”是指牵头一个要素市场，扎实推进数据要素市场化配置改革，构建数据流通交易体系。“2”是指健全两个法规体系，加快出台并落实《广东省数据条例》《广东省政务服务条例》，配套编制专项制度规则、细则，营造良好的数字政府改革建设法规政策环境。“3”是指构建三大基础支撑，构建体制机制支撑、一体化基础设施支撑和整体安全防护支撑。形成省数字政府改革建设领导小组高位推进，省政务服务数据管理局统筹实施的体制机制优势；建成全省一片云、一张网的集约化基础设施体系；打造全要素、多层次、自主可控、高效安全的数字政府整体安全防护体系。“4”是指瞄准四个主攻方向，优化政务服务“一网通办”，提升政务服务标准化、规范化、便利化水平，增强企业群众获得感。推进省域治理“一网统管”，建立符合数字时代经济社会治理需求的数字化省域治理体系。强化政府运行“一网协同”，提升多跨融合的业务协同水平，打造高效运转的整体政府。实现数据资源“一网共享”，提高数据共享利用水平，充分发挥数据对政府各项业务的赋能作用。“5”是指突出五大产研带动。培育形成信创产业联盟、数字政府建设产业联盟、数据发展联盟、数字政府网络安全产业联盟和省电子政务协会，繁荣数字政府产业生态，增强行业自律能力，充分发挥数字政府建设对数字经济的促进作用。“N”是指推出系列标志性成果。持续打造粤省事、粤商通、粤政易、粤治慧、粤智助、粤平安、粤基座、粤复用、粤省心和粤公平、粤优行等“粤系列平台”，以及数字财政、两客一危一重和智慧水利等一大批引领性、示范性的改革建设成果，并推动全省数字政府改革建设和全面数字化发展持续走在全国前列[①]。

① 广东省政务服务数据管理局:《广东省数据要素市场化配置改革白皮书（2022）》，http://zfsg.gd.gov.cn/attachment/0/509/509982/4072532.pdf。

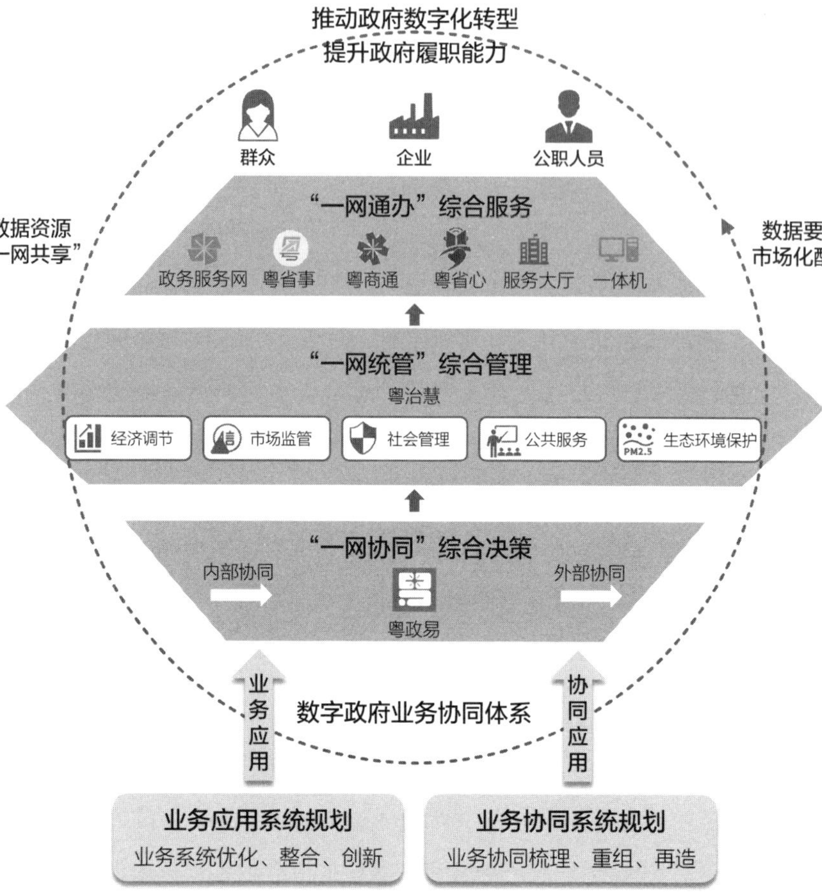

图 1-3　广东省数字政府 2.0 业务架构

资料来源：广东省政务服务数据管理局：《广东省数据要素市场化配置改革白皮书（2022）》。

（二）数字经济发展

数据要素是数字经济深化发展的核心引擎，对提高生产效率的乘数作用不断凸显。提高数据要素市场化配置效率，有利于打通产业链和供应链、协同上下游，推进数字技术与实体经济深度融合，驱动数字产业化和产业数字化发展，形成新产业、新业态和新模式。

广东省提出“两大核心、两大要素、两大基础、一个保障体系”的数字经济发展总体框架。两大核心即数字产业化、产业数字化。两大要素即数据资源、数字技术，充分发挥数据资源作为关键生产要素的驱动作用，以及数字技术创新作为重要推动力的引擎作用，共同构筑数字经济内生动力。两大基础即核心基础数字产品和新型数字基础设施，作为数字经济发展的重要基础。一个保障体系包括数字政府改革建设和服务支撑体系，为数字经济高质量发展提供保障[①]。

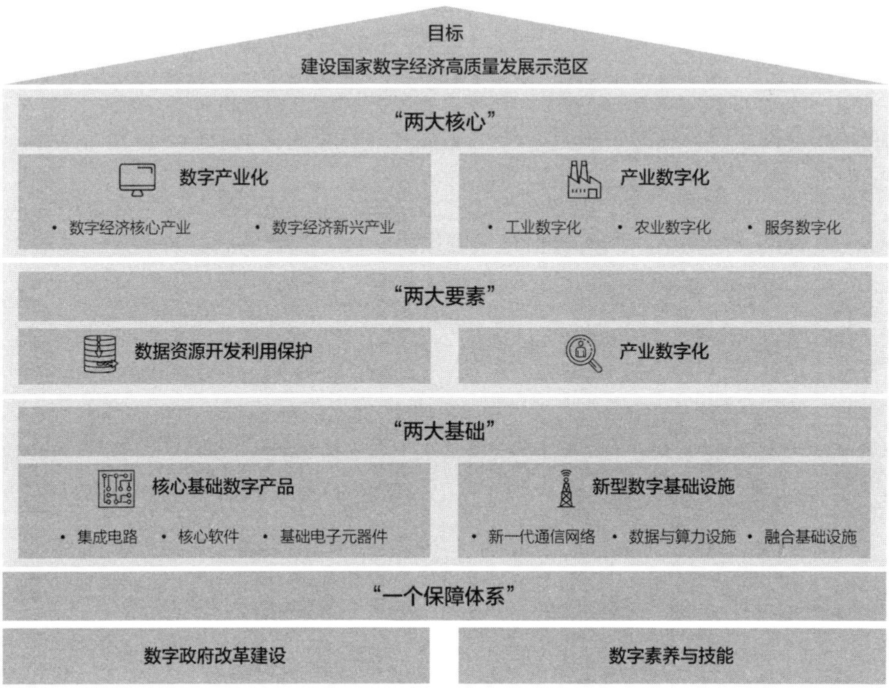

图 1–4 广东省数字经济发展总体参考框架

资料来源：广东省工业和信息化厅：《广东省数字经济发展指引 1.0》。

① 广东省工业和信息化厅：《广东省数字经济发展指引 1.0》，http：//gdii.gd.gov.cn/attachment/0/498/498274/3965062.pdf。

（三）数字社会建设

数据要素是数字社会建设的重要支撑，在基层治理、普惠金融、教育、养老、文化旅游、卫生健康、交通出行、能源电力、汽车服务、生活服务和物流服务等领域，推动以数据为核心的产品及服务创新，不断提升数字化服务水平。

广东省提出要加快数字社会建设步伐，构筑美好数字化生活新图景。一是大力发展智慧化便捷公共服务，构建线上线下教育常态化融合发展机制，加强智慧医院建设，在就业、养老、文化、体育等领域普及推广数字化服务，支持发展常态化远程办公。二是高水平建设新型智慧城市，打造新型智慧城市群，建设延伸至网络末梢的智慧化社会治理平台，支持县级行政单位开展智慧化改造，探索构建全局视野、虚实交互、智能精细的数字孪生城市，提升公共管理和社会服务智能化水平。三是加快推进数字乡村建设，加快农村宽带通信网、数字电视网、移动通信网络等信息基础设施建设，加快农村管理服务、基层治理数字化进程，提升农民生活数字化服务水平。四是推动生活数字化转型，建设便民惠民智慧社区，发展数字家庭，探索构建符合我省实际的数字素养教育框架，支持开展面向老年人等特殊群体的数字技术应用培训[①]。

案例 1-3

中小融　纾困难　广东省建成中小企业融资平台

为有效缓解中小企业融资难、融资贵问题，广东省地方金融监督管理局搭建广东省中小企业融资平台（以下简称“中小融”平台），实现与广东省政府采购系统、粤省事和粤商通的互通互联，根据不同融资场景与需求，为企业提供

① 广东省人民政府：《广东省人民政府关于加快数字化发展的意见》，https：//www.gd.gov.cn/zwgk/gongbao/2021/14/content/post_3367200.html。

信息收集、信用评价、线上融资对接、增信、产业金融服务等一体化线上智能金融服务。

2020 年 1 月 2 日正式上线以来，“中小融”平台总体呈现持续向好的发展态势，主要成效体现在以下四个方面：一是数据归集与共享方式创新，打造领先全国的中小企业商业信用分析评价平台；二是产业金融融合路径创新，为广东制造强省和打造新发展格局战略支点提供金融新引擎；三是金融驱动区域发展技术创新，破解粤东西北与珠三角金融服务能力发展不平衡问题；四是“风控 + 监管”技术手段创新，全方位、多维度进行金融风险监测预警。

资料来源：21 世纪经济报道：《支持“制造业当家”“中小融”平台汇集金融活水　服务广东省企业 162.83 万家实现融资 1591.72 亿元》。

（四）数字湾区建设

打造数据要素流通顺畅的数字大湾区，促进数据要素在大湾区充分汇聚、顺畅流动和深度应用，有利于提升三地市场互联互通水平，集聚国际创新资源，进一步激发各类创新主体活力，建设具有国际竞争力的创新发展区域。

广东省以率先打造世界级“数字湾区”为目标，全面推动“数字湾区”建设。加快推动湾区规制规则、资质互认“软联通”；推动服务基础设施、交通、网络、平台“硬联通”；推动数据、人才、技术、资金、土地“要素通”；推动政务服务、公共服务、政府治理“政务通”；营造便利化的投资兴业环境，实现企业在粤港澳三地“营商通”。通过推动粤港澳三地“五个通”，有力推动实施“湾区通”工程，牵引大湾区全面数字化发展，为全省高质量发展注入新动能[①]。

① 人民网：《广东全面推动“数字湾区”建设　深化智慧城市建设改革试点》，http：//gd.people.com.cn/n2/2023/0208/c123932-40293747.html。

第三节　努力形成更高水平的供需动态平衡

供给和需求作为我国宏观经济调控的两个基本手段，其调控功能是根据市场发展主要矛盾的变化，有侧重地运用供给侧改革和需求侧管理，二者相辅相成、相得益彰，引导供给和需求相适配，形成“需求牵引供给，供给创造需求”更高水平的动态平衡。

一、马克思主义政治经济学视角下的供给和需求

（一）供给与需求的含义

从自然属性看，“供给就是处在市场上的产品，或者能提供给市场的产品”[①]，即供给是具有具体物质形态的处于市场上的产品[②]。从社会属性看，“供给等于某种商品的卖者或生产者的总和”[③]，即卖者和生产者，是提供商品的一方，体现了双方之间的社会关系。自然属性反映了供给的物质形态，社会属性则体现了供给的社会关系。在一定社会关系下，供给即生产，是生产、分配、交换和消费四大环节的起点[④]。

市场需求被定义为“有支付能力的，实现交换价值的需求”[⑤]。不同于市

① 马克思，恩格斯．马克思恩格斯全集第二十五卷（上册）[M]．北京：人民出版社，1975：208.

② 任红梅．马克思供给需求理论视角下中国供给侧结构性改革研究[D]．西北大学，2018：32-34.

③ 马克思，恩格斯．马克思恩格斯全集第二十五卷（上册）[M]．北京：人民出版社，1975：216.

④ 任红梅．马克思供给需求理论视角下中国供给侧结构性改革研究[D]．西北大学，2018：32-34.

⑤ 马克思，恩格斯．马克思恩格斯全集第二十五卷（上册）[M]．北京：人民出版社，1975：202.

场需求，社会需求被定义为“社会规模的使用价值”[①]。对于不同的商品，市场上出现的市场需求和实际的社会需求之间也是极不相同的。在一定社会关系下，需求即生产对应的消费，是生产、分配、交换和消费四大环节的终点[②]。

（二）供给与需求的辩证关系

1. 供给与需求的同一性

马克思论述了消费和生产之间的“直接同一性：生产是消费，消费是生产”[③]，即供给是需求，需求是供给。就供给是需求而言，“生产行为本身就它的一切要素来说也是消费行为”[④]，一方面数据供给是利用数据要素创造价值的过程，另一方面数据要素作为客体物质的价值伴随着需求转移至新产品的同时也被消耗掉了。就需求是供给而言，市场主体在向社会提供数据产品和服务的同时，也要通过消费其他的数据产品和服务，或者其他生产要素，满足自身在不同阶段的需求，促进数据要素再生产以及数据要素价值再创造。

此外，供给与需求相互依存，互不可缺[⑤]。习近平总书记在中央党校省部级主要领导干部学习贯彻党的十八届五中全会精神专题研讨班上指出，“供给和需求是市场经济内在关系的两个基本方面，是既对立又统一的辩证关系，二者你离不开我、我离不开你，相互依存、互为条件。没有需求，供给就无从实现，新的需求可以催生新的供给；没有供给，需求就无法满足，新的供给可以创造

① 马克思，恩格斯．马克思恩格斯全集第二十五卷（下册）［M］．北京：人民出版社，1975：716.

② 任红梅．马克思供给需求理论视角下中国供给侧结构性改革研究［D］．西北大学，2018：32–34.

③ 马克思，恩格斯．马克思恩格斯全集第十二卷［M］．北京：人民出版社，1975：740.

④ 马克思，恩格斯．马克思恩格斯全集第十二卷［M］．北京：人民出版社，1975：740.

⑤ 丁任重，李标．供给侧结构性改革的马克思主义政治经济学分析［J］．中国经济问题，2017（01）：3–10.

新的需求[①]”。这意味着，生产是起决定作用的重要环节，决定着消费、分配、交换；但同时，消费、分配、交换各环节又对生产起反作用[②]。

2. 供给创造和决定需求

“生产生产着消费”[③]。首先，供给创造需求，市场主体为需求提供数据产品和服务，为数据要素创造了具体的使用价值，从而使需求得到满足，即供给创造出、生产出需求。其次，供给决定需求的方式，正如马克思写到的，“用刀叉吃熟肉来解除的饥饿不同于用手、指甲和牙齿啃生肉来解除的饥饿”[④]，新的数据要素供给方式给予需求新的规定，追踪并形成特定的需求方式。最后，供给为需求提供数据产品和服务，决定需求的方式，并在需求者身上引起新的需要。从社会再生产过程来看，数据要素供给是真正的主动因素，其支配地位要求我们以供给侧结构性改革为主线，在创造需求、释放需求的过程中，提高数据要素供给的适应性，增强与数据要素需求的契合度，发挥供给对需求的创造效应和带动效应[⑤]。

3. 需求对供给具有反作用

“消费生产着生产”[⑥]。一方面，供给的产品只有满足需求才能实现价值，在数据要素市场中，数据产品和服务只有满足需求，才能实现其使用价值。另一方面，需求为供给创造了新的需求，为供给提供“观念上的内在动机[⑦]”。“没有

---

① 新华社：《习近平：把改善供给侧结构作为主攻方向》，http://www.xinhuanet.com/politics/2017-01/22/c_129457936.htm。

② 何美子，范希春，洪晓楠：《以供给侧结构性改革为主线　加快建设现代化经济体系》，www.qstheory.cn/dukan/hqwg/2019-12/09/c_1125323232.htm。

③ 马克思，恩格斯．马克思恩格斯全集第十二卷［M］．北京：人民出版社，1975：742.

④ 马克思，恩格斯．马克思恩格斯全集第十二卷［M］．北京：人民出版社，1975：742.

⑤ 柳思维．略论新发展格局下形成供给需求更高水平的动态平衡［J］．湖南社会科学，2021（02）：35-40.

⑥ 鲍金．马克思“消费生产着生产”思想及其对当代的启示［J］．现代经济探讨，2012（04）：50-53.

⑦ 马克思，恩格斯．马克思恩格斯全集第十二卷［M］．北京：人民出版社，1975：741.

需要，就没有生产，而消费则把需要再生产出来。[①]”需求主动牵引供给，让数据要素供给保持高的适配性和灵敏度，以更好地符合数据要素市场需求。因此，需求对供给的反作用要求我们在推进供给侧结构性改革的同时，以扩大有效需求“倒逼”供给侧结构性改革，通过新的需求结构确立数据有效供给范围。

二、数据要素市场的有效供给和有效需求

（一）以供给侧结构性改革实现有效供给

供给能创造需求，也能抑制需求。能创造适应需求的供给是有效供给，抑制需求的供给是无效供给[②]。有效的数据要素供给意味着数据要素的合理配置和数据要素市场经济效率的提高，是数据要素市场稳定运行的基本前提。[③]

数据是在生产和生活过程中产生的附属品和衍生品，其供给和需求都存在一定程度的模糊。此外，市场没有专门从事数据生产的厂商，这导致数据要素供给存在天然的缺陷。数据的价值在于与其他生产要素融合应用，但市场信息反向不对称，即用于什么目的、能创造多大价值、会不会被再次开发利用、能否保证数据安全等信息优势都在需求方，导致数据要素供给方出现“惜供给”甚至“不供给”的市场行为。[④]

以上两大原因导致有效数据要素供给不足，数据要素市场供给侧对需求侧变化的适应性调整明显滞后。因此，我们要以推进数据要素供给侧结构性改革为主线，矫正供需结构错配和数据要素配置扭曲，减少数据要素的无效和低端供给，扩大数据要素有效和中高端供给。

---

① 马克思，恩格斯．马克思恩格斯全集第十二卷［M］．北京：人民出版社，1975：742.

② 胡培兆．论有效供给［J］．经济学家，1999（03）：3-9.

③ 刘诗白．论增大有效供给［J］．经济学家，2000（01）：4-11.

④ 黄朝椿．论基于供给侧的数据要素市场建设［J］．中国科学院院刊，2022，37（10）：1402-1409.

（二）以需求侧管理实现有效需求

有效需求，是指数据要素需求方能基于数据要素市场发展实际提出切实可行的需求。数据要素有效需求不是超越数据生产力现有发展水平，或背离数据要素市场自身固有的发展规律，而是数据要素供给方可以运用一套具体的方法、程序和涉及方案进行操作来满足这种需求①。

有效数据要素需求不足是数据要素价值生产和价值实现之间矛盾的具体表现，其直接原因是对抗性收益分配关系。有效数据要素需求的规模决定着数据要素价值实现的大小以及数据要素收益分配的比例；大小决定了数据要素价值实现程度，从而决定着数据要素收益分配的比例关系。

人民对美好生活的向往，对高品质生活的追求（偏好变化）能很好诠释需求牵引供给。因此，在需求侧管理中，数据要素需求要主动牵引数据要素供给，让其能在市场里保持高的适配性和灵敏度，更能符合市场实际需求，真正形成高水平数据要素供给与需求的动态平衡②。

三、均衡数据资源配置以实现数据供需动态平衡

马克思分析供给需求问题时指出，在经济发展过程中生产与消费之间，供给与需求之间必须保持适度的均衡发展关系，整个社会生产才能保持正常健康状态，社会经济才能持续增长和发展。这意味着，供需平衡发展是社会再生产的过程，也是社会经济正常健康运行和发展的客观要求，更是社会经济正常健康发展的必要条件③。

在数据要素市场发展过程中，数据要素供给与需求作为调控的基本手段，

---

① 谢传仓．有效需求与高科技产业化［J］．科学研究，1998（03）：99-102+112.

② 郭万敏．“双循环”新格局下供给与需求高水平动态平衡策略研究［J］．商业经济研究，2022（14）：177-182.

③ 纪尽善．马克思供需平衡理论与扩大内需战略取向和现实选择［J］．当代经济研究，2002（09）：8-11.

其调控功能是根据数据要素市场运行主要矛盾的变化，有侧重地运用供给侧改革和需求侧管理，引导数据要素供给与需求相适配，从而达至均衡。

在数据要素市场培育探索阶段，着力解决的是“有没有”和“有多少”的供给总量问题[①]，这时调控侧重于扩大数据要素供给，解决总量性问题。而在数据要素市场高质量发展阶段，着力解决的是“好不好”和“优不优”的供给质量问题[②]，这时调控侧重于提高数据要素供给质量和效率，优化数据要素供给结构。

在不断循环的过程中，破除体制机制障碍，鼓励市场主体创新需求，提高数据要素供给水平，构建贯通数据要素生产、分配、流通、消费各环节的供给和需求正反馈机制，推动形成需求牵引供给、供给创造需求的更高水平动态平衡。

① 高培勇:《宏观经济分析须立足高质量发展》, http : //www.qstheory.cn/economy/2020-04/23/c_1125894593.htm。

② 高培勇:《宏观经济分析须立足高质量发展》, http : //www.qstheory.cn/economy/2020-04/23/c_1125894593.htm。

第二章　公共数据与非公共数据

公共数据与非公共数据是构成数据要素的重要内容，二者具备数据的虚在性、依附性、运动性、边际收益递增性、价值差异性和外部性等一般特性。但是，二者价格形成机制不同，公共数据以政府指导价格形成机制为主，非公共数据以市场竞争价格形成机制为主，这决定了二者在数据获取、加工处理、开发利用、授权运营、流通定价及收益分配等方面存在差异。因此，应根据数据特性和价格形成机制差异，推动构建与之相适应的统一开放、多层级数据要素市场体系，更好地发挥公共数据与非公共数据的经济社会价值。

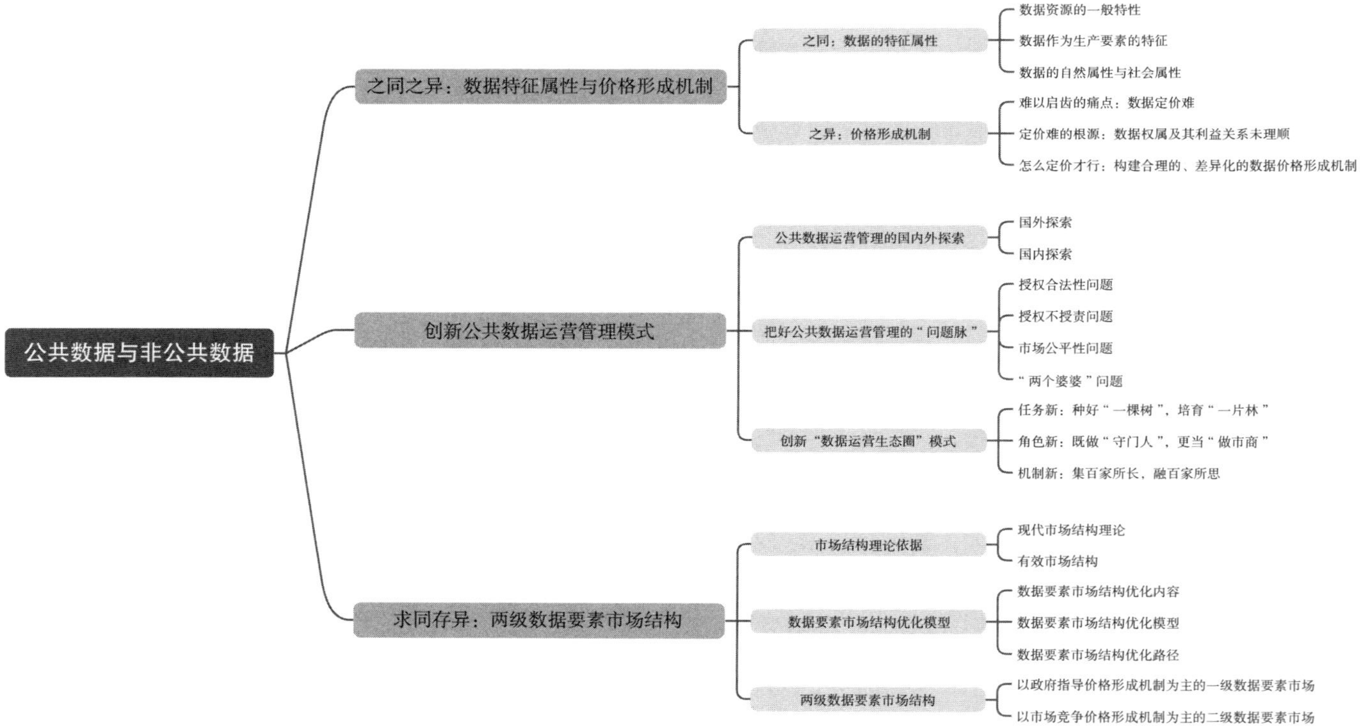

图 2-1　公共数据与非公共数据思维导图

第一节 之同之异：数据特征属性与价格形成机制

公共数据与非公共数据的相同点在于二者兼具数据的虚在性、依附性、运动性、边际收益递增性、价值差异性和外部性等一般特性；差异点在于二者价格形成机制不同，致使二者在生产、分配、交换、消费等四个环节均存在一定差异。因此，要从多角度、多层面、多维度辨析公共数据与非公共数据，基于各自的特征属性和价格形成机制，充分发挥公共数据与非公共数据的经济社会价值。

一、之同：数据的特征属性

（一）数据资源的一般特性

数字时代，作为生产要素的数据不再是狭义上的数值，或是声音、图像、符号、文字等，而主要是以电子形式传递和存储的信息载体。随着时间的推移，社会对数据的理解不断演变，并因角度的不同而不同。[①]从微观层面来看，数据是为了描述事物的数字、字符、图形、声音等的一种表现形式。从中观层面来看，数据作为以电子或者其他方式对信息的记录[②]，可支撑进行各种统计计算、科学研究或技术设计等活动。从宏观层面来看，数据是信息的原材料，构成可以存储、处理和分析的经验证据，辅助进一步推理活动的开展[③]。

了解数据的一般特性，才可以更准确地理解数据的概念和内涵。首先，数据具有“4V”特征，即数据的规模性、聚合数据的多样性、数据收集运用传

① 王益民．数据论［M］．北京：中共中央党校出版社，2021：41-44.

② 全国人民代表大会:《中华人民共和国数据安全法》。

③ 王益民．数据论［M］．北京：中共中央党校出版社，2021：41-44.

播的快速性、数据蕴含的价值性。[①]第一，低成本生产与大规模可得是数据能够被广泛使用并成为基本生产要素的前提，也是历次技术革命中生产要素所普遍具备的基本特征[②]。第二，数据的多源异构是指数据通常以碎片化的方式散布在不同的数据源中，且数据集结构多样，结构化数据集仅占数据要素的一小部分，绝大多数是音频、图像、视频等非结构化数据，需要进行数据聚合与协同处理[③]。第三，数据的快速性也被称为即时性，5G 通信、云计算、人工智能、物联网等新一代信息技术使得数据生成收集、传输、处理的分析的速度大幅提升，在无人驾驶、远程医疗等应用场景中，数据的即时性发挥着重要作用。第四，数据蕴含的价值体现在两方面，一方面数据自身蕴含了大量可供提炼的信息与知识，可以赋能技术创新与生产决策：另一方面数据可以利用其承载的有价值的信息，提高劳动、资本等其他生产要素之间的协同性，从而提高经济运行效率。[④]"4V"是数据的存在属性，也是数据对生产力的作用条件。

其次，从数据的存在形式看，数据具有虚在性和依附性。虽然"数据"背后所表达的"含义"是客观存在的，但数据没有能量和固定形态，相对土地、劳动力、资本和技术等要素"客观实在"而言，数据具有"客观虚在"的特性。数据的"虚在性"也导致数据使用和管理中存在"依附性"，即数据要素价值的发挥不是独立的，需要在具体业务场景中与其他生产要素相结合，并且依托数字技术、信息系统、数据平台等进行管理。因此，在数据要素市场发展过程中，创新数据要素与其他要素的协同联动机制及应用场景，完善多主体、多环节数

---

① ［英］维克托·迈尔－舍恩伯格，肯尼思·库克耶．大数据时代：生活、工作与思维的大变革［M］．周涛．杭州：浙江人民出版社，2012：44-49．

② 蔡跃洲，马文君．数据要素对高质量发展影响与数据流动制约［J］．数量经济技术经济研究，2021，38（03）：64-83．

③ 刘业政，孙见山，姜元春，陈夏雨，刘春丽．大数据的价值发现：4C 模型［J］．管理世界，2020，36（02）：129-138．

④ 蔡跃洲，马文君．数据要素对高质量发展影响与数据流动制约［J］．数量经济技术经济研究，2021，38（03）：64-83．

据要素配置规则，理顺利益相关方的数据生产关系。

再次，从数据的使用过程看，数据具有非竞争性和非排他性。其一，传统生产要素如土地、资本、劳动、技术一般具有竞争性，即要素归某类人群所拥有并控制，且在使用过程中不可分、无法同时被其他人使用。但数据的突出特征为非竞争性，即数据的低成本复制和使用，从而使得多个主体可以同时使用相同的数据投入生产，数据使用的边际成本几乎为零。其二，数据具有非排他性，数据可以无限复制给多个主体使用，使得任何主体对数据的使用都不会影响其他使用者的利益。

最后，从数据的影响效应看，数据具有外部性。数据在加工处理过程中，会产生正外部性和负外部性，其中，数据的边际收益递增、价值差异、数据赋能等构成数据的正外部性，而隐私泄露、数据污染、信息过载、数据鸿沟等形成数据的负外部性。因此，在数据要素市场发展过程中，应该加强监管的组织建设、体制机制创新，健全监管手段方式，在发挥数据正外部性的同时，严格抑制数据负外部性，营造良好数据生态系统。

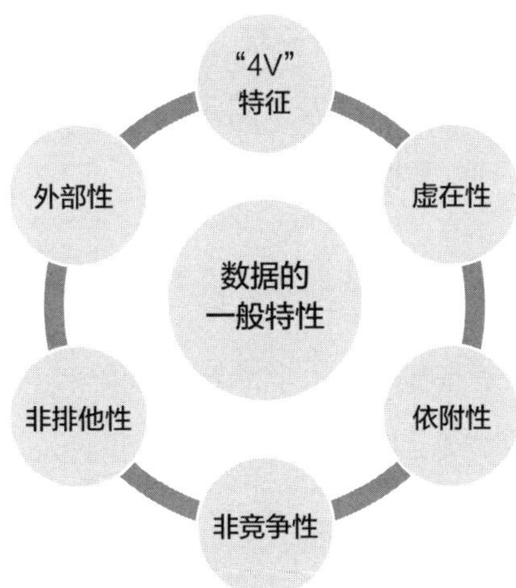

图 2-2　数据的一般特性

（二）数据作为生产要素的特征

从生产要素属性出发，数据要素具有和土地、资本、劳动力、技术等传统有形生产要素的共性，更具有其特殊性。

数据是特殊的经济资源。数据同传统生产要素一样，必须达到一定的规模才能产生经济社会效益；它又区别于传统生产要素，具有指数级增长的特性。[①]数据在不同的应用场景下会带来不同的使用价值，即不同的数据组合、不同的处理技术、不同的分析方式等会导致数据体现的使用价值大相径庭。封闭的数据系统会产生“数据孤岛”问题[②]，因此数据的流动性越强，越能实现数据的乘数效应，提高数据要素市场化配置效率。

数据隐私与市场主体之间存在矛盾。数据是信息的载体，涉及个人、企业与政府三个主体。**从个人的角度来看**，个人数据具有“身份识别性”，包含丰富的隐私，大规模的数据采集与应用增加了数据被滥用、权利被侵犯的风险，致使个人信息权益及人身财产安全受到严重威胁[③]。**从企业的角度来看**，数据存储在内部技术平台中，即使数据包含隐私，也可以通过脱敏、匿名化等技术处理使得数据不可识别化。**从政府的角度来看**，采取比较宽松的数据隐私保护政策，数据主体权利难以得到有效保障，反之若采取比较严格的数据隐私保护政策，可能会影响企业创新，抑制数据要素市场发展[④]。

（三）数据的自然属性与社会属性

从自然属性来看，数据能够助力生产者精准供给以满足消费者对物质世界与虚拟世界融合发展的需要，降低人们对主客观世界认识的不确定性。数据与

① 王传智.数据要素及其生产的政治经济学分析［J］.当代经济研究，2022（11）：26-33.

② 操奇，孟子硕.数据作为生产要素参与分配机制的几个问题［J］.福建论坛（人文社会科学版），2020（11）：19-27.

③ 王传智.数据要素及其生产的政治经济学分析［J］.当代经济研究，2022（11）：26-33.

④ 王传智.数据要素及其生产的政治经济学分析［J］.当代经济研究，2022（11）：26-33.

一般商品相比，二者的使用价值既具有共性也具有特殊性。共性在于两者都是劳动产品的使用价值，生产主体都是劳动者。特殊性在于一般商品需通过交换让渡才能进入消费，数据可以不经过交换直接进入生产性消费；一般商品的生产是为了满足他人的需要而出售，数据在满足消费者需要的同时，也可以辅助生产者进行决策；一般商品使用之后会消失或磨损，数据的使用并不会减少其本身，但数据效用受时间影响较大，具有显著的时效性。①

从社会属性来看，数据价值是数字经济的特有范畴，反映了数字经济条件下的商品生产之间的生产关系。数据与一般商品相比，二者的价值既具有共性又具有特殊性。共性在于两者的价值都是抽象的、内在的，是在物的掩盖下的商品生产者之间的一种社会经济关系。特殊性在于一般商品的价值是用社会必要劳动时间来衡量，而数据的价值是由社会必要数据化劳动时间来衡量。数据化劳动是复杂劳动，在相同劳动时间，能够比传统劳动创造更大价值。其复杂性体现在劳动主体的多元化，劳动工具的数字化，劳动对象即数据的复杂化，劳动关系的复杂化等②。社会必要数据化劳动时间是在现有的社会正常的生产条件下，在社会平均的劳动熟练程度和劳动强度下制造某种数据使用价值所需要的劳动时间，不同行业、不同领域、不同层级的社会必要数据化劳动时间存在差异。③

二、之异：价格形成机制

合理的数据价格形成机制是数据要素市场健康运行的基础。当前数据定价成为制约数据要素市场功能有效发挥的痛点难点问题。

（一）难以启齿的痛点：数据定价难

导致数据定价难的因素很多，需要透过现象看本质，刨根问底。

---

① 王传智．数据要素及其生产的政治经济学分析［J］．当代经济研究，2022（11）：26-33.

② 王传智．数据要素及其生产的政治经济学分析［J］．当代经济研究，2022（11）：26-33.

③ 冯金华．社会总劳动的分配和价值量的决定［J］．经济评论，2013（06）：17-23+33.

劳动价值决定论是马克思主义政治经济学的理论基石，也是我国社会主义市场经济价格形成的理论依据。创造出高价值的商品是一个企业存在的意义，而合理的商品价格决定着企业的生存和发展，也关系到整个市场的稳定。

价值规律作用的表现形式是价值决定价格、价格受市场供求关系的影响围绕价值上下波动[①]。它同样适用于数据要素领域，即数据价值决定数据价格，数据价格随着供需关系围绕数据价值上下波动。而数据价值是凝结在商品中的无差别的数据化劳动。数据是一切客观事物含义的记录，客观事物的复杂性决定了数据的复杂性，数据的复杂性决定了数据化劳动的复杂性。数据化劳动的复杂性主要体现在劳动主体的多元化，劳动工具的数字化，劳动对象的虚在性、依附性及价值差异性，劳动关系的复杂性等。因此，数据化劳动是复杂劳动，在相同劳动时间，能够比传统劳动创造更大价值。

但是，“成也萧何、败也萧何”，正是由于数据化劳动的复杂性，使得它难以被计量，进而影响对数据价值的量化，加之受供需关系不匹配、市场发育不健全、应用场景不清晰等综合因素叠加，最终造成数据定价难。

（二）定价难的根源：数据权属及其利益关系未理顺

以政府机关为主体的公共数据和以企业、个人为主体的非公共数据，共同构成我国数据要素的主体内容，也是推进数据要素化、价值化、市场化，破解数据定价难的关键所在。

公共数据和非公共数据均具备数据的虚在性、依附性、运动性、边际收益递增性、价值差异性和外部性等一般特性，但两者在数据获取、加工处理、开发利用、授权运营、流通定价及收益分配等方面存在明显差异。

对此，“数据二十条”提出探索多样化、符合数据要素特性的定价模式和价

---

① 杨增宪．市场供求价值规律——“价值学视域中的劳动价值论与市场规律”系列研究之十六［J］．社会科学论坛，2011（08）：31-47.

格形成机制，推动用于数字化发展的公共数据按政府指导定价有偿使用，企业与个人信息数据市场自主定价，即分类施策，公共数据要以政府指导价格形成机制为主，非公共数据以市场竞争价格形成机制为主。

当然，市面上现有成本法、收益法、市场法及其衍生定价方法，对于当下数据资源、数据产品 / 服务或者未来数据资本的定价，是适用的、管用的，但是只在数据定价方法上打转悠，是解决不了数据定价背后的真正问题。

因此，定价难问题的根源在于没有理顺数据定价背后的数据权属及其利益相关者收益分配关系，也就难以科学计量数据化劳动，进而难以量化数据价值，最终导致数据难以定价。

（三）怎么定价才行：构建合理的、差异化的数据价格形成机制

从根源下手，力求全局优化。发挥新型举国体制优势，构建共建共享共治共用共赢的数据生产关系及“社会主义数据共同所有制”，创立数据共有权与数据用益权“两权分离”的数据产权结构，健全资源持有权、加工使用权、产品经营权等数据用益权的“三权结构性分置”运行机制，完善数据所有者、持有者、处理者、经营者、中介服务者、消费者等利益相关方权利义务。

从分配上下手，规范数据财富形成机制。初次分配，以价值创造、互惠利他为导向，按价值贡献参与分配，着重保护数据资源持有者、加工使用者、产品经营者的劳动收益。二次分配，由政府按照公平优先原则，通过税收减免、社会保障支出等方式，兑现数据所有者权益。三次分配，以慈善公益方式分配数据财富。

从结构上下手，构建适应价格形成的市场结构。要按照我国《价格法》规定的市场调节价、政府指导价、政府定价三种价格形成形式，构建适应公共数据和非公共数据特性及其价值运动规律的市场结构，形成差异化的数据价格形成机制。推动构建与之相适应的统一开放、两级数据要素市场体系，其中一级市场以政府指导价和政府定价为主、二级市场以市场调节价为主，更好发挥公

共数据与非公共数据的经济社会价值。

案例 2-1

新程式　度量衡　破解数据估值定价难题

2023 年 4 月，广东电网能源投资有限公司正式对外推出重磅研究成果及交易工具——全国首个数据经纪人撮合交易定价器。

“数据经纪人撮合交易定价器”将数据产品和服务在采集核验、分析挖掘、转移交换等各阶段产生的直接成本和间接成本进行量化分析，纳入数据质量系数、数据流通系数、数据风险系数等三重影响系数，结合市场供求情况综合评估计算数据产品和服务价格，实现了不同应用场景、不同交易对象、不同实时状态下的“一键报价”功能。

当前，广东电网能源投资有限公司已成功与联通产业互联网（广东）有限公司、广东德信行信用管理有限公司以及广州金控征信服务有限公司等 12 家企业达成合作，通过“数据经纪人撮合交易定价器”对电力数据产品和服务进行估值定价，促进电力数据在应急管理、经济分析、信息服务等场景中广泛应用，有效释放数据价值，助力数字经济、数字社会发展。

资料来源：中新网广东：《“数据经纪人撮合交易定价器”在广州发布》。

第二节　创新公共数据运营管理模式

政府既是数据要素市场的培育者和监管者，也是公共数据的主要供给主体，释放大体量、高价值公共数据的价值是数据要素市场发展的关键突破口。公共数据授权运营目前面临授权合法性、授权不受责、市场公平性、“两个婆婆”等“疑难杂症”，亟须创新公共数据运营管理模式，构建“数据运营生态圈”模式破解以上难题。

一、公共数据运营管理的国内外探索

（一）国外探索

以美国、欧盟、英国等为代表的发达国家和地区高度重视公共数据的价值与贡献，探索释放公共数据经济和社会价值的路径，建立了公共数据再利用模式，即政府部门在履行公共服务外，授权市场主体对公共数据资源进行深度开发利用并产生增值效应[①]。

美国基于"开放政府"创新公私合作模式。政府作为公共数据主要的供给主体，负责公共数据的公益性开发利用。同时，通过开放自身丰富的数据资源，吸纳、引导市场主体的资金、技术等资源力量，充分发挥市场主体自身优势，负责公共数据的商业性开发利用和成果市场化推广服务。除此之外，政府通过购买服务的形式，将数据处理服务、技术应用服务等"外包"给市场主体。例如，苹果、微软、谷歌等互联网巨头企业为政府机构提供信息技术服务，在维护政府日常工作稳定的同时，也拓展了市场范围，增加了工作岗位，推进数字经济产业的繁荣发展。[②]

欧盟基于"数据空间"创新共建共享模式。一是通过搭建"数据空间"，确保数据可以在欧盟境内、跨行业自由流动，促进欧盟内部的数据共享和利用，构建共建共享的合作模式。二是建立公共数据再利用新机制，允许自然人或法人在政府部门提供的安全处理环境中，访问和再利用公共数据。三是鼓励设立"数据中介机构"，允许其以非营利性质增强数据供需双方的信任，从而降低流

① 陈传夫，肖志锋．公共部门信息资源再利用国际立法的进展与对我国的建议［J］．信息资源管理学报，2011（01）：16-25.

② 翟云．走进数字政府［M］．北京：国家行政学院出版社：塑造数字中国丛书，202211.256：155-158.

通成本。[①]

英国基于法律框架创新公私竞争模式。“公私竞争”模式是英国开展公共数据再利用工作时最主要的合作模式。英国政府部门既做“裁判员”，也当“运动员”，在支持市场主体进行公共数据再利用，提供公共数据市场化运营服务的同时，也下场参与市场竞争。[②]

（二）国内探索

管运“一体”的集中模式。该模式由政府集中授权一家国有企业作为公共数据运营方，在数据主管部门的监督管理下，开展公共数据运营管理平台建设和公共数据开发利用工作，形成可流通的数据产品和服务。数据授权方面，政府集中授权其下属国有企业，作为本区域内统一的公共数据运营方，开展公共数据市场化增值服务[③]。数据运营方面，公共数据运营方作为数据产品和服务生产者，对公共数据进行深度开发和有效利用，释放和提升公共数据资源价值。平台建设方面，数据主管部门授权公共数据运营方承担公共数据运营管理平台建设，提供数据使用、加工、传输等技术能力，为公共数据运营提供可信技术环境。[④]

分领域“同台唱戏”的总分模式。该模式按行业领域划分，由政府部门授权一家国有企业作为领域公共数据运营方。在数据主管部门的监督下，多家领域公共数据运营方“同台唱戏”，依托统一的公共数据运营管理平台，分领域进行公共数据开发利用。数据授权方面，行业主管部门作为该行业领域公共数据

① 翟云．走进数字政府［M］．北京：国家行政学院出版社：塑造数字中国丛书，202211.256：158-161.

② 翟云．走进数字政府［M］．北京：国家行政学院出版社：塑造数字中国丛书，202211.256：161-164.

③ 公共数据运营模式研究［J］．软件和集成电路，2022（06）：70-83.

④ 翟云．走进数字政府［M］．北京：国家行政学院出版社：塑造数字中国丛书，202211.256：165-167.

的主要供给主体，联合数据主管部门授权一家国有企业作为该领域的公共数据运营方[①]。数据运营方面，领域公共数据运营方承担本领域的数据产品和服务开发工作，助力公共数据实现社会化、规模化应用。平台建设方面，数据主管部门统筹建设统一的公共数据运营管理平台，并以此作为基座，按领域划分运营专区，提供独立的开发利用空间。[②]

管运“分离”的分散模式。该模式由数据主管部门制定公共数据开发利用相关管理制度，统筹建设本区域内统一的公共数据运营管理平台，并通过政府集中授权方式，引入一家国有企业作为公共数据运营方开展公共数据运营工作。数据授权方面，政府集中授权委托一家国有企业作为本区域的公共数据运营方。数据运营方面，基于数据主管部门制定的相关制度，公共数据运营方按要求对公共数据进行开发利用。平台建设方面，以政府的信息基础设施为底座，数据主管部门统筹负责公共数据运营管理平台建设，提供可信的数据加工环境。[③]

二、把好公共数据运营管理的“问题脉”

（一）授权合法性问题

合法性是公共数据授权运营的基础和根本前提，必须符合法律、行政法规和规章等规范性文件的规定。由于数据的非竞争性和非排他性，构建清晰的数据产权制度一直是“老大难问题”，直接导致公共数据授权运营的探索进程陷入“两不”的困境，即对公共数据“有什么权”“不清楚”，对开展公共数据授权运营工作时“该授什么权”“不了解”。其中，“谁拥有这些权”最为重要。近年来，

① 常江，张震.论公共数据授权运营的特点、性质及法律规制［J］.法治研究，2022（02）：126-135.

② 翟云.走进数字政府［M］.北京：国家行政学院出版社：塑造数字中国丛书，202211.256：167-169.

③ 翟云.走进数字政府［M］.北京：国家行政学院出版社：塑造数字中国丛书，202211.256：169-170.

各省市逐渐设立了大数据管理局等机构，统筹推进本地区的数据资源管理工作，但在探索公共数据授权运营时，面临的核心问题是“我是否有权运营管理这些公共数据”，“如果我不拥有，那谁拥有”。一方面，如果各省市大数据管理局等机构的三定方案中，没有明确公共数据运营管理相关职责，则无法授权。另一方面，如果法律层面上没有赋予大数据管理局等机构对公共数据运营管理的相关权力，则无权实施相关工作。①

（二）授权不授责问题

权力和责任是对等的，权力越大责任越大。公共数据授权运营要做到权责一致，授予多大的权力，就要求负多大的责任；要求负多大的责任，就应该授予多大的权力，促使大家更加审慎地对待和行使被授予的权力②。打靶要打靶心，问责也要直击“靶心”，为找准失责问题和责任对象，必须注重防止两个问题：一是有权无责，被授权单位很大程度认为自己只是按要求完成相应工作，并将此作为免责的“护身符”和推卸责任的“挡箭牌”，容易出现随心所欲、缺乏责任心的情形。二是权责不对等，被授权单位只是代理行使一定权力，一旦发生重大事故，授权部门将承担主体责任，导致被授权单位在开展相关工作时疏忽大意，责任心不强。③

（三）市场公平性问题

授权存在排他性，有违市场公平竞争原则，产生垄断与不正当竞争问题，扭曲市场竞争机制，破坏市场正常秩序。一方面，单一授权一家国有企业作为公共数据运营方，导致被授权市场主体垄断公共数据开发利用，将其他有能力的竞争

---

① 翟云．走进数字政府［M］．北京：国家行政学院出版社：塑造数字中国丛书，202211.256：171-172.

② 张莉，张芸．组织内部如何有效授权［J］．现代管理科学，2004（01）：91-92.

③ 翟云．走进数字政府［M］．北京：国家行政学院出版社：塑造数字中国丛书，202211.256：172.

者拦在市场之外，扼杀市场竞争，扰乱市场秩序，使市场竞争像“无头苍蝇”一样，无序发展。在这个过程中，被授权市场主体控制或支配着公共数据，垄断数据、垄断产品、垄断市场，逐渐形成“闭环”的数据垄断。这往往授人以柄，致使政府部门陷入“干预微观市场行为”的风波中。另一方面，在激烈的市场竞争中，被授权市场主体有时为了保持优势地位或牟取暴利，有可能不惜采取不正当手段，损害他人合法权益。因此，如何保证市场的公平性，利用好“看不见的手”和“看得见的手”，推动“有效市场”和“有为政府”更好结合，成为当下的热点问题。①

（四）“两个婆婆”问题

当前，我国各地偏向选择国有企业作为公共数据运营方，这意味着被授权国企要同时接受国资委和数据主管部门的双重管理，即有“两个婆婆”。其一，国资委和国有企业是管理与被管理的关系。国资委对国有企业有着明确的经营目标绩效考核，是逐利的。其二，数据主管部门和国有企业是授权与被授权的关系，是业务上管理与被管理的关系。由于企业天生的营利需求，容易导致与数据主管部门就公共数据授权运营的目标大相径庭。其三，国有企业容易出现目标不明确、监管不到位、竞争不公平等问题，致使企业经营机制不灵活、工作效率不高、大而不强，反而偏离公共数据授权运营的初衷。②

三、创新“数据运营生态圈”模式

（一）任务新：种好“一棵树”，培育“一片林”

公共数据授权运营应着眼于构建公共数据运营生态，在数据要素市场发

---

① 翟云．走进数字政府［M］．北京：国家行政学院出版社：塑造数字中国丛书，202211.256：172-173.

② 翟云．走进数字政府［M］．北京：国家行政学院出版社：塑造数字中国丛书，202211.256：173-174.

展中释放出最大红利。不仅要种好“一棵树”，也要培育“一片林”，要构建一个茂密的“热带雨林”，一个生机勃勃的“热带雨林”，让各类有能力、有担当、积极主动的市场主体加入“热带雨林”式数据运营创新生态中。在完整的生态系统中，不仅有枝繁叶茂的大树、丰富多彩的植被、动物和昆虫，也有深埋地下盘绕相通的根茎和提供大量营养的细菌，共同创建“数据要素生态氧吧”。

“数据运营生态圈”模式通过设立兼具权威性和灵活性的数据运营管理机构，作为一级数据要素市场的核心枢纽，以推动公共数据开发利用和要素价值释放为核心，采用分类分级管理的市场化方式，通过公平竞争，让符合条件的市场主体进场成为公共数据运营服务商。

数据运营管理机构既不能完全行政化也不能过度市场化，政府主导、市场化运作的模式是一种较为合适的选择。一是政府主导的机构具有权威性，为数据要素市场发展增强信任度；二是市场化运作给予数据要素市场充分的灵活性，有利于促进市场主体良性发展。[①]

（二）角色新：既做“守门人”，更当“做市商”

一级数据要素市场的“守门人”。一级数据要素市场以政府指导为主，构建权威高效的公共数据管理机制，统筹配置公共数据。[②]数据运营管理机构作为一级数据要素市场的“守门人”，要守住两扇“门”。一是守好公共数据运营服务商的“入场门”，通过分类分级管理模式，让“能者”进场。二是守好公共数据产品和服务的“合规门”，通过数据资产合规登记，为公共数据产品和服务做合规性“背书”。

① 翟云．走进数字政府［M］．北京：国家行政学院出版社：塑造数字中国丛书，202211.256：174-175.

② 傅建平：《深化数据要素改革　构建全国统一大市场》，https：//tech.gmw.cn/2022-01/05/content_35427475.htm。

二级数据要素市场的“做市商”。二级数据要素市场以市场竞争为主，健全市场运行机制、交易规则和中介服务，满足主体多样性和高质量用数需求。数据运营管理机构作为二级数据要素市场的“做市商”，要当好市场的“晴雨表”。一是保持市场流动性合理充裕，通过对重点领域公共数据产品和服务价格的定期监测，公正、客观地引导定价。二是提高市场流动性和活跃度。数据运营管理机构作为市场供需对接平台，统筹推进布局优化和结构调整，补齐领域发展短板，打通公共数据参与数据要素大循环的“关键一公里”。[①]

（三）机制新：集百家所长，融百家所思

数据运营管理机构的主要任务和角色定位，决定了其组织形式和运行机制，既不能完全行政化也不能过度市场化，而是采用新型研发机构组织形式，即“不像高校，不像科研院所，不像企业，也不像事业单位”的“四不像”机构形式。其一，它综合高校、科研院所、企业、事业单位等各类机构的特色优势，坚守非营利属性，怎样有利于发展，就怎样设计，体制机制更灵活。其二，它与传统高校的文化不同、与科研院所的内容不同、与企业的目标不同、与事业单位的机制不同，兼顾社会效益和经济效益，市场适应能力更强，既避免传统事业单位“小马拉大车”的现象，又防止企业垄断造成“尾大不掉”的弊端。[②]

① 翟云．走进数字政府［M］．北京：国家行政学院出版社：塑造数字中国丛书，202211.256：175–176.

② 翟云．走进数字政府［M］．北京：国家行政学院出版社：塑造数字中国丛书，202211.256：176.

案例 2-2

明权属　通链条　佛山顺德率先推动公共数据“入市”

2022 年 8 月，佛山市顺德区正式获得广东省政务服务数据管理局颁发的全省首批 6 份数据资产登记凭证，这是公共数据产品和服务以市场化方式流通至企业的有益探索。

明确数据权属，是探索数据要素市场化配置全流程改革的必解之题。根据《广东省公共数据管理办法》，区政府在区政数局此前数据归集、治理、共享职能的基础上，授予其公共数据开发、运营职能，建立了政府数源部门成批释放数据的高效通道，加快数据流通效率。为高效推动公共数据产品的开发、加工和运营，区政数局授予顺科智汇公司“公共数据产品治理开发运营权”，在产品开发完成后，由专业资产评估机构出具评估报告，经省政数局登记后，入市流通。

资料来源：佛山市人民政府：《顺德区在省新闻发布会上分享数据要素市场化改革经验》；南方日报：《广东省首批公共数据资产“入市”》。

第三节　求同存异：两级数据要素市场结构

数据要素市场结构不是一成不变的，要根据生产方式发展要求而不断演进。以数据要素特征和数据价值运动规律为基础，以平衡数据要素市场效率与秩序为价值导向，以统一、完整、开放为原则，从合理化、高级化和梯度化三个方面构建数据要素市场结构优化模型，明确数据要素市场结构优化的路径，并构建最适应目前数据要素市场发展阶段的两级数据要素市场结构。

一、市场结构理论依据

（一）现代市场结构理论

市场结构是衡量市场竞争程度的重要标志，可分为完全竞争市场、垄断竞争市场、寡头竞争市场和完全垄断市场。

完全竞争市场是指不包含有任何垄断因素的市场，主要包括以下特征：一是有众多的供给方和需求方，单个供给方和需求方的变化不会改变市场价格。二是市场上的产品是同质的，无差别的，而且需求方对于具体的供给方没有特别的偏好。三是各种产品能够不受限制地自由流动，供给方和需求方进入或退出市场都不会遇到障碍。四是供给方和需求方对产品和价格掌握完全的信息。[①]然而，完全竞争市场是一种理论上的抽象，在现实生活中是不存在的。

完全垄断市场是与完全竞争市场相对的另一个极端的市场结构，是指整个行业中只有唯一的一个厂商的市场组织。在完全垄断市场里，新企业进入市场受到很大的限制，存在着很高的市场进入壁垒，且产品没有接近的替代品，需求方想购买替代性产品是不可能的。[②]符合完全垄断的市场，除非政府的行政、法律干预，在现实生活中也是几乎不存在的。

垄断竞争市场，又称不完全竞争市场，主要包括以下特征：一是产品之间的交叉弹性、需求价格弹性大。二是企业进入和退出市场比较容易，对原有的市场基本没有影响。三是企业之间存在强有力的非价格竞争。[③]部分学者认为垄断竞争市场存在资源配置浪费、广告开支庞大和消费欺骗等缺陷。[④]

① 王庆功，杜传忠．垄断与竞争：中国市场结构模式研究［M］．北京：经济科学出版社，200611.265：33–34.

② 王庆功，杜传忠．垄断与竞争：中国市场结构模式研究［M］．北京：经济科学出版社，200611.265：34.

③ 王庆功，杜传忠．垄断与竞争：中国市场结构模式研究［M］．北京：经济科学出版社，200611.265：34.

④ 俞小江，孙天法．论市场结构范式［J］．中南财经政法大学学报，2003（05）：24–28.

寡头垄断市场是指少数大企业控制着产业市场大部分产品供给，市场的主要份额为几家大企业占有，而这几家企业之间又存在着不同形式竞争的市场结构。[①]在此种市场结构中，寡头垄断企业具有较强价格决定能力，即市场价格不是由市场供求关系决定的，而是通过寡头垄断企业之间协商形成的。

（二）有效市场结构

怎样的市场结构最有利于资源配置，一直是经济学家致力解决的问题。判断市场结构是否有效不能单纯以市场本身的结构特征（市场的集中程度、企业的规模大小以及进入障碍等结构指标）来判定[②]，应围绕市场结构的稳定性、动态性、层次性、复杂性、创新性等特点综合判断。

一是市场结构的稳定性，即市场的结构一旦形成，就会在一定时期内保持相对的稳定和持续，市场的各个组成部分的分布、存在、运行、相对规模及其相互关系的调整变化也需要一定的条件和时间。有效的市场结构应是稳定的，其能够良好运行，具备有效抵御各类冲击，特别是系统性风险冲击的一种状态。二是市场结构的动态性，即市场结构不是一成不变的，而是处于一种由低级到高级的演进趋势之中。有效的市场结构应始终与市场发展的程度相适应，从而适应市场发展的新要求。三是市场结构的层次性，即市场结构随着市场发展水平的变化，呈现出不同的阶段和层次。一定的市场发展水平决定一定的市场结构层次，有效的市场结构应总是随着市场发展水平的提高而不断升级和演进。四是市场结构的复杂性，即市场结构是一个相对独立、纵横交错、多相交叉的，时间和空间相协调、静态与动态相结合，多元素、多变量、多层次、多功能集合二层的多维复合性系统。[③]有效的市场结构应在保持相对稳定性的基础上，满

① 王庆功，杜传忠．垄断与竞争：中国市场结构模式研究［M］．北京：经济科学出版社，200611.265：35.

② 胡炳志，王兵．市场结构有效性理论述评［J］．经济评论，2002（04）：107-111.

③ 王兆星．中国金融结构论［M］．北京：中国金融出版社，1991：4.

足市场各组成部分的运作在时间上协调同步，在空间上协调配合，根据条件变化及时进行调整和创新，同时能将具有不同特点和不同功能的子市场加以整合和协调，形成一个有机的整体。五是市场结构的创新性，即市场结构的升级和演进离不开企业创新，都是在企业创新的推动下实现的。有效的市场结构应更有利于企业创新，从而促进市场的快速发展。

因此，应围绕市场结构的稳定性、动态性、层次性、复杂性、创新性等特点综合判断市场结构是否有效。

二、数据要素市场结构优化模型

市场结构相对稳定，而资源配置是一个动态概念。资源配置在一定时期一定时刻是已定的、固定的、静止的，但在一定时期的不同时刻，又是未定的、流动的[①]。因此，数据要素配置也是动态的，促使数据要素市场结构随之优化调整，不断接近于“帕累托最优状态”。[②]通过数据要素市场结构的优化，进而实现与数据要素市场发展阶段相匹配的最适数据要素市场结构。这里，我们参考林毅夫教授提出的“最优金融结构理论”[③]和吴腾华教授提出的“最适金融市场结构”[④]，提出最适数据要素市场结构，即市场结构的合理化、高级化与梯度化协调一致，是充分发挥数据要素市场的整体功能，提高数据要素市场运行效率，规避数据安全风险，进一步增强数据核心竞争力，为数据要素市场发展提供强有力支持的一种状态。

---

① 赵学增.《资本论》中的资源配置理论［J］.当代经济研究，1994（03）：22–28.

② 吴腾华.我国金融市场结构优化：评价标准与指标体系［J］.河南金融管理干部学院学报，2007（06）：77–81.

③ 林毅夫，孙希芳，姜烨.经济发展中的最优金融结构理论初探［J］.经济研究，2009，44（08）：4–17.

④ 吴腾华.中国金融市场结构优化研究——基于合理化、高级化与梯度化视角的分析［M］.北京：经济管理出版社，2010.

（一）数据要素市场结构优化内容

从内容上说，数据要素市场结构的优化是指市场结构不断合理化、高级化和梯度化的过程[①]，市场结构的合理化、高级化和梯度化则是市场结构优化的三个基本尺度。

图 2-3　数据要素市场结构优化的内容

一是数据要素市场结构的合理化，是指数据要素市场中的各个子市场及其组成要素之间相互适应、相互配合和相互协调的过程[②]，反映了数据要素市场的稳定性。二是数据要素市场结构的高级化，是指数据要素市场结构层次由简单到复杂、由低级到高级、由封闭到开放的转换和提升过程[③]，反映了数据要素市场发展的深度和广度。三是数据要素市场结构的梯度化，是指市场结构在规模、区域、层次上由小到大、由单一到多层、由垄断到竞争、由发达地区到落后地区、

---

① 李健，吴腾华 . 金融市场结构优化的评价标准与指标体系［J］. 中央财经大学学报，2009（08）：20-23+49.

② 吴腾华 . 中国金融市场结构优化研究——基于合理化、高级化与梯度化视角的分析［M］. 北京：经济管理出版社，2010：34.

③ 吴腾华 . 中国金融市场结构优化研究——基于合理化、高级化与梯度化视角的分析［M］. 北京：经济管理出版社，2010：34-35.

由境内到境外等渐次发展的过程[①]，反映了数据要素市场发展的复杂性。

数据要素市场结构优化在某一特定阶段的内容是有所侧重的。一般来说，在数据要素市场结构严重不合理、结构性矛盾加剧，严重影响数据要素市场发展的情况下，应重点优化市场结构的合理化问题。而在长期过程中，则应把合理化同梯度化与高级化有机地结合起来，以合理化促进梯度化和高级化，以梯度化和高级化带动合理化[②]。在合理化过程中实现高级化和梯度化的发展，在高级化和梯度化过程中实现合理化。

（二）数据要素市场结构优化模型

数据要素市场结构优化模型是由市场结构的合理化、高级化和梯度化三个方面共同决定的。在市场结构优化的全过程中，必须将合理化、梯度化与高级化三方面有机地结合起来。

从静态角度看，数据要素市场结构的合理化是高级化和梯度化的基础，只有实现合理化才能达到高级化和梯度化。在一个较长时期内，高级化和梯度化是相对稳定的，而合理化则是经常变动的。只有合理化达到一定程度，市场结构效益积累到一定水平时，才能促进高级化和梯度化。

从动态角度看，数据要素市场结构的高级化和梯度化与合理化是相互渗透、交互作用的。其中，合理化是高级化的基础，只有先进行合理化，才能实现高级化；高级化是梯度化的前提，只有先进行高级化，才能实现梯度化。数据要素市场发展水平越高，对市场结构合理化的要求也越高；而要实现合理化，就必须在高级化和梯度化的动态过程中进行。总之，合理化、高级化和梯度化三者之间是相互联系、相互作用、相互配合的，它们共同决定了数据要素市场结

---

① 吴腾华．中国金融市场结构优化研究——基于合理化、高级化与梯度化视角的分析［M］．北京：经济管理出版社，2010：35.

② 李健，吴腾华．金融市场结构优化的评价标准与指标体系［J］．中央财经大学学报，2009（08）：20-23+49.

构的优化程度。

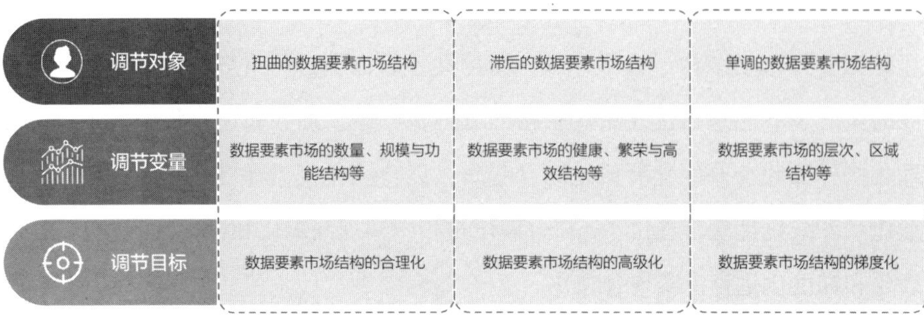

图 2-4　数据要素市场结构的优化模型

（三）数据要素市场结构优化路径

市场结构是数据要素市场发展的综合体现，数据要素市场发展的变化必然反映为市场结构的变化。因此，数据要素市场结构优化必须及时满足数据要素市场发展的客观需要，既不能超前也不能滞后。在此情况下，市场结构优化的路径选择应从以下两个角度综合考虑。

1. 纵向角度

数据要素市场结构优化的路径可分为近期路径、中期路径和远期路径。

近期路径。应选择以“政府引导”为主的路径。所谓“政府引导”，其含义是指先由政府通过制度安排加以推进，即政府提供市场发展方案，并具体实施和控制市场改革发展的进程。

中期路径。应选择“政府引导”与“市场跟进”相结合的路径。随着数字经济的持续快速发展和数据要素市场化配置改革的进一步深化，数据要素市场发展进入一个变动较快时期，原先的“政府引导”发展模式带来的问题越来越突出。因此，这时数据要素市场结构优化应选择“政府引导”和“市场跟进”相结合的路径，即政府首先加以引导，通过宣传、培训、辅导、窗口指导等手段进行提示；然后是市场跟进阶段，市场主体从政府的诱导中得到信号，明确市场结构优化的方向，通过学习、试验、内部试行、酝酿准备等手段积累结构优化因素，为市场结构的优化准备条件；最后，待各种条件比较成熟后，政府再推行市场结构优化方案的实施，主要手段有制定规则、推出方案、进行试点等。这种结构优化的成本比较低，有利于更加有效地优化市场结构。

长期路径。随着数据要素市场规模和结构的不断增加和改善，数据流通效率不断提高，数据要素市场整体功能得到一定发挥，数据核心竞争力不断增强。在此基础上，可选择以“市场引导”为主的优化路径，即主要由市场主体根据数据要素市场的发展需要，激发优化市场结构的动机，并主动地采取一系列措施对市场结构进行优化。这时，政府的职责就是当好“守夜人”，为市场结构的优化营造适宜的环境。

2. 横向角度

各领域的市场结构所处阶段并不完全一样，即使同一个数据要素市场其内部的要素结构、功能结构、层次结构等所处的阶段也不完全一样。如果简单地选择某一个优化路径，就可能失去针对意义。在这种情况下，可根据数据要素市场的发展水平高低、市场结构的阶段以及市场内部要素结构的具体层次来选择优化的路径。因此，市场结构优化的路径可考虑以下四种方式的安排：

高级别、高梯度的“双高”市场结构，由于其结构优化的任务已基本完成，剩下的只有合理化的调整问题，所以对其优化路径不作特别的具体安排。

高级别、低梯度的“一高一低”市场结构，可考虑选择“先实践、后规范”的路径安排。这类“一高一低”的市场结构，主要包括市场健康性结构、市场繁荣性结构、市场有效性结构、创新性结构、竞争力结构等。例如，对于比较成熟且不涉及个人、企业信息的一般性数据产品和服务，可采用“先实践、后规范”的做法。

低级别、高梯度的“一低一高”市场结构，可选择“先规范、后实践”的路径安排。这类“一低一高”的市场结构，一般包括空间结构、区域结构、制度结构、价格结构等。例如，涉及个人、企业信息的数据产品和服务，或公共数据产品和服务可采用“先规范、后实践”的做法。

低级别、低梯度的“双低”市场结构，可选择“边实践、边规范”的路径安排。这类“双低”的市场结构，主要包括规模结构、数量结构、生态结构、基础市场结构。

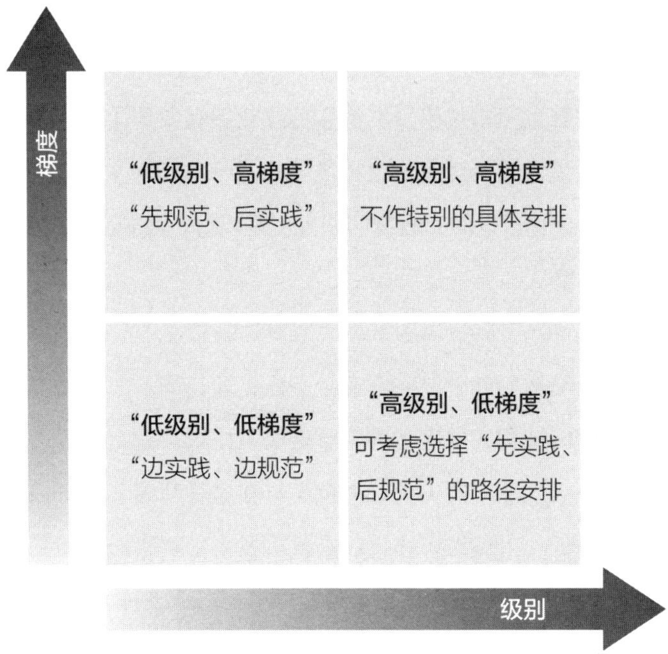

图 2–5　数据要素市场结构优化路径

根据数据要素市场结构优化模型及优化路径分析，目前各地数据要素市场尚未成熟，全国数据要素市场尚处于初期培育阶段。

从合理化方面来看，数据要素市场供需结构不平衡，政府内部数据共享应用效率有待提高，公共数据开放成效有待提升，公共数据与非公共数据融合应用路径尚不明确，无法满足市场实际需求；数据要素法规制度尚不健全，数据产权、数据流通交易、收益分配等基础性制度亟待构建，公共数据开发利用制度亟待完善，市场竞争机制、约束机制和激励机制不健全，数据安全制度体系仍不完善，数据要素市场稳定性不足。因此，数据要素市场的基本功能不健全，发挥得不充分，市场合理化水平不足。

从高级化方面来看，市场主体结构失衡，主要体现在政府在制度供给、公共数据运营、市场监管等方面“缺位”，市场，体鱼龙混杂、良莠不齐，社会公众的权利主张得不到保障、参与市场建设受限；数据要素市场治理能力有待进一步提升，统筹协调、风险防控、综合保障、监督管理等治理能力有待提升，公共数据运营管理机构不健全，市场要件亟待培育发展。因此，数据要素市场的和谐性、繁荣性、健康性、高效性不高，市场高级化水平不高。

从梯度化方面来看，数据要素市场层级结构不协调，尚未形成全国统一的数据要素市场和有效的市场化配置新格局，各地缺乏对区域数据要素市场体系培育建设的长远规划和配套制度规则基础。因此，数据要素市场层次结构无法适应数据要素市场发展水平，空间结构无法吻合数据要素市场发展水平，市场梯度化水平不强。

因此，在全国范围内数据要素市场结构属于低级别、低梯度的“双低”市场结构。

三、两级数据要素市场结构

数据要素市场结构建立在数据要素流通的基础上，一个结构健全的数据要素市场应包含以下三个方面的特点。

一是统一性。数据要素流通必须按照市场经济的内在联系，遵循价值规律等客观经济规律的要求，建立共同的流通交易规则，形成统一的交易市场。各种经济成分的生产经营者都进入统一的市场，遵循统一的流通交易规则，公平竞争，这是数据要素市场正常运行的必要条件。

二是完整性。在社会主义市场经济条件下，数据要素配置要通过“有效市场和有为政府更好结合”，实现数据要素的合理流通和优化组合，达到优化配置的目的。数据要素流通要有不同的市场作为承载体，从而形成一个多层次的数据要素市场体系。各种数据要素市场之间又存在相互联系、相互制约、相互依存的关系。只有各个层次的数据要素市场发育健全、运行规范、相互配套、相互衔接，才能发挥数据要素市场的整体功能。

三是开放性。数据要素市场不仅要对内开放，而且要对外开放。对所有参加数据要素市场竞争的自然人、法人和非法人组织都一视同仁、平等相待、公平竞争。数据要素市场越开放，就越有利于市场繁荣和市场竞争的展开。

为提高数据要素配置效率，稳定数据要素市场秩序，我们基于数据要素的特性，参考其他生产要素的市场结构，按照公共数据与非公共数据的价格形成机制不同，将数据要素市场结构划分为“一级数据要素市场—二级数据要素市场”。其中，按照数据要素进入市场的顺序而形成的结构为纵向市场结构（数据资产合规登记—数据流通交易定价），按照数据要素分类形成的结构为横向市场结构（公共数据开发利用及其与社会数据的融合—全社会数据的多元化流通和价值再创造）。

表 2-1 数据要素市场结构

市场类型	价格形成机制	纵向结构	横向结构
一级数据要素市场	以政府指导为主	数据资产合规登记	公共数据开发利用及其与非公共数据的融合
二级数据要素市场	以市场竞争为主	数据流通交易定价	全社会数据的多元化流通和价值再创造

（一）以政府指导价格形成机制为主的一级数据要素市场

政府的数据要素配置职能包括在其社会职能和经济职能之中，主要体现在以下两个方面：一是保障数据要素市场服务体系建立的促进职能，通过完善数据产权制度，健全数据权益法律保障机制，提供数据资产合规登记服务，确保数据要素在充分保护个人信息安全和维护社会稳定的前提下进行合规、规范的流通交易。二是提供公共数据产品和服务的资源配置职能。公共数据作为全社会数据的重要、权威的组成部分，政府要承担起提供公共数据产品和服务进入流通市场的重任，推进公共数据依法、有序、规范加工利用，打破“数据孤岛”，疏通要素流通渠道，充分挖掘公共数据价值，助推数字经济发展。

（二）以市场竞争价格形成机制为主的二级数据要素市场

在市场价格、竞争和利益机制的作用下，在数据要素供给者之间、数据要素需求者之间、数据要素买方和卖方之间的竞争中，各方通过逐利行为，影响数据要素的价格。市场主导的二级市场核心就是一个开放流通的交易体系，这个体系包含合格的数据经纪人，还包括合规的数据供给方和需求方，以及健全的市场监管和一系列保障正当竞争的制度。其存在的目标就是让市场来决定数据要素的价格，优化数据的资源配置，增强其在数字经济发展中的基础作用。

第三章　垄断与流通

数据遵循大规模连续协同、指数级积累增长等客观规律，只有汇聚融合多源异构数据，才能发挥更大作用，具有走向垄断的趋势。事实上，以数据为关键要素的大型数字平台等，已成为推动数字经济发展的重要力量。适度的数据垄断有利于调动市场主体的积极性促进数据流通，但垄断不是目的，更不是权力，而是一种社会责任，不能滥用垄断地位。因此，政府应明确由具有数据垄断地位的企业承担起促进数据流通“进取型守门人”的角色，带动中小企业共同参与数据流通行业规则建设，发挥中小企业的创新主动性，促进数据在供应链产业链上的场景化市场化利用。

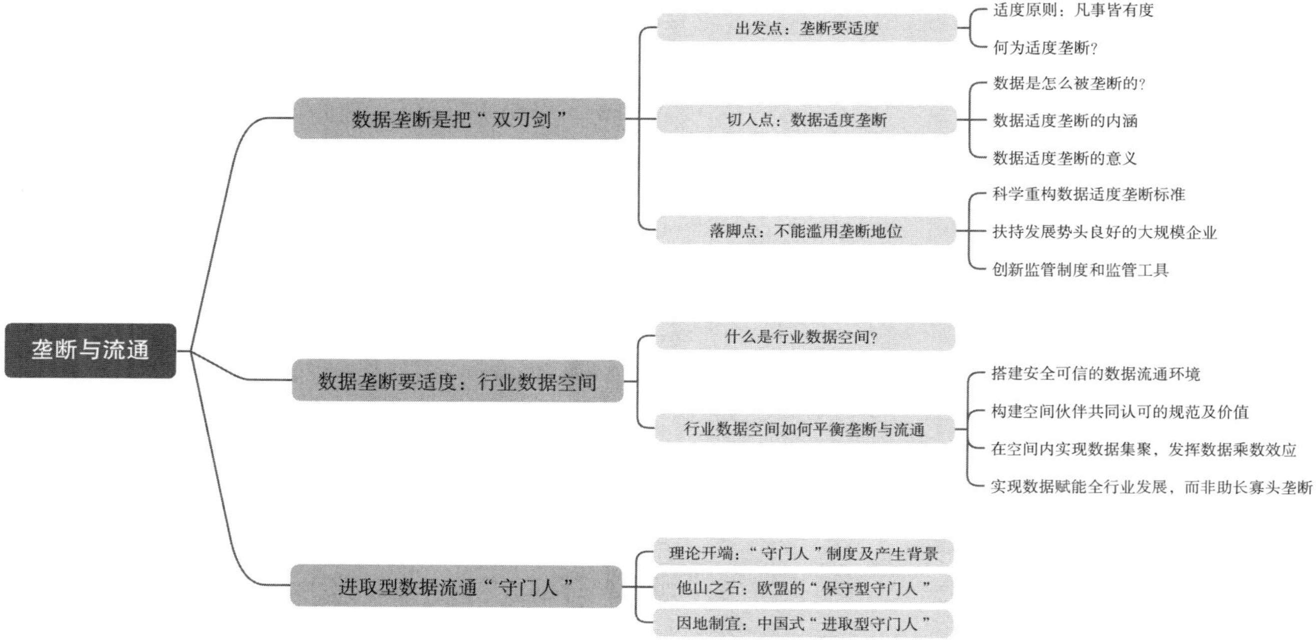

图 3-1　垄断与流通思维导图

第一节 数据垄断是把“双刃剑”

在数字时代，数据竞争和数据积累差异已经逐渐导致了数据垄断现象。数据垄断可以通过多种渠道提高市场效率，为市场发展带来积极作用；但其又容易排除和限制市场竞争，剥夺用户和第三方利益[①]。因此，我们对数据垄断的分析不能局限于单一视角，而应结合数字经济发展规律，构建与当前数据要素市场发展现状相匹配的数据适度垄断体系，充分发挥数据积极作用，实现数据价值的共建、共谋、共享和共治。

一、出发点：垄断要适度

（一）适度原则：凡事皆有度

“度”作为哲学上的一个重要范畴，是指事物保持自己质的范围、幅度和限度。“度”包含“质”与“量”这两个概念，其中“量”是事物存在和发展的规模、程度、速度以及它的构成成分在空间上的排列组合等，可以用数量表示的规定性；“质”则是事物成为它自身并区别于其他事物的规定性[②]。量变引起质变，二者相互规定、相互渗透、密不可分。所谓“适度”，是指事物保持质和量的限度，达到质和量的统一[③]，是一种介于“过”与“不及”两端之间的均衡，要求各种相互矛盾的事物和谐统一，强调对立物之间相互依存、

① 刘戒骄．数据垄断形成机制与监管分析［J］．北京工业大学学报（社会科学版），2023，23（01）：71-83.

② 李桂霜．关于“量”的反思——事物“构成成分在空间上的排列组合”是事物量的规定性吗？［J］．北方论丛，1995（05）：25-27.

③ 付政，王艺苑．正确理解和运用马克思主义适度原则［J］．汉字文化，2019（03）：107+140.

相互限定的整体性原则[①]。

适度原则具有必要性。适度的政策是保障经济和社会积极发展、维护市场稳定发展的基础。1989 年 3 月，邓小平同志会见乌干达共和国总统穆塞韦尼时说道："发展顺利时要看到出现的新问题，发展要适度，经济过热就容易出毛病。"[②] 由此可见，"过"与"不及"都是不好的，凡事一定要做到适度，在"度"的范围内达到上限。

适度原则具有普遍性。在现实社会中，适度原则普遍应用于每个人与每件事、普通地运用于生活与工作的方方面面。要正确把握理论与实践之间的"度"，以理论指导实践，实践反哺理论；正确把握原则性与灵活性之间"度"，既要学会坚持原则，又要懂得随机应变；正确把握"刚"与"柔"之间的"度"，刚柔并济、软硬兼施地解决问题[③]。

适度原则具有长效性。适度原则是需要无限循环遵守的行为准则，不是一次进行，也不是利用了一次即可[④]。要从始至终遵循适度原则解决问题、处理事物、化解矛盾，实现发展的行稳致远。

（二）何为适度垄断？

市场经济是竞争经济，自由竞争形成垄断是市场经济发展的客观规律[⑤]。美国经济学家克拉克针对完全竞争概念的非现实性提出有效竞争理论，是指在竞争因素不完全的前提下，由"突进行动"和"追踪反应"两个阶段构成

---

① 王建辉．适度性原则：人类活动理念的变革与重构［J］．武汉大学学报（人文科学版），2003（01）：11-16.

② 邓小平．邓小平文选第三卷［M］．北京：人民出版社，1993：288.

③ 付政，王艺苑．正确理解和运用马克思主义适度原则［J］．汉字文化，2019（03）：107+140.

④ 付政，王艺苑．正确理解和运用马克思主义适度原则［J］．汉字文化，2019（03）：107+140.

⑤ 陈全明，刘继兵．论产业组织适度垄断和有效竞争［J］．中南财经大学学报，1995（05）：38-43.

的一个无止境的动态过程的竞争，两者不断更迭，实现技术进步与创新[①]。整个过程中，“突进行动”由行业龙头企业利用创新驱动的差异化战略开发新市场，获得“优先利润”，在市场竞争中处于优势地位；在“追踪反应”阶段，其他企业开始效仿龙头企业的方式以期获得部分“优先利润”或维持目前利润水平。

在这循环往复中，竞争、创新与垄断在一定范畴内存在竞合，构成了市场有效竞争必不可少的先决条件。垄断会带来规模经济，竞争会带来竞争效力。市场过度集中、垄断程度过高，市场就会失去竞争效力，降低资源的有效利用；市场过度分散、竞争程度过高，势必抬高平均生产成本，降低资源配置效率。有效竞争是一种兼顾规模经济与竞争效力的竞争格局，是规模经济与竞争效力两者相互协调的一种理想状态，其协调点是合理界定规模经济和竞争效力的“度”，协调目标是两者所发挥的综合作用使社会经济效率最大化[②]。

当垄断与有效竞争相容，并以“对竞争产生有利影响明显大于不利影响”或者“符合公共利益”为前提时，就是适度垄断。适度垄断与垄断不同，垄断由于生产的过度集中而缺乏竞争的压力，与市场经济自由竞争规则相悖，而适度垄断既削弱了生产过度集中的危害，又解决了分散的弊端[③]。适度垄断强调的是垄断与竞争的适度性，介于自由竞争与完全垄断之间，既可以发挥竞争效力，又能发挥规模经济优势的市场竞争格局。由此看来，适度垄断是垄断与竞争的博弈过程，在坚持发展规模经济的同时，最大限度地加强市场竞争秩序，[④]实现资源配置途径均衡下的最优化资源配置格局。

---

① 苗杰．竞争理论与竞争情报研究［J］．图书情报工作，2001（11）：11-15+83.

② 王俊豪．论有效竞争［J］．中南财经大学学报，1995（05）：56-61.

③ 陈全明，刘继兵．论产业组织适度垄断和有效竞争［J］．中南财经大学学报，1995（05）：38-43.

④ 陈桢．适度垄断与规模经济战略［J］．生产力研究，1999（05）：13-16.

二、切入点：数据适度垄断

（一）数据是怎么被垄断的?

1. 数据垄断形成机制

由于数据价值密度低，其价值需要挖掘海量数据得到。实际上，收集数据需要一定的技术和法律门槛，致使收集数据前期投入成本高，后期边际成本低，较易形成规模经济。大规模企业通常具备较高的技术水平和投资成本，通过业务扩张、投资、并购等方式掌握并打通了各数字化领域的用户数据。[①] 当各领域数据融合时，数据价值提高显著高于数据数量的增加，能够汇聚多个数据源的企业比仅汇聚单一或少数数据源的企业，具有更强的市场竞争力，从而成为数据龙头企业。[②] 当数据龙头企业拥有的海量数据及一定的计算分析能力，是其他企业无法替代或者无法获得的，可能会形成一种市场壁垒，导致数据收集者间的"数据鸿沟"越来越大。

2. 数据垄断"三宗罪"

一是同领域数据存量较小企业或初创公司无法与数据龙头企业进行有利竞争，数据龙头企业可能会利用手中的资源采取一些"妨碍性滥用"行为，不正当地排挤竞争对手和潜在竞争对手。二是数据龙头企业因维护其市场地位采取一些"剥削性滥用"行为，透视消费者的消费意愿和预期价格，产生"数据杀熟"或"数据杀贫"现象，损害消费者利益。三是由于企业出于商业目的需要，过度收集用户个人信息，侵犯用户隐私，带来更大的隐私风险。

（二）数据适度垄断的内涵

数据适度垄断是针对数据垄断"过"与"不及"提出的，其范围及程度如

---

① 陈根:《数据垄断红与黑，数字经济下的数字资源该如何配置?》，https：//www.thepaper.cn/newsDetail_forward_8484664。

② 刘戒骄．数据垄断形成机制与监管分析［J］．北京工业大学学报（社会科学版），2023，23（01）：71-83.

何，取决于数据要素市场在当前时期内发展现状和运作方式。它倡导一种中道权衡的理念，即数据垄断要结合当下数据要素市场发展实际，并具有一定前瞻性，在实现规模经济的同时，有效地保护市场的竞争效力。数据适度垄断可以从以下两个方面来把握。

一方面，数据适度垄断的“度”是质与量的统一。只有在度的界限之内，一定的质才能表现为现实性，超过了度的界限，事物就会发生质变。① 数据适度垄断要求在垄断和竞争之间，把握质与量的统一，实现数据垄断的适度性。实际上，垄断与竞争的临界点很难以一个具体的量化标准确定，所以数据垄断的适度很难像物质上的度可以直接用数量来表示。

另一方面，数据适度垄断应是立体和多维的。垄断与竞争之间的界限并不只是一个点，而应当是一个立体的、多维的概念，可分为广度、深度和力度三个维度。所谓广度，是指数据适度垄断的范围，正确界定广度是数据适度垄断的基础，是为定性。所谓深度，是指数据垄断的程度，因在无法割裂的量之间选取一点作为区分垄断与竞争的度，是极其困难的，故深度的合理界定是数据适度垄断的精髓，是为定量。所谓力度，就是指数据适度垄断介入的程度，从动态的角度看，还包括数据适度垄断调整的及时性。力度的正确把握是数据适度垄断的重要保障，是为配比。正确的定性、定量与配比的有机统一构成了数据垄断的适当性和合理性，三者之间是相互联系、相互制约的②，某一者不当将会导致数据适度垄断的滥用。

（三）数据适度垄断的意义

1. 数据适度垄断可以形成有效竞争，推动数据要素市场持续发展

纯粹的完全竞争不能适应现代市场经济的发展，现代竞争是建立在垄断基

① 周宜俊. 刑法适度性原则研究——以法定犯为视角［J］. 华东刑事司法评论，2006（00）: 1-45.

② 周宜俊. 刑法适度性原则研究——以法定犯为视角［J］. 华东刑事司法评论，2006（00）: 1-45.

础之上的。适度垄断是迅速扩大生产能力和增强市场竞争力的法宝[①]，它没有消灭竞争，而是改变了竞争的形式。从数据价值角度来看，数据具有很强的依赖性，其本身并不一定具有非常大的价值，需要通过建立更广泛的关联、汇聚融合，形成一定规模，才会体现数据价值，产生更大的效益。而数据适度垄断能够较好地解决这个问题，可以充分利用规模经济，调动市场主体的积极性，提高数据组织化程度，从而大大降低生产成本，提升生产能力和供给水平，促进数据高效流通，推动数据要素市场的有效竞争。

2. 数据适度垄断可以提高产业集中度，助力形成规模经济效应

从数据集中角度来看，数据作为生产要素，越集中越有利于科技创新。数据适度垄断的背后实际上是数据产业的集中度。产业集中度的提高得益于两个因素：一是数据适度垄断可以使企业规模扩张，“大鱼吃小鱼，小鱼吃虾米”的市场法则使得产业集中，以赢得规模效益和规模优势。二是政府制定有利于产业集中的政策文件，推动产业集中度提高[②]。因此，提高产业集中度既要发挥市场在数据资源配置的决定性作用，又要积极发挥政府作用。市场为数据资源配置提供准确信号，比较灵敏地反映供求关系的变化，规模利益导向使市场具有扩张的内在冲动，促使经济集约化和规模化。当数据要素市场自身的功能缺陷和不完善导致市场作用受到限制时，经济规模化成长更加需要政府通过制定政策文件、建设产业集聚发展区等手段加以扶持。与此同时，要重视中小企业的存在和发展，将其视为推动市场竞争的主要平衡因素[③]。

---

① 陈全明，刘继兵 . 论产业组织适度垄断和有效竞争［J］. 中南财经大学学报，1995（05）：38–43.

② 陈桢 . 适度垄断与规模经济战略［J］. 生产力研究，1999（05）：13–16.

③ 陈全明，刘继兵 . 论产业组织适度垄断和有效竞争［J］. 中南财经大学学报，1995（05）：38–43.

三、落脚点：不能滥用垄断地位

矛盾的主要方面决定事物的性质。数据适度垄断的目的在于通过最佳方式发挥数据的最大价值，数据适度垄断的科学内涵是其内在协调合理性和运行有效性的统一。但是，适度垄断也是垄断，垄断不是目的，也不是权力，是一种社会责任。因此，要高度警惕肆意涨价损害消费者权益、单方面信息透明、对潜在竞争者设置市场壁垒等利用垄断地位带来的危害，科学重构数据适度垄断标准，扶持发展势头良好的大规模企业，创新监管制度和监管工具，防止数据垄断地位被滥用。

（一）科学重构数据适度垄断标准

针对数据适度垄断行为与传统垄断行为的不同表现，需要科学重构数据适度垄断标准，以解决制度规则滞后于实际实践的难题。

第一，对于认定数据垄断的“度”不能单纯以传统方式为标准，应制定与当前数据要素市场发展时期和发展阶段相匹配的认定标准。一是把握不同数据要素市场发展时期的数据垄断程度。近期可将“规模经济”作为认定标准的主要考量因素，中期可主打“规模经济”与“竞争效力”相结合，远期可选择“竞争效力”为主要考量因素。二是把握不同数据要素市场发展阶段的数据垄断程度。对于高级别、高梯度的“双高”市场结构，可以“竞争效力”为主要考量因素；高级别、低梯度的“一高一低”市场结构以及低级别、高梯度的“一低一高”市场结构，可考虑“规模经济”与“竞争效力”相结合；低级别、低梯度的“双低”市场结构，可考虑以“规模经济”为主要因素。

第二，数据适度垄断效果的认定不应当以产生垄断高价为唯一标准，灵活多样的定价机制也应当考虑在内。同时，针对具体的数据垄断行为应当充分考虑、综合界定，可结合市场主体的垄断地位、是否存在进入壁垒及替代性交易安排等方面综合界定，多方考虑后科学地重构数据适度垄断标准。

（二）扶持发展势头良好的大规模企业

任何一个产业发展的成熟标志是必须有几个标志性企业来主导其发展，数据要素市场的发展也不例外。

一是“疏”与“堵”相结合，抓住数据矿主、产业龙头、大型数字平台、区域数据交易机构、关键数据处理者等主要玩家，发挥其在数据要素市场发展中的主导地位，并给予适当的政策性扶持，允许并鼓励优势企业有能力优先发展，同时带动后进企业共同进步，促进数据要素市场持续发展。

二是赋予大规模企业“进取型守门人”地位，既要做好个人信息保护与数据安全防守，更要发挥其行业生态带动能力、产业链供应链协同能力、数据治理与技术创新能力，提高数据供给水平，促进数据在产业链供应链上的场景化市场化利用。

三是发挥中小企业的创新主动性，制定政策扶持中小企业发展，建立与大规模企业协作关系，鼓励中小企业竞争，创造公平竞争关系。竞争是企业活力之源，是价值规律作用形式的表现，大规模企业和中小企业的并存是保持市场有效竞争的必要条件。因此在扶持大规模企业的同时，也应采取措施积极扶持中小企业的发展[①]。

（三）创新监管制度和监管工具

监管制度的建立须坚持包容审慎的理念，既要全面合理又应科学有效，针对数据适度垄断建立普适性的约束制度；充分利用技术手段、数字手段对数据适度垄断行为进行规制，创建多元、动态的监管体制；针对政府监管不完全现象，采取政府和市场纵横联动的协同监管方式，在推进政府监管转型的同时，积极拓展数据适度垄断行为的监督渠道，充分发挥数据矿主、产业龙头、大型

---

① 陈全明，刘继兵．论产业组织适度垄断和有效竞争［J］．中南财经大学学报，1995（05）：38-43.

数字平台、区域数据交易机构、关键数据处理者等主要“玩家”作为“进取型守门人”的作用，提高各方主体的积极性，引入市场机制对数据适度垄断行为进行有效监管。

创新高动态性、高技术含量的监管工具，构建适应数字时代的新型监管规制架构。针对数据垄断过度行为，完善信息透明度和可问责性等方面规定，有针对性地对数据垄断效应进行评估，避免数据垄断滥用带来的一系列问题。利用技术手段即时追踪肆意涨价、转移消费者福利等行为，对数据适度垄断进行动态约束。①

第二节　数据垄断要适度：行业数据空间

随着国家数字化发展的不断深入，企业内部以及产业链上各环节的数据的开放共享程度将进一步加深。但是，以互联网为载体的“超级平台”通过“数据掌控”等手段，提高了市场进入门槛和转化成本，使得“赢者通吃”“数据垄断”的竞争格局正在逐渐显现。数据本身的特性决定了数据垄断现象难以避免，而行业数据空间的兴起，将有助于构建良好的数据生态，并对数据垄断的“度”进行把握。“怎样才能形成适度的数据垄断，建立良好的数据生态？”是一个值得探讨的问题。要解决这个问题，我们需要理解行业数据空间的概念、结合国内外实践，并根据行业数据空间的特点，来分析其是如何实现“适度垄断”，从而促进数据要素高效流通的。

一、什么是行业数据空间？

在经济全球化的背景下，世界各国都在探索新的数据治理模式。“数据空间”这一新的概念引起了世界各国的高度重视，许多国家和国际机构都开始研究如

① 张蕴萍，栾菁．数字经济平台垄断治理策略研究［J］．经济问题，2021（12）：9–15.

何在全球数据生态系统中运用数据空间的力量。其中，欧盟对数据空间探索的经验蕴含着重要借鉴价值。

首先，我们聚焦于数据空间的总体定义。欧盟在 2020 年 2 月发布的《欧洲数据战略》对“建设欧洲共同数据空间”的蓝图进行了初步描绘：建设一个数据内部市场，不论数据在欧盟的物理存储位置如何，均可以在遵守使用相关法律的条件下使用。这样的共同数据空间应当使数据遵循可查找、可访问、可互操作和可重复使用的原则，并确保高水平的网络安全[①]。另外，欧盟出版局发布的报告《欧洲共同数据空间：进展与挑战》也对“数据空间”做出了定义：数据空间是可信任的合作伙伴之间的一种数据关系，每个合作伙伴对其数据的存储和共享应用相同的高标准和规则。在数据空间中，数据不是集中存储，而是在

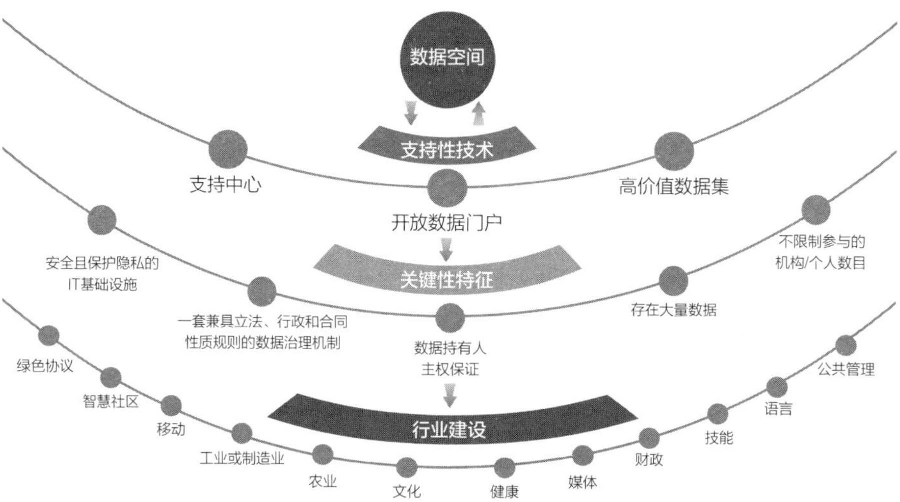

图 3–2 欧盟数据空间概念及特征

资料来源：Federico Milani：*DEP Data Spaces*。

① Council of the European Union，European Parliament：《Regulation（EU）2022/868 on European data governance and amending Regulation（EU）2018/1724（Data Governance Act）》，https：//eur-lex.europa.eu/legal-content/EN/TXT/PDF/?uri=CELEX：32022R0868&from=EN。

源头存储，因而只有在必要时才（通过语义互操作性）共享[①]。欧盟大数据价值协会则将数据空间视为数据模型、数据集、本体、数据共享契约和专门的数据管理服务的生态系统，其中还包括治理、社会互动和业务流程在内的软竞争力。

其次，我们将关注点从数据空间的总体概念移向其建设计划和实践。目前，欧盟制定的数字欧洲计划表明，其将根据不同行业领域的发展需要，创设多行业数据空间，包括绿色协议、智慧社区、农业、移动、健康、技能、工业或制造业、公共采购、创新安全、财政、旅游、语言、文化遗产和媒体共 14 个行业领域[②]。

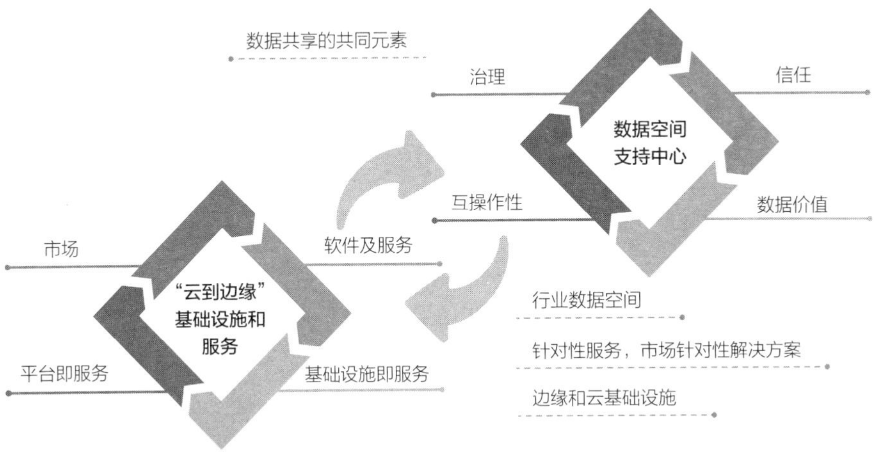

图 3–3　欧盟数据空间部署示意

资料来源：同上。

实际上，欧盟对数据空间的概念及构建早有萌芽。作为欧盟成员国，德国

---

① Publications Office of the European Union：*Data.europa.eu and the European common data spaces：A report on challenges and opportunities*，https：//data.europa.eu/en/publications/studies?keywords=&section=All&country=All&year=&sort_by=aggregated_field&sort_order=DESC&items_per_page=10&keywords=EN+data+europa+eu+and+the+European+common+data+spaces&merged-select=aggregated_field&items_per_page=10.

② Johan Bodenkamp：*DEP Green Deal Data Space*，https：//www.bdva.eu/sites/default/files/GreenDealDS_BDVA%20broker%20session_16122021.pdf.

的联邦教研部早在2014年底就提出了“工业数据空间行动”，以期在工业4.0的背景下更高效、安全地交换工业数据。工业数据空间是一个横跨所有经济部门价值链的数字工业平台，通过整合增值活动以增加数据价值，实现数据所有者和数据使用者之间的市场网络效应。其建构的必要基石是能够**保护参与主体数据主权的安全性基础设施**①。

除了欧盟对数据空间的重要构想和实践之外，国际数据空间协会提出，其致力于通过国际数据空间创造全球数字经济的未来——一个能让参与者实现数据全部价值的、安全的、保护数据主权的数据共享系统。在确保数据提供商掌握数据主权的前提下，国际数据空间能够使新的“智能服务”和创新的业务流程在企业、行业内流通。

最后，我们将视线从国际经验移向国内实践。我国在数据空间建设方面，对外借鉴成功经验，对内结合发展实际。工业和信息化部于2020年发布了《关于工业大数据发展的指导意见》，点明我国工业数据空间建设和发展的重点任务。随后，在2021年印发《工业互联网创新发展行动计划（2021—2023年）》，提出“支持企事业单位、产业组织等在重点行业建立工业数据空间”，“到2023年，推进工业互联网数据共享行动，推动工业知识数据化沉淀，在不少于3个重点行业探索建立工业数据空间”。2021年，中国信通院联合30余所企业、院校共同发起的“工业数据空间·生态链”合作伙伴计划启航，对“工业数据空间”的内涵做出了初步明确：“工业数据空间是一个可根据不同场景可定制的解决方案，在数据的提供者和使用者之间建立合约化、结构化、安全可信的数据使用环境。”

除此之外，广东作为数据要素市场化配置改革的先行地区之一，也在行业数据空间方面展开积极探索。2023年4月，广东省政务服务数据管理局就《广东省数据流通交易管理办法（试行）》系列文件公开征求意见。该系列文件明确

① Prof. Dr. Jan Jürjens：*THE INDUSTRIAL DATA SPACE：DIGITAL INDUSTRIAL PLATFORM ACROSS VALUE CHAINS IN ALL SECTORS OF THE ECONOMY*，https：//ec.europa.eu/futurium/en/system/files/ged/industrial_data_space.pdf.

提出广东省探索建设行业数据空间的方向，支持数据经纪人利用自身数据及技术优势，建设本行业数据空间，明确数据空间的运营规则，以开放、共享、增值服务、撮合等多种方式对数据进行分析发掘和增值利用。

综合国内和国际对数据空间创设的规划和实践经验，总结得出：行业数据空间是打通行业内数据生态系统的数据、算法和应用程序的共同市场，在保证数据主权和数据安全的前提下，在空间治理机制和相关法律法规的规范下，**通过整合价值链活动实现数据价值增长，使参与者或利益相关者能够在已建立的信任圈子内跨企业访问、处理、适用、共享和二次加工相关数据的虚拟空间架构**。其具有以下特点：具备安全保障、数据权益保障的技术与基础空间架构；遵循公开、公平、可靠和非歧视的数据取得、交换和分享原则；充分遵守有关的法律、法规和规章；不对参加的自然人、法人、非法人组织的数量进行限制。

二、行业数据空间如何平衡垄断与流通

现阶段，数据要素市场仍存在着数据供给侧结构性矛盾突出、生产规模小、成本费用高、生产能力分散、资源配置效率较低等问题。实际上，竞争、创新与垄断三者之间不是“水火不容”的关系，而是在一定范畴内存在竞合，当垄断与有效竞争相容时，就形成了“适度垄断”的市场结构。

显然，数据的适度垄断介于过度竞争与垄断之间，既可以发挥竞争效应，又能发挥规模经济优势的市场竞争格局，有利于调动市场主体的积极性、提高数据组织化程度、降低生产成本、提升生产能力和供给水平，促进数据流通。适度垄断的“度”之把握，就是“对竞争产生有利影响明显大于不利影响”或者“符合公共利益”。根据前文对“行业数据空间”概念及功能的分析，我们可以发现，行业数据空间在平衡规模经济效益和竞争效力方面具有天然优势。

（一）搭建安全可信的数据流通环境

行业数据空间内的不同参与主体相应地具有不一致的技术架构、不统一

的数据口径等诸多既可能增加数据流通成本，又可能增加数据安全风险的因素，因此行业数据空间内部的数据安全内涵应当从以下三个层级进行拓展和理解。

第一，数据自身的安全性，即采用分类分级、加密脱敏等方法，对数据和所携带的信息的可用性、完整性和保密性进行保护；第二，数据流通活动的安全，即通过规范参与主体在数据开放、共享和交易等流通活动行为以保障数据流通过程的安全可控及可追溯性；第三，数据流通设施的安全，也就是要对数据流通中所涉及的平台设施进行安全保护，避免其所携带的海量数据丢失、泄露，保证业务在线、可追溯①。

数据流通环境是指数据要素在流通使用的整个业务生命周期中所涉及的环境，具体而言，可分为流通交易平台、软件环境和硬件环境等三部分②。

首先，在流通交易平台的搭建上，要充分考虑平台的资质筛查、访问控制、场景灵活等事前审查功能的重要性，并相应进行技术投入。资质筛查和访问控制功能在数据流通的起点可以刨除不合资质要求的申请主体和质量不达标的数据，通过场景灵活功能增强平台对空间内外部环境的适应性，提高平台的稳定性。

其次，在软件环境安全方面，在取得参与者对相关运行规则或协议遵循合意的前提下，行业数据空间通过应用系统软件和应用软件提供数据流通和处理的安全环境。比如国际数据空间协会提出的“国际数据空间”连接器，既能为各参与者提供将数据使用规则附加在数据空间中，执行使用规则并无缝追踪数据来源的功能，

① 通信世界:《三重体系下，数据流通安全的挑战与对策》，https://baijiahao.baidu.com/s?id=1751393692123245771&wfr=spider&for=pc。

② 刘业政，宗兰芳，金斗，袁昆.数据要素流通使用的安全风险分析及应对策略［J］.大数据，2023，9（02）：79-98.

也能为各应用程序和软件提供可信任的运行环境[①]。

此外，行业数据空间通过算法的应用，能够低成本、高智能地对数据及其流通环节进行即时处理、分析和反馈，从而实现对智能决策、敏捷生产以及多样化需求的动态响应。

最后，行业数据空间在提供硬件环境时，以高性能原则、可靠性原则、可扩展性原则、安全性原则、可管理性原则和模块化设计[②]作为基本线，综合考虑数据体量大、增长率高、发展迅速、存储安全可靠以及硬件高兼容度等需求，充分兼容、利用多种硬件特性。

（二）构建空间伙伴共同认可的规范及价值

2022 年 5 月，欧盟委员会提出建立欧洲健康数据空间，明确了欧洲健康数据空间的三大建设基础支柱——建立数据访问和交换的法律框架、确保（健康）数据质量和互操作性和创建强大的基础设施。其中，“建立数据访问和交换的法律框架”包括以下几项具体内容：一是规定健康数据主要用途和二次使用的要求；二是明确与数据质量相关的标准规范；三是提出对电子健康数据记录及运营系统建设的技术要求等[③]。

除了对数据流通的细节性规范，一些“宣誓”性质的价值规范也属于数据空间统一制度的重要部分。比如，欧盟数据空间须遵守“FAIR 原则”，即数据遵循可查找、可访问、可互操作和可重复使用原则；又比如数据“可用不可见、可用不可存、可控可计量”的原则；再比如平等、开放、去中心化的数据价值观，数据利他

---

① 国际数据空间协会:《国际数据空间（IDS）– 探索数据未来》，http : //www.fraunhofer.cn/plus/view.php?aid=443。

② PC 服务器的 6 个性能指标［J］. 信息化建设，2001（02）: 43.

③ Thanos Rammos，Tim Jonathan Schwarz :《欧洲健康数据空间——欧盟委员会已公布条例草案》，https : //mp.weixin.qq.com/s?__biz=MzI5MDQzOTkyMQ==&mid=2247486476&idx=1&sn=79d5d223ef1dd41747af76aa79111c97&chksm=ec1e9b92db691284bd0b6109c81fe6908077ce21931258642c74af3060212cb5ccaf82d7990f&scene=27。

主义，产业链协同创新等规范。这些原则适用于所有进入数据空间的主体，也可以说，只有认可并遵守以上原则，才有必要且被允许进入该空间。

由此可见，行业数据空间基于共同的价值建立空间伙伴信任关系，通过制定一套透明、统一的“行事准则”明确空间参与者的权利和义务结构，确保空间内数据和数字基础设施符合相关要求，支撑数据共享、开放、交换、交易等活动的开展。

（三）在空间内实现数据集聚，发挥数据乘数效应

根据数据运动规律，数据的价值在于连接，数据的连接数量与它的价值呈现指数级增长的关系，只有构建更广泛的关联，将它们进行汇聚融合，最终形成一定的规模，才能产生更大的效益。行业数据空间在为参与者提供数据安全流通的环境和制定统一规则的基础上，能够促进实现数据空间内的数据集聚，进而发挥数据乘数效应。

首先，行业数据空间融合了数据需求和数据场景导向，推动“数据+”在不同场景、不同价值链环节下的融合创新，实现数据增值和数据革新。在数据应用于不同企业和价值链环节上时，可以对不同参与者产生“因人而异”的参照效应，引起参与者对自身生产、经营活动的反思，引发参与者自我发展、数据再输出和转化为实际生产力的连锁效应。其次，行业数据空间自身可以吸引行业产业链、资金链、创新链、政策链和人才链要素向空间内聚集，以产业链为核心，创新链为抓手，资金链、人才链、政策链为保障，推动“五链协同”效应在空间内充分发挥。

（四）实现数据赋能全行业发展，而非助长寡头垄断

“数据是否可形成垄断？”“数据垄断是否可适用于传统的垄断治理模式？”这两个问题在数字时代来临直至今日都是数据治理主题下被热议的话题。在当前对这两个问题的讨论中，一些人认为，在收集、传输、汇聚、储存、

处理、分析用户和第三方厂商的数据上，大的数字平台或企业拥有绝对的优势，因此会造成数据垄断，进一步剥夺用户、合作竞争或其他有关厂商的利益。还有一种观点则认为，所谓的“数据垄断”根本就是伪命题，因为数据这一资源不具有稀缺性，而是可以无限产生并无限使用的。而且，数据从无用到有用之间需要跨越一道“鸿沟”，而这道“鸿沟”本身就是一种生产过程。另一种观点则认为，虽然数据本身不能被垄断，但也可能成为不正当竞争行为的利用工具。

基于前文对数据空间的界定，并就如何在行业数据空间中实现垄断与流动的均衡，我们可以看出行业数据空间具有以下性质：具备安全保障、数据主权保障的技术与基础空间架构；遵循公开、公平、可靠和非歧视的数据取得、交换和分享原则；充分遵守有关的法律、法规和规章；不对参加的自然人、法人、组织的数量进行限制。

行业数据空间的安全性以及对权益的保护，可以避免参与方利用所获得的数据进行不正当竞争。统一规则能够确保违规、违法使用数据的行为能够及时被发现并进行相应阻却和惩处，设立不可触碰的“警戒线”。空间内的数据遵循“宣誓”性质的价值规范，增强了空间中数据的公开透明性、公平性、非歧视性，让空间中的每个参与者都有机会对数据进行访问、使用、二次加工；行业数据空间虽然设有一定的加入标准，但原则上并不对参与者数量设上限，保持着一定的开放性。

因此，行业数据空间本身的组织架构和运行原则规范决定了其无法形成各种意义上的“数据垄断”。换言之，行业数据空间内存在的大企业、大平台通过对其积聚的数据资源进行共享，反而促进了空间内的数据繁荣，增大了空间内吸附的数据资源量，通过数据安全、合规的共享平台，最终能够将数据红利赋能全体成员。

案例 3-1

强基座　促创新　打造自主可控的行业数据空间

基于对欧盟国际数据空间技术体系结构的全面剖析，华为提出了“一点一圈一云”的新概念，构建了面向企业的数据自主可控交换平台——企业数据交换空间（以下简称 EDS），旨在实现数据在生态系统中的可信可控流通。

EDS 具有“两端一管”的特性，“提供端”接入开放资源并提供元数据自动计算能力，“消费端”基于可信连接计算沙盒，实现域内外数据低代码方式安全连接计算；“管道”则通过主权控制流通协议栈，形成端到端的数据安全流通管道。当前，EDS 已经在华为内部高密数据共享场景、华为与外部企业间重要数据交换场景、华为生态链的复杂数据协同场景下进行了广泛深入的应用，充分体现了其“可信可控可证”的主要特点。

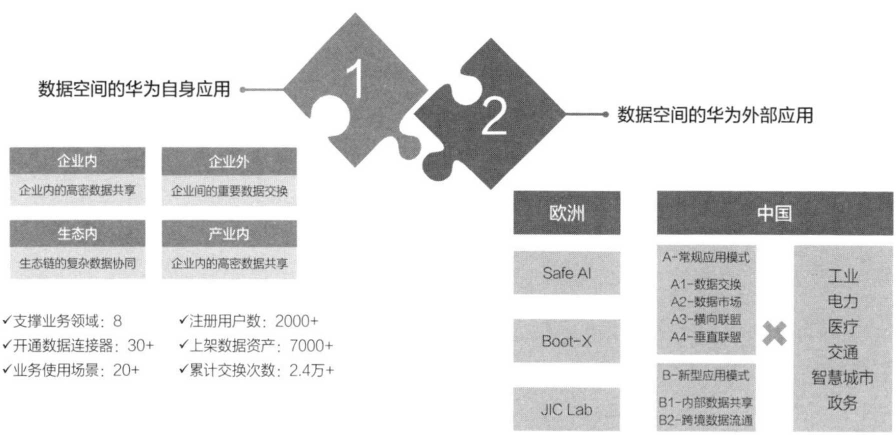

图 3-2　华为数据空间应用示意

EDS 在赋能本企业与合作伙伴业务发展的同时，还放眼“使能千行百业，为产业数字化保驾护航”。一方面，EDS 能够为医疗、制造业、工业互联网等领域提供优质的信息化服务，聚合形成行业共同体，提升企业的经营管理能力；

另一方面，EDS 主导者、运营商、数据供应商、系统集成商、技术研发商等关键利益相关主体，也将受益于政策支持和资本注入，在数据空间成长扩容的过程中获得更大的发展空间。

资料来源：陈荣富：《数据空间的 What-Why-How》；华为云：《政企合作打造产业链协同新范式，华为云助力大湾区企业智能化转型》。

案例 3-2

促共享　便医患　南山医疗集团健康数据空间实践

深圳南山医疗集团数据空间，通过注册认证中心，为数据提供方、数据使用方、数据运营方、数据监管方构造多方信任的生态环境；通过数据使用控制中心，提供数据使用控制能力，保护数据提供方的数据主权；同时，通过存证中心，提供全流程可信、可视的审计追溯服务，支持提供方查证追溯，也能让消费方“免证清白”，并为第三方监管提供相应的审计信息。

南山医疗集团数据空间为医疗行业数据共享和交换积累经验，未来可以面向医疗行业，在促进公共健康数据和个人健康数据可信流通的同时，又保证数据安全，提供发展居民健康数据安全共享新思路，进一步发挥了区域学科联盟、医防融合、医教融合、医养融合等改革举措作用，通过科学运用数据为居民提供全方位、全生命周期健康管理，打造了健康深圳的“南山样板”。

通过健康医疗数据空间实践，未来可以面向医疗行业，建立医疗行业数据空间，促进公共健康数据和个人健康数据可信流通，保护健康医疗数据安全，消除行业内数据孤岛，规范和推动健康医疗数据的融合共享，释放数据价值。

资料来源：深圳特区报：《医改“南山模式”：构建优质高效整合型医疗卫生服务体系》。

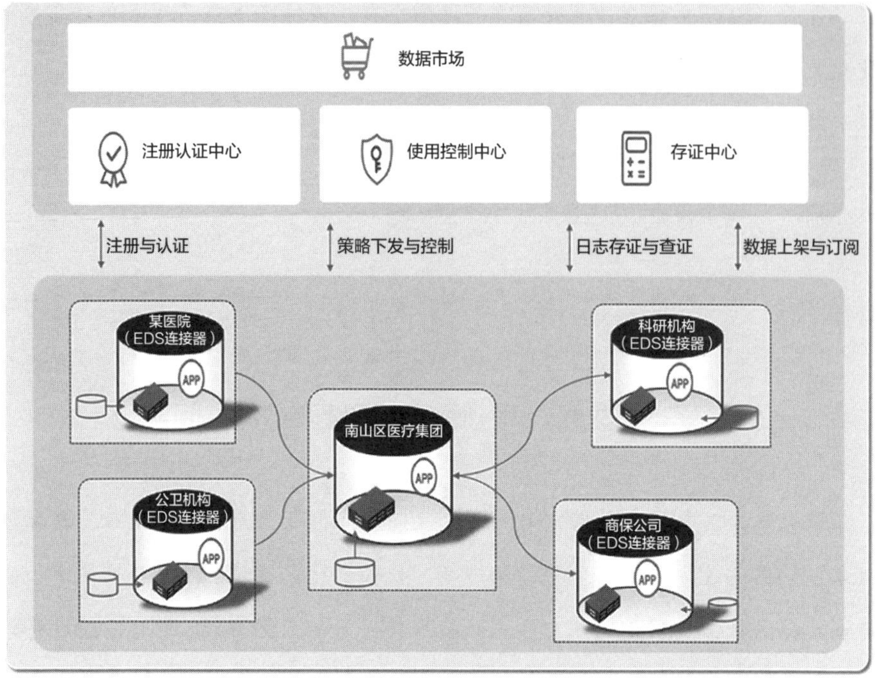

图 3–3　南山区医疗集团数据空间

案例 3–3

AI 靶场　破坚冰　面向中国算力网的可信科技数据空间

当前我国面向算力网的数据流通交易存在供方不敢托管数据、平台难以自证清白、需方使用效果难达预期等问题。鹏城实验室和哈尔滨工业大学（深圳）遵循“数据不动程序动、数据可用不可见、分享价值不分享数据、保留所有权释放使用权”的隐私保护新理念，联合打造了面向中国算力网的可信数据空间——AI 靶场。

AI 靶场作为基于中国算力网的可信数据流通交易基础设施，也作为“大数据使用权”交易平台，在保护隐私的前提下积极发挥数据要素可信流通的作用。AI靶场通过调试环境与运行环境分离体系架构、仿真数据生成、隐私保护前提下的调试、细粒度数据受控访问和使用等创新技术，确保数据所有权和使用权分离，可以让更多的数据提供方敢于将其数据进行安全托管，让更多的数据使用方能够充分挖掘真实场景真实数据，促进数据要素流通交易。

目前，AI靶场依托以鹏城云脑为枢纽节点的中国算力网提供的强大算力资源，通过构建可信数据空间，以张榜打靶方式将数据安全开放，筛选具有核心竞争力的AI团队，实现数据应用集智创新。

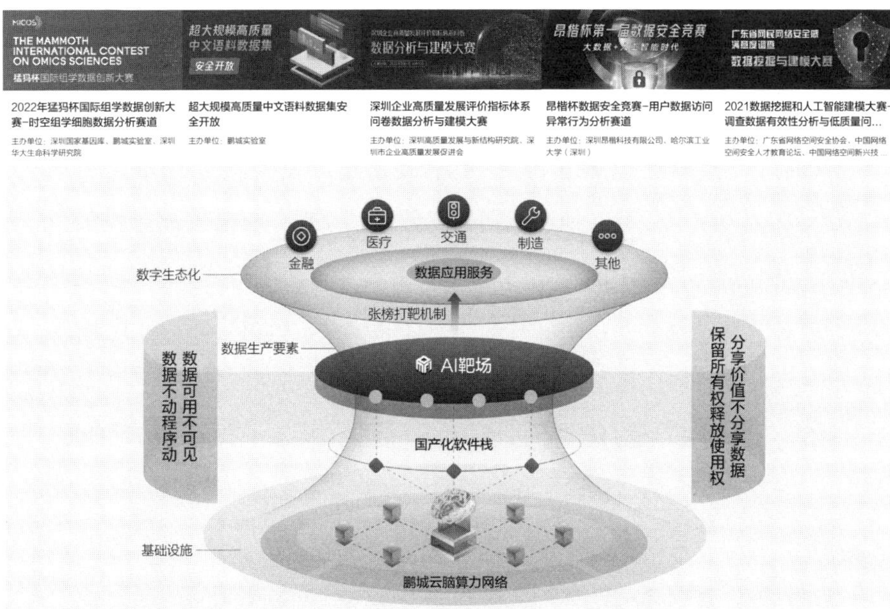

图 3-4 基于中国算力网的可信数据空间

资料来源：鹏城实验室:《基于中国算力网的可信数据空间——AI靶场》。

第三节 进取型数据流通“守门人”

当前，数字平台渗透进我们工作生活的方方面面，其所带来的便利与高效是毋庸置疑的。一方面，由于数据价值往往与其聚集和丰富程度正相关，数据要素市场的发展过程中会不可避免地出现“数据垄断”现象。另一方面，拥有稳固而持久地位的大型数字平台，以及伴生的不公平和可竞争性不足，容易导致数据行业效率低下，损害市场其他主体利益，不利于数据要素市场的可持续繁荣。因此，要构建适应中国国情的“进取型守门人”制度，立足安全、更图发展，促进数据在产业链供应链上的场景化市场化利用，建成高质量、可持续数据发展格局。

一、理论开端：“守门人”制度及产生背景

“守门人”这一概念为库尔特·卢因首提，作为现代社会心理学开创者以及传播学的四大奠基人之一，他将承担信息搜集、整理、筛选、加工和传播的组织或个人称作群体传播中的“守门人”，只有符合守门人价值标准（群体规范）的信息才能获得传播。政治学、社会学、公共政策、组织管理、公共卫生、教育学和法学等学科均存在本领域的守门人现象或守门机制。

如今，数字平台成为日常不可或缺的一部分，覆盖了我们的信息获取、社交娱乐、在线交易、医疗就诊等各个方面，有助于企业的业务创新和高效运营，以技术促进普惠，进而推动全要素生产率提升。

与此同时，我们也观察到一些弊端：大型数字平台凭借极端规模经济、强大的网络效应、商业用户和消费者渠道依赖强以及数字技术领先等优势，在市场中占据着极其重要的地位。此外，大型数字平台有动机、有能力利用充裕的现金流，兼并收购大量业务相近的中小企业，以消除潜在竞争对手，降低自身创新成本[①]。

---

① 黄益平：《黄益平：十三届全国人大常委会专题讲座第三十一讲数字经济的发展与治理》，http：//www.npc.gov.cn/npc/c30834/202301/e85122dc97eb4c0d80c098ccd61197c5.shtml。

数据行业存在的不公平行为和其具有的缺乏可竞争性的特性，从长期来看，将导致数据行业效率低下，即数据产品“价高质低”，可选择性和创新力度低，从而损害市场其他主体利益。

政府规制是反垄断之必要手段，但相较于数字企业，政府在技术、专业和信息获取渠道方面并不占优势，因此，在面对新兴产业和业态时，存在规制不到位的可能。而基于提升竞争力的考虑，数字企业经常会聘请各行业前沿专家来进行管理，这样的管理方式更符合行业实际，但市场调节机制中的自发性、盲目性和滞后性无法全然避免。

大型数字平台生态系统对竞争的挑战，已引起国际社会广泛关注。为此，各国纷纷出台或修改法律、提出新的政策，如欧盟在数据领域引入“守门人制度”，将大型数字平台认定为“守门人”，以适应数字经济的新格局，确保市场竞争充分、公平透明。

二、他山之石：欧盟的“保守型守门人”

现有的反垄断机制难以高效应对复杂的大型数字平台及其隐蔽的生态系统，因此，如何促进市场公平竞争已成为亟待解决的问题。欧盟对此迅速作出反应，于 2022 年出台《数字市场法案》，首次在数字领域引入“守门人”制度，对超级平台被认定为“守门人”的条件进行了定性和定量的界定，明确了超级平台将承担特殊的竞争义务，以降低反垄断的规制成本，保障其他市场主体利益。

在主体界定上，《数字市场法案》将具有影响大量终端用户和商业的能力，存在不公平商业行为风险的核心平台服务（包括提供在线中介服务、在线搜索引擎、操作系统、在线社交、视频共享平台服务、号码独立的人际通信服务、云计算服务和网络广告服务等）纳入管辖范围。具体通过综合考量数字平台用户数量、营业额或市值、市场地位，科学设置定性和定量标准，尽可能简化传统反垄断分析中耗费大量时间精力的相关市场界定、市场力量认定环节，从而提高规制效率。在规制方式上，通过事先约定，化被动为主动，化事后追责为事前规制。从数据、平台中立、通路等层面直接向符合条件的“守门人”施加特定的法定义务，如要求其公平合理使用数据、不得自我优待与捆绑交易、保证互操作性等，违反特定的法定义务即意味着违法。

整体而言，欧盟“守门人”制度将既有反垄断法的分析过程从四个步骤简化为两个步骤，即将“相关市场界定—市场支配地位认定—行为类型认定—竞争损害分析“合并为“守门人地位界定—行为类型认定”，从而促使反垄断机制更加适应数字时代，也具操作性。①

三、因地制宜：中国式“进取型守门人”

欧盟守门人制度为我国反垄断规制提供了有益的借鉴，但如何在中国国情下，达成消费者与商业企业权益保护、数字平台合法利益保障和促进数字经济有序健康发展之间的平衡，已成为繁荣数据流通交易市场的必答题。

2021年8月，第十三届全国人民代表大会常务委员会第三十次会议通过《中华人民共和国个人信息保护法》，其中第五十八条对“守门人”施加了特别义务，即要求“守门人”遵循“公开、公平、公正的原则”，不仅自身要遵守个人信息保护规定，还要利用其独特地位，明确平台内商户处理个人信息的规范和保护个人信息的义务，这也成为该法的一大亮点。

我国和欧盟在数字领域“守门人”制度设计中均采取“防守型守门人”制度。《中华人民共和国个人信息保护法》中“守门人”所应承担的义务主要聚焦于个人信息保护问题，而欧盟法案“守门人”所承担的义务范围更加广泛，主要目的是维护数字市场竞争秩序，降低进入壁垒。

当前，制约数据要素作用有效发挥的供给侧结构性矛盾突出，为此则更需要平衡安全与发展的关系，立足安全、更图发展，增加供给，畅顺流通，并进

① 朱战威．反垄断视域下守门人制度的立法表达及其反思［J］．地方立法研究，2023，8（01）：51-63.

一步构建与我国国情相适应的“进取型守门人”制度。

一方面，要从数据上中下游下手，“疏”与“堵”相结合，抓住数据矿主、产业龙头、大型数字平台、区域数据交易机构、关键数据处理者等主要玩家，赋予其“守门人”地位，立足防守，更图进取，使之在做好个人信息保护与数据安全防守的同时，更好发挥其行业生态带动能力、产业链供应链协同能力、数据治理与技术创新能力，提高数据供给水平，促进数据在产业链供应链上的场景化、市场化利用。

另一方面，将“守门人”制度纳入多元共治模式，让数据矿主、产业龙头、大型数字平台、区域数据交易机构、关键数据处理者等主要玩家在引导公平竞争方面的主体责任得到落实，强化主体自我治理和行业自律治理，对于构建数据要素市场合理的竞争秩序、开放的行业生态具有重要意义。期望国家数据局对“守门人”的认定条件和退出机制进行整体规划，对其权利、责任与义务进行细化，形成政府部门与“守门人”，以及“守门人”之间的协作机制，构建起由政府引导、“守门人”带动、市场主体广泛参与的数据流通安全治理与高质量发展的新工作格局。

第四章　场内与场外

场外流通与场内交易都是为了更好地发挥数据要素作用，二者不可顾此失彼而要兼得，共同推动全国统一大市场建设。从规模体量和发展实际看，当前规范场外流通力度大于规范场内数据交易，场外流通是一个规模巨大的存量市场，而场内交易是一个正在培育探索的增量市场。无论是场内集中交易，还是场外自主交易，只有为数据供需相关方提供“增值赋能”，才能培养数据交易中介机构的核心竞争力。因此，既要规范场外流通，充分发挥“数据矿主”和产业链主作用，带动产业链供应链上下游大中小企业间开展数据协作与共享，建设行业数据空间，提升产品和服务的数据附加值，又要培育壮大上下联动、内外结合的场内数据交易生态。

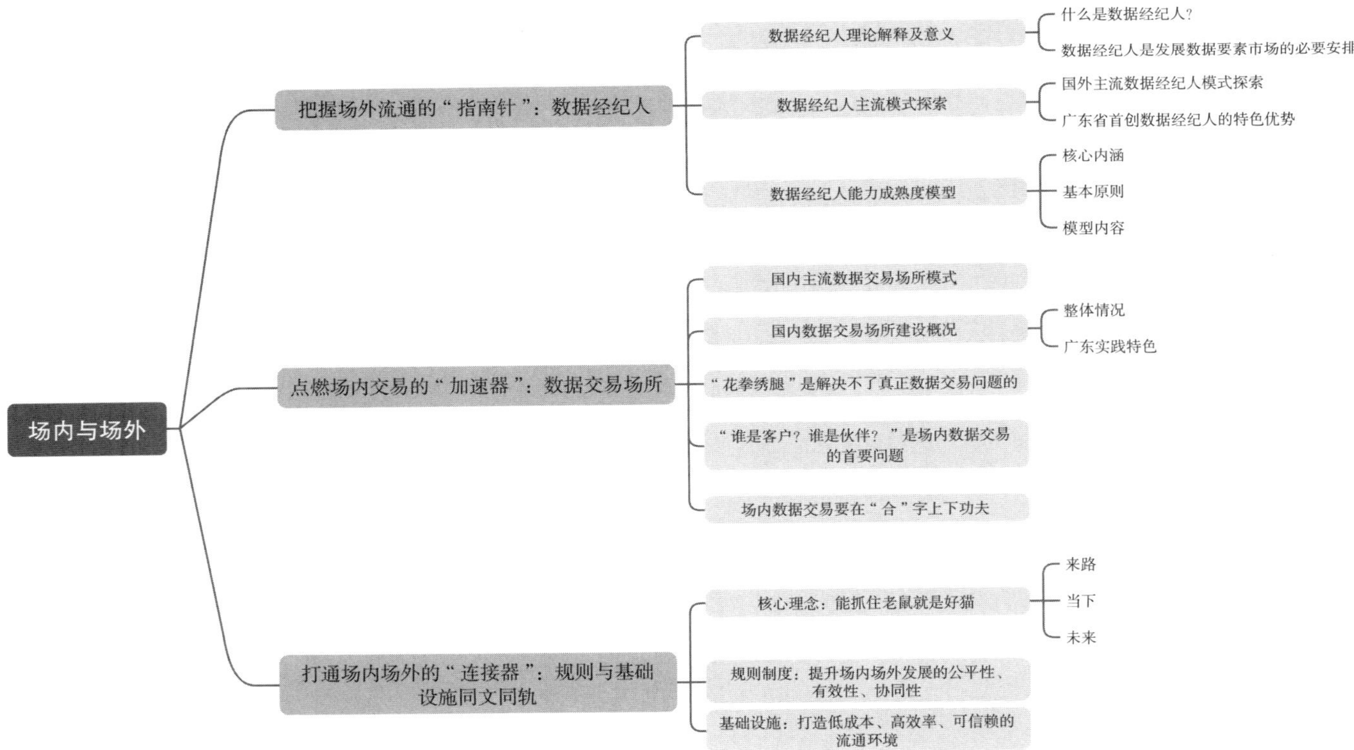

图 4-1　场内与场外思维导图

第一节　把握场外流通的“指南针”：数据经纪人

“数据二十条”明确提出，要构建促进使用和流通、场内场外相结合的流通交易制度体系，规范引导场外流通，支持在场外采取开放、共享、交换、交易等方式流通数据。数据经纪人作为场外流通的重要枢纽，能够扩大可得和可用的数据资源，降低数据流通成本，增加数据供需双方的信任，促进各方参与数据流通的积极性，推动数据场外流通走“规范化”发展道路。

一、数据经纪人理论解释及意义

（一）什么是数据经纪人？

美国一些州及各州通过的法律对数据经纪人进行解释，但也各不相同。加利福尼亚法案第 1798.99.80 条表示数据经纪人是“在消费者知情同意的情况下收集并向第三方出售与该企业没有直接关系的消费者的个人信息的企业”，并要求数据经纪人必须在加利福尼亚州注册。佛蒙特州于 2018 年出台的第 171 号 H.764 法案《数据经纪人条例》的指导意见，即数据经纪人定义为汇总和出售与他们没有直接关系的消费者的个人信息的企业。①

韩国于 2021 年通过的《数据产业振兴和利用促进基本法》中提到，具有数据交易专业知识的人员可以注册为数据经纪人②。欧盟在《通用数据保护条例》的公众问答中表明，根据对数据的处理或者控制程度，数据经纪人可以是数据处理

① Helveston，M.N. Reining in Commercial Exploitation of Consumer Data. Penn State Law Review，2019，123：3.

② 杨婕：《韩国率先发布全球首部〈数据基本法〉，大力发展数据产业》，https：//www.secrss.com/articles/36503。

者或者数据控制者[①]。对比来看，韩国更强调数据经纪人作为利用其专业知识促成数据交易的从业人员，而欧盟更加强调数据经纪人对数据的控制或处理能力。[②]

广东省将数据经纪人定义为利用行业整合能力，通过开放、共享、开发治理、增值服务、撮合、咨询等多种方式整合利用有关数据，促进行业数据与公共数据融合流通的数据服务机构，旨在建立可信数据利用渠道、增强供需信任、挖掘数据要素价值、维护各方合法权益、活跃数据要素市场，促进数据安全有序流通和市场化开发利用。

（二）数据经纪人是发展数据要素市场的必要安排

第一，数据经纪人可以组织市场。从完整的数据价值链来看，数据市场提供了一个广袤平台促进了数据流通交易的进行，使得数据活动的各环节得以有效、畅通的衔接，而数据经纪人又在数据市场中占主要的连接地位，即真正连接了数据供给方和需求方。一方面帮助数据供需双方能更好地实现自身权能，充分利用数据价值；另一方面也保障了数据需求方的现实需要，促进市场的自由有序发展。数据经纪人可利用自己的居间地位，打破两方信息不对称带来的壁垒与风险。

第二，数据经纪人可以拓展用户。数据经纪人可以将客户网络从原本的垂直上下游转变为价值链垂直和跨领域水平符合的方式，这里的跨领域水平扩展不仅包括跨实体、跨区域，还包括跨行业。这种纵向与横向交错配合的方式，极大地扩展了数据需求方的来源和数据业务请求。

第三，数据经纪人可以提高数据可用性。数据经纪人获得用户的委托后获取数据，但其并不会直接提供数据，为了最大化提高自己的收益，他们必然会

---

① European Parliament：Answer given by Ms Jourová on behalf of the European Commission，https：//www.europarl.europa.eu/doceo/document/E-8-2019-000054-ASW_EN.html.

② 李勇坚，刘奕.数据经纪人制度的理论与实践［J］.数字图书馆论坛，2022（10）：17-20.

将数据进行清洗分类处理等操作，使其有更高的数据质量，在提供数据服务过程中可以更加方便、快捷地获取更高的价格。

第四，数据经纪人可以重建信任。一是解决信息不对称问题。由于利益相关者表达了对隐私、安全和责任的担忧，信任被视为数据流通交易的关键前提。大规模数据流通带来了与信任相关的问题，缺乏信任会导致可用于流通交易的数据数量减少。数据经纪人可以通过建立数据安全、隐私和保密的共同规则为市场提供信任，解决利益相关者的担忧。二是保护科技弱势群体权益。一些委托者往往欠缺市场专业能力，无论是数据存储加工和使用，还是发现客户、达成交易等，科技弱势群体可以委托数据经纪人保护其权益。

二、数据经纪人主流模式探索

（一）国外主流数据经纪人模式探索

1. 数据技术使能者模式

数据技术使能者模式在全球应用广泛，主要包括两种细分模式。一是数据市场模式。数据供给方和需求方都经交易平台审核认证、自愿从事数据交易，数据交易平台以中间代理人身份为交易双方提供撮合服务。数据交易平台还可以数据经纪商身份，收集用户数据，并将其转让、共享与他人。二是数据银行模式。数据供给方（一般为个人）采用授权或主动上传的方式将数据存储于数据银行网站之上，数据银行向提供方支付一定的报酬，数据需求方在数据银行网站上对目标数据集进行搜索，需求匹配后可完成交易。[①]

2. 数据合作社模式

数据合作社模式多用于公共服务领域。数据合作社通常由基金会、私人公司或用户自发社群进行管理和运营。数据供给方自愿共享的数据被数据合作社

① 傅建平：《广东首创数据经纪人，究竟是做什么的？》，https：//m.gmw.cn/baijia/2021-12/13/35377728.html。

进行结构化和匿名化处理，再由数据需求方运行算法进而产生价值。数据需求方为获得数据的使用权，可以选择支付费用给数据提供者，或者为数据合作社参与者提供免费的服务。采用这种模式的多为公共数据开放或科学研究，既可以使数据需求方获得足够多的数据样本以训练算法，又不会泄露数据供给方或数据所有者的个人隐私。而且数据合作社代表了数据供给方的利益，在数据交易中可以帮助数据合作社参与者争取更大的谈判优势。[①]

3. 数据信托模式

数据信托模式是数据流通交易市场的新兴模式。数据信托源于传统信托的概念，英国开放数据研究所将其定义为“提供独立数据管理权的法律结构”，其实质是在数据主体与数据控制人之间创设出信托法律关系，数据控制人基于数据主体的信任对数据享有更大的管理运用权限，同时承担更严格的法律信义义务。委托人将自己所持有的数据资产作为信托财产设立信托，并通过信托受益权转让获得现金收入，受托人委托数据服务商通过运用特定数据资产产生收益，再向社会投资者进行收益分配。[②]

（二）广东首创数据经纪人的特色优势

广东在全国首创数据经纪人制度并将其作为全省数据要素市场化配置改革的一项制度性安排，旨在鼓励设立社会性数据经纪机构，规范开展数据要素市场流通中介服务。广州市海珠区、深圳前海深港现代服务业合作区、佛山市顺德区、惠州市、江门市等地区积极开展了相关试点探索和实践。

经过近两年的试点探索与实践，广东积累了大量数据经纪人制度建设经验，这其中包括数据经纪人分类分级遴选标准，数据经纪行为和市场角色定位基本

① 傅建平:《广东首创数据经纪人，究竟是做什么的？》，https：//m.gmw.cn/baijia/2021-12/13/35377728.html。

② 傅建平:《广东首创数据经纪人，究竟是做什么的？》，https：//m.gmw.cn/baijia/2021-12/13/35377728.html。

清晰，政府监管方式得到创新，由数据经纪人主导的数据流通和价值变现作用显著发挥。数据经纪人制度的建立不仅开辟了数据要素市场化配置的新赛道，也构建了以数据使用场景为主导、以市场化运行机制为引领的数据要素市场化配置新模式。

1. 数据经纪人制度是培育数据要素市场生态的一项制度性安排

数据经纪人制度旨在鼓励设立社会性数据经纪机构，规范开展数据要素市场流通中介服务，把握数据产权、流通、交易、使用、分配、治理、安全等基本规律，合理降低市场主体获取数据的门槛，增强数据要素共享性、普惠性，有利于促进数据共享共用，释放价值红利，有利于建立数据安全保护、有效利用、合规流通的市场体系，有助于数据流通准入标准规则的建立，促进数据全流程合规治理，确保流通数据来源合法、隐私保护到位、流通和交易规范。[①]

2. 数据经纪人积极探索数据权责和收益分配方式

数据经纪人实践探索了数据资源持有权、数据加工使用权、数据产品经营权等分置的产权运行机制，通过签订“协议”等方式，在数据经纪人和数据使用方之间，明确数据生产、流通、使用过程中各参与方享有的合法权利[②]，推进社会数据按市场化方式“共同使用、共享收益”。根据自身基础及业务范围，数据经纪人被划分为技术赋能型、数据赋能型、受托行权型三类，其中，数据赋能型数据经纪人在生产经营活动中采集加工的不涉及个人信息和公共利益的数据，享有依法依规持有、使用、获取收益的权益；技术赋能型数据经纪人可获得公共管理和服务机构、企业数据授权使用的权益；受托行权型数据经纪人，可以受托代表个人利益，监督市场主体对个人信息数据进行采集、加工、使用。

---

① 张连夺：《广东数据经纪人先行探索数据“二十条”新政》，https：//tech.gmw.cn/2023-01/04/content_36278646.htm。

② 张雅琪，胡沐华：《建立数据产权制度　激发市场活力》，http：//www.sic.gov.cn/News/612/11841.htm。

3. 数据经纪人具备公共数据授权运营基础条件

数据经纪人需在生态协同能力、数据运营能力、技术创新能力、数据安全能力、组织保障能力等方面达到相应的能力等级要求，能够按照“原始数据不出域、数据可用不可见”的要求，以模型、核验等产品和服务等形式运营公共数据[①]，推动公共数据社会化开发利用。

4. 数据经纪人制度更便于规范引导场外交易

数据经纪人制度是建立在数据来源可确认、使用范围可界定、流通过程可追溯、安全风险可防范的数据可信流通体系基础之上，依法依规在场外采取开放、共享、交换、交易等方式流通数据，并承担行业的可信数据空间建设。数据经纪人是在保障安全前提下，依法依规对原始数据进行开发利用，是探索数据流通安全保障技术、标准、方案的重要载体，可以促进数据使用价值复用与充分利用。[②]

案例 4-1

指南针　聚通用　海珠区推出全国首批数据经纪人

自 2022 年 6 月，广州市海珠区依托琶洲人工智能与数字经济试验区产业优势和打造“琶洲算谷”数智经济新高地的发展机遇，在数据要素市场化配置改革中先行先试，出台全国首份区县级数据要素市场配置改革行动方案，推出全国首批数据经纪人，推动数据经纪业务项目落地成交。

广东电网能源投资公司推出“电力看制造”“智能制造数据服务”“产业诊断分析服务”等三个应用场景，利用电力设备运行、监测、检修等数据，构建

① 杨东，毛智琪．公共数据开放与价值利用的制度建构［J］．北京航空航天大学学报（社会科学版），2023，36（02）：36-45.

② 张连夺：《广东数据经纪人先行探索数据“二十条”新政》，https：//tech.gmw.cn/2023-01/04/content_36278646.htm。

用电画像模型，有效解读产业、行业经济变化所带来的机遇与发展，助力电动汽车充电桩行业运维、投资和发展。目前已为各行业创收经济效益超过 1 亿元，并发布全国首个数据经纪人撮合交易定价器。

广州金控征信服务有限公司接入政务、电力、工业互联网、交通等数据，拉通供需双方为产业链上下游企业提供金融及数据服务，助力中小微企业解决“融资难、融资贵”问题。目前已服务中小微企业超 67 万家，服务融资规模超 300 亿元。

广州唯品会数据科技有限公司通过搭建链接品牌商与消费者的电子商务平台，基于计算技术的多源数据开放应用，从经营数据理解，经营情况授权应用，以“品牌用户运营”和“唯品会智数平台”两个项目为抓手开展数据经纪人试点工作。目前使用的品牌数 1500 多家，品牌创建运营活动超过 29 万个，自主让利 18 万多次，获益消费者超 5000 万人次。

图 4–2　全国首批“数据经纪人”授牌仪式在广州市海珠区举行

资料来源：金羊网：《全国首批！广州海珠推出“数据经纪人”》。

三、数据经纪人能力成熟度模型

（一）核心内涵

数据经纪人能力成熟度模型（Data Broker Capability Maturity Model）简称“DBCMM”，是参考《数据管理能力成熟度评估模型》[①]（GB/T 36073—2018）和《智能制造能力成熟度模型》[②]（GB/T 39116—2020），用于数据经纪人改进提升自身能力的成熟度模型。该能力成熟度模型将有助于更好地了解不同类型、不同级别数据经纪人的能力水平，规范和指导数据经纪人的发展。同时，该模型可以发现和解决数据经纪人开展业务过程中存在的问题和瓶颈，为数据经纪人指明发展方向和目标，助力数据经纪人更好地规划和实施数据经纪业务战略，持续推动数据经纪人整体能力水平的提升。

（二）基本原则

1. 坚持理论性与实践性相结合的原则。构建数据经纪人能力成熟度模型要始终坚持理论指导，海纳世界各国的优秀做法，让数据经纪人不断适应数据要素市场的发展实际。同时，要切实把握数据要素市场的客观变化，突出数据经纪人在数据要素市场的关键作用，避免能力成熟度模型出现短期性、盲目性和波动性。

2. 坚持可比性与前瞻性相结合的原则。将数据经纪人能力成熟度模型与其他指标体系和能力成熟度模型进行比较大有裨益，适当吸纳部分合理的指标体系和能力成熟度模型构建方式，有助于模型不断完善发展。同时，确保数据经纪人能力成熟度模型的自主性、主体性和适应性，增强对前瞻性强、符合数据要素市场发展实际、富有数据经纪人业务特色的指标选用，持续进行协同创新

① GB/T 36073-2018，数据管理能力成熟度评估模型［S］.

② GB/T 39116-2020，智能制造能力成熟度模型［S］.

与适应性改造。

3. 坚持综合性与简明性相结合的原则。数据经纪人能力成熟度模型的各个评价维度和评估等级应科学合理、逻辑清晰、层次分明，可以综合反映数据经纪人能力的实际情况。同时，要保证数据经纪人能力成熟度模型分项指标的简明性，提升数据搜集的效率，增强模型的可操作性，也易于模型的使用和宣传推广。

（三）模型内容

数据经纪人能力成熟度模型围绕“能力”和“成熟度”两个基本准则构建。其一，“能力”是数据经纪人创新发展的基础，选取生态协同、数据运营、技术创新、数据安全、组织保障等5个能力域，衡量数据经纪人的实际能力水平。其二，“成熟度”是反映数据经纪人能力水平等级，划分为初始级、建设级、稳健级、优化级、卓越级等5个等级，划分数据经纪人自身所处的发展阶段。

1. 能力域和能力项

生态协同能力，是指保障数据经纪业务正常开展的合作能力，包括推进“政产学研用”、产业上下游、中大小企业深度融合协同的能力。该能力涵盖数据经纪人产业链合作伙伴和“政产学研用”合作等能力项，反映了数据经纪人的基础能力。协同高效，可以助力产业生态降本增效，加强产业集群的开放性、创新性和引领性。

数据运营能力，是指保障数据经纪业务正常开展的数据运营能力。该能力涵盖数据经纪人的数据规模、数据质量、数据治理、数据应用、数据平台、运营效果等能力项，反映了数据经纪人的核心能力。运营高质，可以加大高质量数据供给，推动数据更好地赋能社会经济发展。

技术创新能力，是指数据经纪人依靠创新技术推动数据经纪业务发展的能力，包括开发新技术，或者将已有的技术进行应用创新的能力。该能力涵盖数据经纪人的标准规范制定、知识产权、研发投入占比等能力项，反映了数据经纪人的主导能力。技术高创，可以降低数据要素成本，推动数据产品和产业升级[①]，并倒推数据生产力发展。

数据安全能力，是指以确保数据有效保护和合规使用的能力。该能力涵盖了法规义务履行情况、数据安全管控措施、数据安全能力成熟度等能力项，反映了数据经纪人的关键能力。安全高保，可以守住数据要素流通交易的红线和底线[②]，保障数据要素市场发展行稳致远。

组织保障能力，是指保证数据经纪业务正常开展的人、财、物等支持保障的能力。该能力涵盖人员保障、业务规模、资金投入、技术环境等能力项，反映了数据经纪人的支撑能力。保障高强，可以不断增强数据经纪人的整体能力，更好适应数据要素市场发展需要。

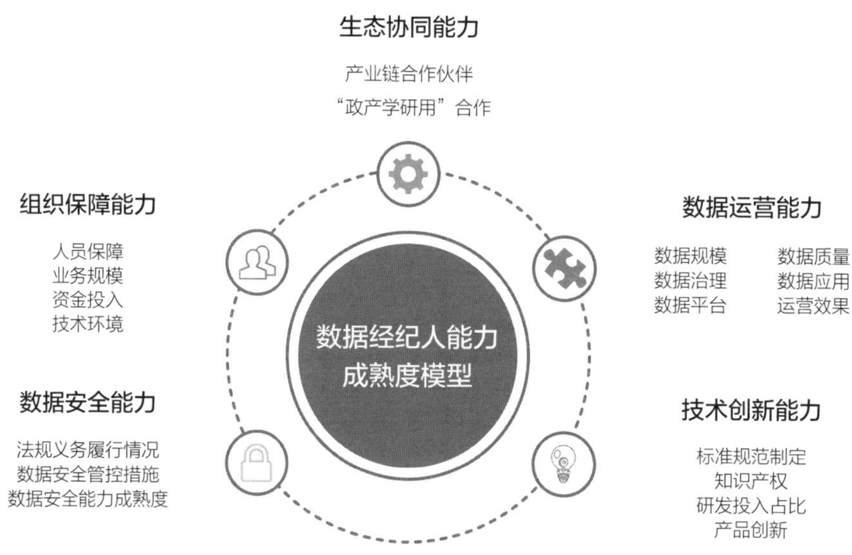

图 4–3 数据经纪人能力成熟度模型

① 王建冬，童楠楠．数字经济背景下数据与其他生产要素的协同联动机制研究［J］．电子政务，2020（03）：22–31．

② 周名：《完善数据要素治理制度，保障数据流通交易安全〈数据二十条〉解读》，https：//www.ndrc.gov.cn/xxgk/jd/jd/202212/t20221219_1343659.html?code=&state=123。

2. 成熟度等级

数据经纪人能力成熟度评价划分为 5 个等级，分别为初始级、建设级、稳健级、优化级和卓越级。

初始级。该级别的数据经纪人产业链合作伙伴少，“政产学研用”合作机制在初步构建阶段；未意识到数据规模和数据质量的重要性，没有正式的数据规划流程等，业务场景和数据平台匮乏，未有实质的数据经纪业务效益；没有参与相关行业或地方级标准制定，知识产权薄弱，研发投入比重较低；初步建立数据管理制度和数据安全管控措施，但未全面落实，未开展数据安全能力成熟度测评；组织保障计划不明确，人员、资金投入较少，技术环境亟待优化。

建设级。该级别的数据经纪人合作伙伴数量在快速积累阶段，“政产学研用”合作机制已进入初步建设阶段；意识到数据规模和数据质量的重要性，数据管理体系加速完善中，数据平台能够支持业务的运行，数据运营效果显著提升；积极参与行业或地方标准制定，知识产权数量有限，研发成本占经营成本的比重较低，数据产品和服务创新性不高；相较于初始级，数据管理制度更加健全，数据安全管控措施更加完善，但执行力度一般，数据安全能力成熟度低于 3 级；无明确的资金投入计划及其保障措施，数据管理培训以内部培训为主。

稳健级。该级别的数据经纪人有稳定的产业合作伙伴和一定规模的数据经纪业务，已建立“政产学研用”合作机制，但还未有实质性的合作项目或科研成果；持有或可利用一定规模的数据资源，并开发出多个业务场景，建立了数据管理相关的制度，完整搭建支撑业务开展的数据平台，数据经纪业务每年不超过 3 亿元；参与行业或地方级标准制定，知识产权等级一般但数量较为丰富，研发投入占比一般；建立并执行数据管理制度和数据安全管控措施，数据安全能力成熟度低于 3 级；初步明确组织保障计划，人员、资金投入一般，有行业数据管理相关培训计划。

优化级。该级别的数据经纪人拥有庞大的产业链合作伙伴和数据经纪业务规模，已建立“政产学研用”合作机制，并有实质性合作项目或科研成果；持有或可利用大规模的数据资源并将其利用在多个行业领域的应用场景中，拥有自主可控的数据平台，数据经纪业务每年超过 3 亿元；参与国家、行业、地方等相关标准的制定工作，知识产权等级高且数量丰富，研发投入占比大；建立完善的数据管理制度和数据安全管控措施，严格管控执行，并进行绩效管理，数据安全能力成熟度超过 3 级；制订有完整的组织保障计划，设立数据经纪业务专业团队和专项资金定期开展与数据管理、数据应用等相关的培训工作。

卓越级。该级别的数据经纪人在优化级的基础上基本实现善治，拥有注册数据合规师、注册数据管理师等高端人才。

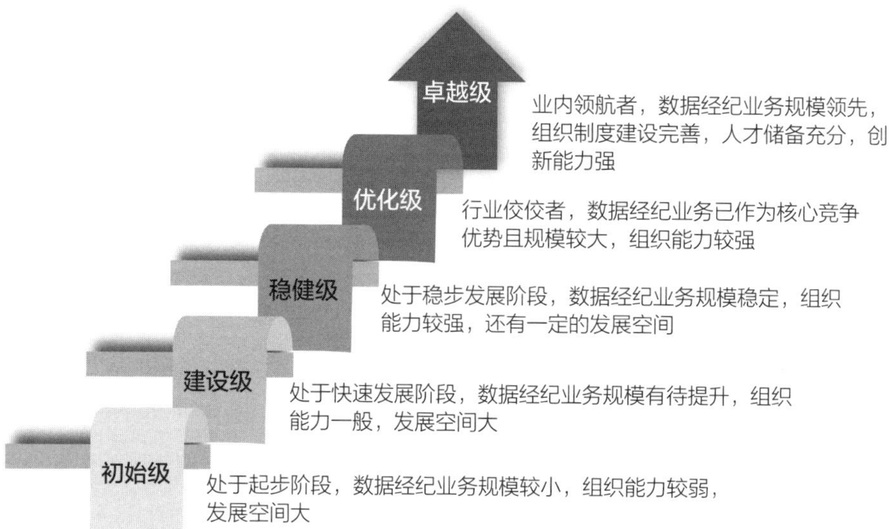

图 4-4　数据经纪人能力成熟度等级

第二节　点燃场内交易的“加速器”：数据交易场所

数据交易场所是场内交易的主要载体，提供数据挖掘、数据评估、数据加工、数据交易、数据应用、数据安全保障、数据交易监管等服务，成为点燃场内交易的“加速器”。随着数据要素市场的发展，数据交易场所要回归交易本质，坚持价值导向，管住“有形之手”的同时，释放“无形之手”，以浅层次松耦合治标，以深层次专业化整合。

一、国内主流数据交易场所模式

数据交易场所为数据交易提供了一个集中平台。在这个平台上，供给方可以通过出售数据产品和服务获得经济利益，需求方可以购买所需的数据产品和服务用于商业、研究等目的。部分数据交易场所还提供数据整合、分析和加工等服务，促使数据交易更加高效和便利。

主流数据交易场所模式大致分为两类。一是“供给方—需求方”模式，供给方将数据在平台上挂售，需求方通过平台规定价格购买数据，平台会抽取一定比例佣金。二是“供给方—交易场所—需求方”模式，数据供给方将数据提供给平台，平台整合后提供标准的数据包或API，再进行交易。两者之间区别在于后者数据供给方和需求方不直接接触，数据交易行为通过平台进行，使得数据交易场所更具话语权。

我国在技术创新、交易需求增长和数据交易发展模式整合等各方面促成下，数据交易场所如“春笋破土”般发展。我们认识到，数据交易市场业务模式对数据要素市场发展起到至关重要的作用，因此要探索适合不同行业、不同需求的交易场所业务模式，从而助力数据要素市场快速成长。

二、国内数据交易场所建设概况

（一）整体情况

据不完全统计，全国数据交易平台超过108家，大多以政府主导为主[①]。

① 欧阳日辉．我国多层次数据要素交易市场体系建设机制与路径［J］．江西社会科学，2022，42（03）：64-75+206-207.

根据《中国数据要素市场发展报告（2020—2021）》[①]，我国数据要素市场规模2025年将突破1749亿元，其中以数据交易场所为主导的场内交易占比大约是2%。

我国数据交易场所整体呈现出以下特点：**一是场所地域分布不均，**主要集中在发达区域。**二是交易类型日益丰富，**提供数据订阅、数据授权、数据定制等多种交易模式，以满足不同市场主体的需求。**三是交易环境不断优化，**我国鼓励市场主体积极开展数据流通交易活动，并给予积极的政策支持。**四是交易规模持续扩大，**交易的数据类型逐渐丰富，交易规模日益扩张。

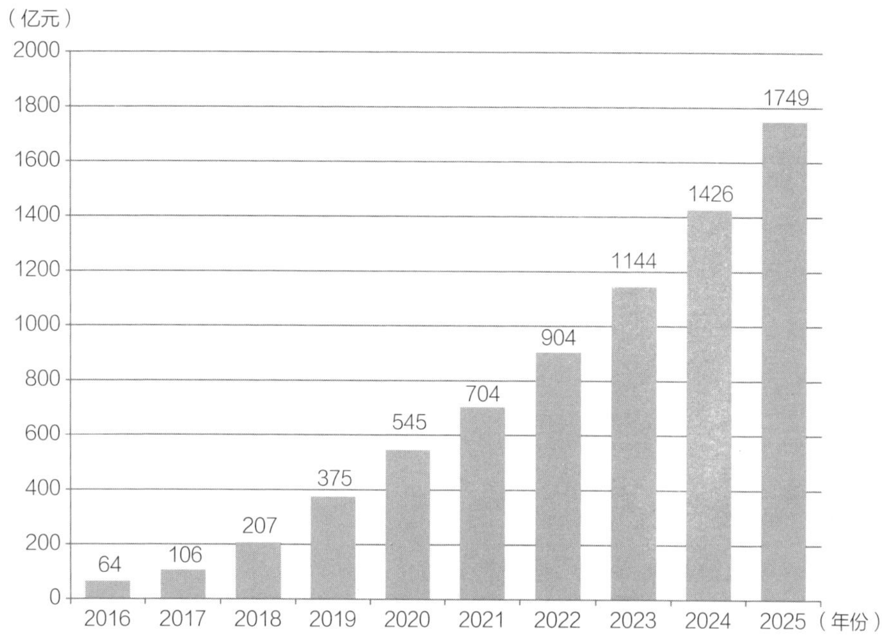

图 4-5　2016—2025 年中国数据要素市场规模

数据来源：国家工业信息安全发展研究中心：《中国数据要素市场发展报告（2020—2021）》。

① 国家工业信息安全发展研究中心：《中国数据要素市场发展报告（2020—2021）》，https：//cics-cert.org.cn/web_root/webpage/articlecontent_101006_1387711511098560514.html。

（二）广东实践特色

1. 广州数据交易所

广州数据交易所作为广东省级数据交易机构，立足南沙国家战略承载地，充分利用广东“双城联动、双区驱动”和“三大平台”（横琴、前海、南沙）的重大发展机遇，积极探索具有广东特色的数据交易新模式。

搭建“一所多基地多平台”体系架构。广州数据交易所首个交易服务基地——佛山服务基地于 2023 年 5 月 10 日正式揭牌成立，意味着广州数据交易所与基地间的数据资源得到更充分的交融，共建数据交易生态体系①。**落实数据资产合规登记。**坚持“无场景不登记、无登记不交易、无合规不上架”的原则，通过明确数据资源持有权、数据加工使用权、数据产品经营权，保障数据产品和服务合规合法②。**创新服务平台建设。**重点打造以“底座 + 赋能”为核心的规范高效的数据交易平台，搭建行业数据指数公开发布平台、统一算力资源共享发布服务平台等各类服务平台，建设国内首个集“算力 + 交易 + 场景”于一体的算力资源发布共享平台③。**保障数据全交易流程安全。**按照“原始数据不出域、数据可用不可见”的交易范式，以计算结果形式出域，为数据安全规范流通提供屏障，有力保护个人隐私和信息安全④。

2. 深圳数据交易所

深圳数据交易所协同数据龙头企业延长生态链，形成数据流通交易生态圈。

---

① 21 世纪经济报道：《广州数据交易所系列成果重磅发布，打造全国算力共享新模式》，http：//zfsg.gd.gov.cn/xxfb/mtbd/content/post_4183254.html。

② 广东省政务服务数据管理局：《广州数据交易所揭牌成立全国首创数据流通交易全周期服务》，http：//zfsg.gd.gov.cn/gkmlpt/content/4/4023/post_4023613.html#2589。

③ 21 世纪经济报道：《广州数据交易所系列成果重磅发布，打造全国算力共享新模式》，http：//zfsg.gd.gov.cn/xxfb/mtbd/content/post_4183254.html。

④ 羊城晚报：《广州首个公共数据运营产品完成交易，意味着什么？》，https：//news.ycwb.com/2023-05/11/content_51940452.htm。

数据技术创新化。现有的数据流通技术API、数据包、安全多方计算（MPC）、隐私计算等无法完全解决数据合规安全高效流通的问题，深圳数据交易所打造的数据空间技术不仅实现了数据的可控、可用、可追溯和可信，还与现有的技术融会贯通，强化数据流通交易的安全可靠[①]。

数据流通国际化。跨境数据成为世界经济的新要素，深圳数据交易场所依托粤港澳大湾区和世界各国、地区的数据交易平台建立合作关系，加快推进跨境数据交易制度体系建设，促进全球数据的跨境交易[②]。

数据产权分置化。为更好地解决交易场所"权属赤字"问题，深圳数据交易所发布了国内首个企业数据信托产品，实现数据可控可管、可加工使用、可运营的权利分置[③]。

数据管理资产化。深圳数据交易所先行先试，成功解决了数据资产权属确认、价值评估、入表、贷后处置等四大问题，开拓出全国首个无抵押数据资产增信产品服务，既是创新的融资方式，也是贯彻落实数据资产化的生动实践。[④]

三、"花拳绣腿"是解决不了真正数据交易问题的

靠传统的互联网补贴战是不可持续的，真正考验交易所竞争与格局的是其运营、技术、资金等综合能力和实力。

不以忠实用户为基础、科技力量为底蕴、特色优质服务为竞争手段的交易所，未来一定会被淘汰，时间早晚而已。

---

① 深圳商报：《深圳数据交易所完成国内首笔基于数据空间技术的场内数据空间业务合作》，https：//www.sznews.com/news/content/2023-03/19/content_30126457.htm。

② 21世纪经济报道：《专访李红光：深圳数据交易所首批跨境数据交易超1100万元，争取国际定价权》，http：//www.21jingji.com/article/20221121/herald/de5cc6e486e5e7e48d6c01b866293817.html。

③ 南方都市报：《挺进产业蓝海　试水数据信托　深数所饮"头啖汤"》，https：//epaper.oeeee.com/epaper/H/html/2023-05/04/content_8398.htm。

④ 中国银行保险报：《全国首笔无质押数据增信落地》，http：//www.cbimc.cn/content/2023-04/25/content_482701.html。

场外“去中心化交易”与场内“中心化交易”不是你死我活的竞争关系，而是一个有益的革新关系，二者必然长期并存。

交易所如何构建护城河、成为数据要素市场守门人、实现差异化发展，将是其安身立命之本。

二十一世纪最贵的是人才，未来交易所真正的机会就是结合最有思想、最有能力的人去做一件最正确和最有意义的事情。

四、“谁是客户？谁是伙伴？”是场内数据交易的首要问题

当下，“数据割据”格局已经形成，有价值的数据资源被掌握在公共管理与公共服务机构、大型数字平台企业、行业垄断性龙头企业等“数据大户”手中，而社会公众、中小微企业虽然是数据的产生者却沦为“数据贫下中农”。

造成“数据割据”的背后成因，需要从“数据大户”所处地位和态度入手：

公共管理与公共服务机构，是公共数据的持有者，依法履职、提高行政效能使其追求的价值目标，而公共数据是否流通交易乃至数据财政收入多少并不纳入绩效考核，态度上多一事不如少一事。

大型数字平台企业，持有各类组织和个人的生产生活行为数据，加之其强大的数据处理能力，为其带来丰厚的超额利润和剩余价值，这些平台企业将其所持有的海量数据视为核心资产和核心竞争力，态度上是绝对不可能拿出去交易的。

行业垄断性龙头企业，是行业数据的持有者，业务流、数据流、资金流是一体多面的，业务上的垄断，必然带来数据上的垄断，其内部数据共享、数据治理都没做好，怎么可能有心思搞对外数据交易？

如何将“数据大户”持有的数据资源，通过市场化手段，流向社会公众和中小微企业，实现还数于民，赋能中小微企业数字化发展，增加企业群众对数据财富的获得感，才是破解数据交易世界难题的题眼和关键所在。

因此，数据交易所只有分清“谁是客户？谁是伙伴？”，才能解决依靠谁、团结谁、服务谁的问题，才能找准自身战略定位，制定正确的战术举措，促进数据流通交易，打破“数据割据”。

五、场内数据交易要在“合”字上下功夫

回归交易本质。交易的本质是人与人之间的博弈，是交易者资金、信息、心理、技术、团队等优势的较量。在很长一段时间里，资本市场、房地产市场，“炒”字当头，中央适时出手规范。这对各地数据要素市场化配置改革工作，特别是当下正在培育数据交易市场，具有鲜明 的指导意义，即：数据交易要“用”字当头，防止数据成为资本炒作对象，更好发挥数据要素作用。

坚持价值导向。数据的价值在于运动，数据价值要在运动中创造、交换和实现，而数据交易是数据价值交换的关键环节。无论是场内集中交易，还是场外自主交易，只有为数据供需相关方提供“增值赋能”，才是数据交易机构的核心竞争力。警惕数据交易浮夸风，单纯追求交易额没有任何意义，充其量是玩数字游戏、自我兴奋而已。要正经搞数据要素流通，跳出交易额看交易，更加关注数据交易带来的经济社会附加值。

明职责、统规则、划底线。期待国家数据局尽早明确国家级数据交易平台及其公益属性和准公共服务职能，减少同质化内耗。赋予区域数据交易机构“数据交易市场守门人”地位，压实其行业协管责任，发展行业性数据交易平台。统一数据交易规则，统一数据度量衡，打破地域割据，形成交易合力。划底线，包容审慎监管，为先行者撑腰。

落实数据三权结构性分置运行机制。一是培育丰富公共数据授权运营生态，释放公共数据社会价值；二是鼓励大型数字平台企业、行业垄断性龙头企业，牵头行业数据空间建设，激活行业内及跨行业数据流通利用。三是引导公共数据产品通过数据交易所进行流通交易，鼓励行业数据空间与数据交易所互联互通。

深层次专业化整合。探索将数据交易机构纳入国企改革任务，通过资产重组、股权合作、资产置换、无偿划转、战略联盟等方式，推动央地合作、跨区域、跨行业、跨领域的专业化整合，推动资源不断向数据交易的主业企业集中、优势企业集中、“链长”企业集中[①]。同时，要做好专业化整合后的新机构内部体制机制、文化、管理、技术、市场资源等多领域的深层次整合协同，[②]加快培育竞争能力强、资源配置优的一流数据交易机构，进一步提升其核心竞争力。

第三节 打通场内场外的“连接器”：规则与基础设施同文同轨

关于数据流通交易是否必须“入场”，及二者如何衔接的问题，各方争执不下。要解决这个问题，转变理念是关键：场内与场外，并不是“非此即彼”，而是相互补充、相互转化的，二者应当共同建设繁荣数据要素市场，最终走向全国统一大市场；公平、有效、协同的制度规则与低成本、高效率、可信赖的基础设施共同构成了打通场内场外的基础。

一、核心理念：能抓住老鼠就是好猫

（一）来路

“一切向前走，都不能忘记走过的路；走得再远、走到再光辉的未来，也不能忘记走过的过去，不能忘记为什么出发。”

数据作为新型生产要素，是数字化、网络化、智能化的基础，正快速融入生产、分配、流通、消费和社会服务管理等各个环节，深刻改变着生产、生活

① 本刊记者．积极推进中央企业结构调整与重组［J］．现代国企研究，2022（08）：16-21．

② 王希．央企重组整合再提速 国资委明确改革重点［N］．新华每日电讯，2022-07-19（001）．

和社会治理方式。我国提出数据生产要素概念的目的就是要将数据作为生产要素——一种经济资源，实现数据在不同主体之间的不同用途、不同时序的流通利用。[①]党中央、国务院多次发文强调要加快培育数据要素市场，促进数据要素价值释放。因此，建设数据交易场所、培育多元化数据流通交易生态是路径，促进数据流通交易、发挥数据要素价值为目的。

应从全国统一大市场的视角出发，凡是符合我国法律、政策、规则的无形之场与有形之场，都是合法合规的数据要素市场，要在统一的数据要素市场体系内，鼓励各类组织建立健全数据合规治理与安全保障体系，深刻把握数据要素价值运动规律，从数据的生产、分配、流通、消费等全流程各环节着手，将盘活场外数据流通存量与培育场内数据交易增量有机结合，推动数据价值创造、价值交换和价值实现，更好发挥数据要素作用。

（二）当下

"空谈误国，实干兴邦。"

1. 占领先机，各地抢设数据交易所 / 中心

2014 年，中关村数海大数据交易平台、北京大数据交易服务平台和香港大数据交易所正式成立，成为我国成立最早的一批数据交易机构。据统计，从 2014 年至今，9 年间，全国数据交易场所数量突破 100 家，交易规模位于百亿量级。伴随行业快速发展，也出现了我们必须防微杜渐、警惕苗头的乱象。

首先，数据交易场所遍地开花（部分地区同时存续多家），并不符合交易场所"总量控制、合理布局、审慎审批"的设立原则[②]。交易场所定位不明，且由

① 高富平．论数据持有者权　构建数据流通利用秩序的新范式［J］．中外法学，2023，35（02）：307-327.

② 国务院办公厅：《国务院办公厅关于清理整顿各类交易场所的实施意见》，http：//www.gov.cn/zwgk/2012-07/20/content_2187828.htm。

地区主导，易形成地方数据割据，不利于全国统一的数据要素市场形成。

其次，关于交易本身，存在形式大于实质、宣传重于流通的情况，不是良好导向。推动已在场外完成谈判、交付的企业在场内再次签约，“累计”“登记”“备案”文字功夫、花样频出，动辄“全国第一”“全国首个”，对培育数据流通交易市场没有显著增益。

最后，相较于我国 1.7 亿户市场主体、121 万亿 GDP 体量以及超 50 万亿数字经济规模，场内交易额没有达到预期。以较早成立的某家数据交易所为例，在成立之初，时任负责人期待“未来 3—5 年交易所日交易额会达到 100 亿元，预计将诞生一个万亿元级别的交易市场”。但后来的运营却与此相距甚远，数据交易“并没有想象中活跃”,2019 年“交易所大概只做了”500 万—800 万的项目，2020 年更是低于 500 万元。[①]

2. 场外迷思，打击、规范与引导

政企间、企业间天然存在着开发利用数据以辅助政务、商业决策的需求，大量数据产品和服务以技术服务、软件服务名义提供，来源多为公开数据、购买（授权、交换）数据或爬虫数据。据统计，2021 年我国数据交易规模超 500 亿元，由企业等主导的场外交易占比 98%，预计 2025 年整体市场规模将超 2200 亿元，场外仍占主导[②]。场外的数据交易虽然活跃，但面临若干重大风险。

一方面，《数据安全法》对于“数据安全”“重要数据”等关键问题的界定仍然较为模糊，企业的场外交易存在重大的不确定性。另一方面，《个人信息保护法》对个人信息的收集、融合与利用都进行了严格规定，而企业所处理与利用的数据又存在海量的个人信息。原先很多场外的数据交易

① 罗曼，田牧:《理想很丰满现实很骨感　贵阳大数据交易所这六年》, www.zqrb.cn/stock/hangyeyanjiu/2021-07-12/A1626024977087.html。

② 刘育英:《数据交易迎来新一轮发展浪潮，预计 2025 年市场规模将超 2200 亿元》, https：//www.chinanews.com.cn/cj/2023/04-15/9990465.shtml。

与合作是否合法合规，也处于不确定状态。[①]

同时，存在着泄露个人隐私、商业秘密的黑灰产业，需要监管介入、毫不犹豫予以打击。尽管如此，我们不能因噎废食，持”舍弃发展可能，追求纯粹安全“的态度。体察当前，更多通过合同的约定、商业信用的担保而形成的数据生态欣欣向荣，深谙行业需求的数字平台、数据经纪人、数据商能够在其中发挥积极作用。故而，采取包容开放的态度，建章立制、划清底线，规范引导市场主体行为更为可行。

（三）未来

思想是行动的先导，理论是实践的指南。要发展好数据要素市场，既要维持大政方针的整体稳定，又要保持开放包容的胸怀接纳变化与不同。**辩证地看待场内与场外数据流通**，二者并不是“非此即彼”，而是相互补充、相互转化，共同繁荣数据要素市场，最终走向全国统一大市场的关系。

从数据运动规律来看，数据流通交易不受物理时空限制、不以人的意志为转移，具有实时性、异构型、非排他性以及对场景的强依附性等特征，数据交易所无法也无须面面俱到，而是应当承担好合规监管和基础服务功能，强化公共属性和公益定位，为企业的数据安全提供合规科技、风险评估与安全认证，并且为个人信息提供可交易的规则，维护市场的公平、有序、透明。发挥场内与场外比较优势，共同促进数据合规、高效、安全交易。为此，应当建立更加具有公平性、有效性、协同性的制度规则，打造低成本、高效率、可信赖的流通环境，以加大对数据要素市场的培育力度，让更多数据交易暴露在阳光之下、监管之中。

二、规则制度：提升场内场外发展的公平性、有效性、协同性

“大道之行也，天下为公。”发展的目的是造福人民。要让发展更加平衡，

① 丁晓东．数据交易如何破局——数据要素市场中的阿罗信息悖论与法律应对［J］．东方法学，2022（02）：144-158.

发展机会更加均等、发展成果人人共享，就要完善发展理念和模式，提升发展公平性、有效性、协同性[①]。

规则制度的制定和执行，是经过深思熟虑，通过民主决策、达成共识，并在实施过程中持续深化完善的过程，是共同利益的体现。良好的规则制度起到规范和引导作用，人们在此过程中自发遵从，规范自身行为，社会得以健康发展、共同需要得以满足，人民福祉得以保护和增进。关于数据要素市场，关于场内场外，要做到“能管好”，就要做到“能看到”，数据流通规则构建的关键在于确认和保护数据流通中各种利益主体的权益，在协同各方利益前提下，合法正当地利用数据，服务于持有者业务目的。协同各利益相关方利益是规则制度制定的内在要求和基础。企业对合法获得的数据有控制、管理和使用的权利，但同时也必须尽相应社会义务，使数据利用符合各利益相关方的利益。[②]不忽视任何一个方面的作用，建立具有公平性、有效性、协同性的规则制度，规范和引导数据流通交易主体，保护数据要素权益，保障数据安全，促进数据要素自主有序流动、配置高效公平，繁荣数据要素市场，最终达成数据要素赋能业务、降低成本、增加收益，推动实体经济高质量发展的目标。

案例 4–2

有弹性　多包容　构建流通交易规则体系

为规范数据流通交易活动，保护数据权益，保障数据安全，促进数据要素有序流动、配置高效公平，培育两级数据要素市场，拟出台《广东省数据流通

① 习近平:《共担时代责任，共促全球发展》，http：//www.xinhuanet.com/politics/2020–12/15/c_1126864273.htm。

② 高富平.论数据持有者权构建数据流通利用秩序的新范式［J］.中外法学，2023，35（02）：307–327.

交易管理办法（试行）》，从合规登记、监督管理、服务生态、技术安全等方面，对全省数据流通交易全过程作出详细规范和有力支撑。

在公平性方面，对数据供需方、数据交易所、数据经纪人、数据商、第三方专业服务机构等数据流通交易主体作出定位，以保障市场稳定运行，并平等保护各方权益、发展机会。

在有效性方面，统筹促进场内场外数据流通交易，在合法合规的前提下，允许各类数据进行自由选择交易途径。确立"适度监管"原则，建立协同监管机制，采用多元化监管手段，实现有效监管。

在协同性方面，建立数据资产合规性审核和登记制度，保护数据权益。遵循"统筹规划、技术创新、协同合作、安全可控"原则，构建互联互通、泛在可及的数据流通生态网络。

资料来源：南方日报：《广东将出台全省统一数据要素流通交易规则》。

数据高效流通、协同处理和可转移性是释放数据价值的基本前提。为此，国家应对数据流通及开发利用进行相应制度设计，明确社会主体有获取并使用数据的权利，数据供给方有开放或分享数据的义务，从而充分利用数据资源可复制、流通利用边际成本低的特点，最大程度地实现价值转化。

一方面，数据供给方保护的开放性，使数据需求方可以在保护数据上的正当合法利益的前提下获得数据。另一方面，允许数据加工者对其所加工的数据成果进行分享或交易，并通过数据流通利用中的权利安排，促进数据不断流通利用。[①]2022 年初，《国务院办公厅关于印发数据市场化配置综合改革试点总体方案的通知》指出，应当探索"原始数据不出域、数据可用不可见"的交易范式，在一定程度上可视为对风险可控数据流通交易的一种有效指引。[②]

① 高富平．论数据持有者权构建数据流通利用秩序的新范式［J］．中外法学，2023，35（02）：307-327.

② 丁晓东．数据交易如何破局——数据要素市场中的阿罗信息悖论与法律应对［J］．东方法学，2022（02）：144-158.

三、基础设施：打造低成本、高效率、可信赖的流通环境

数据流通交易基础设施是指提供数据采集、治理、开发、流通等功能，能够实现个人隐私保护、数据安全保障的公共平台，有技术要求高、投资规模大、建设周期长、回报不确定的特点。统一规范与标准的高质量基础设施，是实现场内场外互联互通、数据产业长期稳定发展的重要保障。

打造数据流通交易基础设施，应着重考虑以下两方面。

一是坚持系统观念。不谋万世者，不足谋一时；不谋全局者，不足谋一域。系统观念要求我们前瞻性思考、全局性谋划、战略性布局、整体性推进数据流通交易基础设施建设，善于整合运用当前5G、物联网、区块链、数据中心等数字基础设施资源，加快人工智能等数字技术应用。既要考虑当务之急，又要考虑其长远支撑作用[①]，从一开始就强化各项规范、标准的统筹力度，实现互联互通、共建共享、协调联动；积极参与国际规则和数字技术标准制定。

二是强化自主研发能力。加强自主创新，实现高水平科技自立自强，需更加注重在实践、实验基础上的经验研究，致力于“增量创新”；需进一步推进系统性协同性的多学科综合性交叉研究，致力于“集成创新”；需持续加强基础科学研究，致力于“范式创新”。因此，要锚准技术路径，增加基础研究与融合落地，提升关键技术能力，以需求为念，形成定制化解决方案。

案例 4-3

中移动　数联网　打造下一代可信数据流通基础设施

DSSN是中国移动依托“连接+算力+能力”信息服务体系，基于隐私计算、

① 贾康.新基建：既是当务之急，又是长远支撑[J].党政研究，2020，No.163（04）：11–16.

区块链、低代码开发等核心技术，构建的跨行业、跨区域、跨领域的下一代可信数据流通基础设施，实现了数据“可用不可见”，在保证数据安全的同时充分激发数据要素价值发挥促进数据要素全面融入实体经济，助力国家数字化转型发展。

功能体系：采用自主可控的“四横三纵”功能架构，提供端到端服务体系，具备按需接入、算网筑底安全共享、开放合作、可管可控等独特优势。

技术体系：采用数算网融合、大规模分布式协同计算、网络化可信隐私计算、安全合规、数据流通全链路管控等方面的技术创新手段，满足多层次数据应用需求。

中国移动数联网（DSSN）对数据要素市场的建设和发展具有重要意义，将数据供需方、中介服务方、监管方以安全、可信、高效的方式串联起来，降低了数据流通的准入门槛，为数据流通产业生态提供了标准化数据接入、一站式算网服务、端到端安全加固和开放合规的流通保障。

资料来源：中国移动通信集团有限公司：《数联网（DSSN）白皮书》。

三是优化产业政策。在经济下行背景下，政府通过“大包大揽”、发行债券方式统建流通交易基础设施，财政压力大、效果未必佳。更应当发挥财政资金引导作用，以流通交易场景为导向，拓宽融资渠道，大力吸引社会资本参与[①]，发挥企业积极性，形成规模效益，实现数据流通交易基础设施可及、可延伸、可扩展，好懂、管用、可推广[②]。

四是开展审慎监管。数字世界与物理世界正快速融合，小到数据加工利用、流通交易，大到人们的生产生活、国家有序运转，均与数据流通交易基础设施的安全可靠运行息息相关。要提升政府监管水平和行业、平台、企业自律水平，

① 刘艳红，黄雪涛，石博涵．中国“新基建”：概念、现状与问题［J］．北京工业大学学报（社会科学版），2020，20（06）：1-12.

② 徐葳：《徐葳：数据流通基础设施——数字化转型新基座》，http：//www.eeo.com.cn/2022/0415/530425.shtml。

在平台创新发展和过度垄断、安全风险之间做好平衡。

案例 4–4

补断点　成闭环　粤港澳大湾区工业互联网

为了贯彻广东省“制造业当家”、深圳“制造强市”的发展战略，深圳启动了“大湾区工业互联网平台”的建设，其目标是建设一个世界级的工业互联网平台和数字化转型“加油站”。

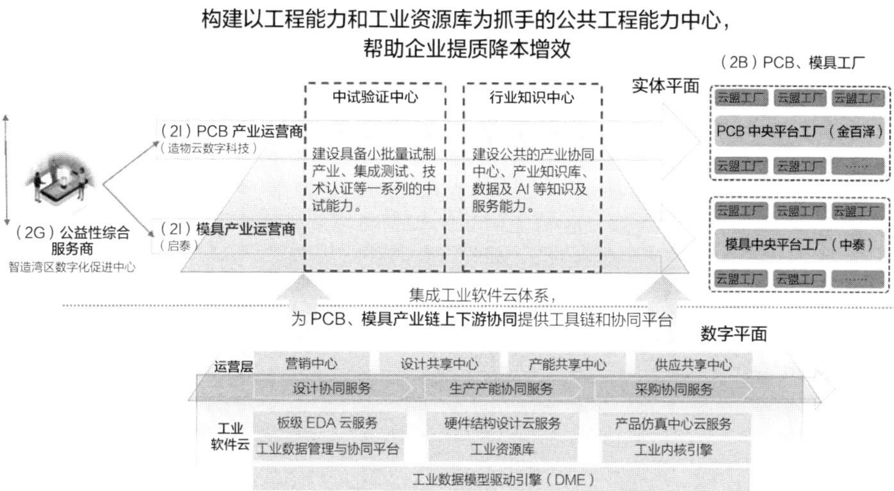

图 4–6　粤港澳工业互联网公共服务平台

粤港澳大湾区工业互联网通过构建以工程能力和工业资源库为抓手的公共工程能力中心，帮助企业提质降本增效，其核心价值主要体现在以下两个方面：一是打通行业供应链闭环。粤港澳大湾区工业互联网通过产业链数据融通、市场订单对接、供需全链路协同，形成产业共同体。二是解决产业断点。围绕华为工业数据模型驱动引擎建设工业数据底座，聚合行业知识生态。统一互联互通标准，联合中国机床协会落地中国版数控机床互联通信协议，积极推进工业数据交换。形成具备中试、验证、测试、知识服务等能力的公共技术服务平台，打造面向工业互联网新型生态的产业创新服务综合体。

资料来源：华为：《EDS 的华为外部应用——工业、医疗、科研三个案例》。

第五章　确权与分配

明晰的数据权属有利于数据收益分配。应根据数据来源和数据生成特征，探索通过依法确权登记、民事商事合同和行政协议约定等多元化确权新方式，推动构建数据资源持有权、数据加工使用权、数据产品经营权等分置的产权运行机制。强化基于数据价值创造的激励导向，扩大按价值贡献参与分配渠道，推动数据要素由市场评价贡献、按贡献决定报酬，着重保护数据要素各参与方的劳动收益，促进劳动者的贡献和劳动报酬相匹配。建立健全数据要素收益的初次、二次、三次分配调节机制，推动数据资产入表，让各类组织和个人更好共享共用数据要素发展成果。

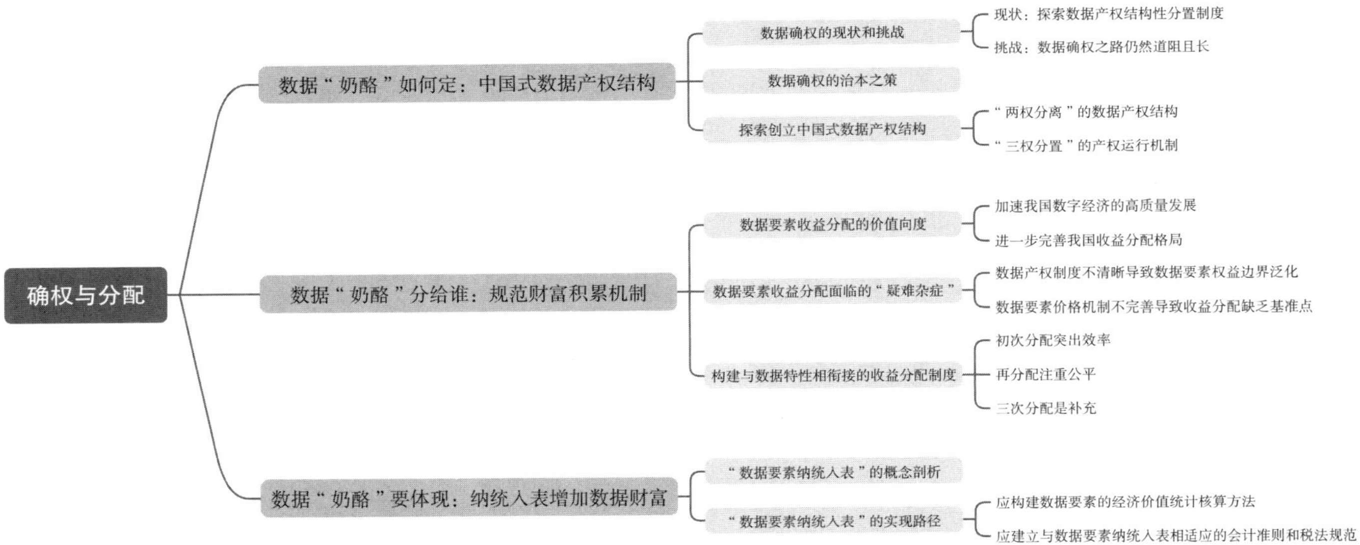

图 5-1　确权与分配思维导图

第一节　数据“奶酪”如何定：中国式数据产权结构

数据产权制度是社会主义市场经济的基石，推进构建数据产权制度，关键在于处理好数据所有权与使用权的关系，保护数据生产、分配、流通、消费等环节相关方的数据权利。

一、数据确权的现状和挑战

（一）现状：探索数据产权结构性分置制度

随着数据要素市场化配置改革不断深入，数据确权的议题被提上了日程。数据本身具有的虚在性、运动性、依附性及价值差异性等复杂特征，对传统产权范式提出了全新挑战，理论界及实务界争议不断。业界专家围绕数据产权，形成了人格权、财产权、隐私权、知识产权等一元或多元的数据权利理论，但是均无法完全满足数据权利的动态结构与多元需求。

为促进数据多元化共同开发，充分释放数据要素价值，国家在数据产权制度方面进行了一系列积极探索。“数据二十条”提出要“建立数据资源持有权、数据加工使用权、数据产品经营权等分置的产权运行机制”。

该产权运行机制淡化了数据所有权，强化了数据使用权，符合目前数据要素市场发展的基本规律，从短期来看，搁置所有权争议、共同使用权开发，较符合目前数据要素市场化配置改革实践，有利于数据流通利用。但从长期来看，不完整的数据产权结构使得数据要素流通过程中各方主体的权益都难以得到保障，不利于更好地发挥数据要素作用。

客观事物的复杂性决定了数据的复杂性，数据所有权很复杂、难界定、有争议成为普遍共识，当前采取搁置所有权争议做法，实属务实之举，但也不是不可触碰之处。

（二）挑战：数据确权之路仍然道阻且长

当前，数据权属难定、各界茫然，仅靠“小打小闹、修修补补”难破解。在“数据二十条”确立的数据产权结构性分置制度框架下，数据确权依旧面临诸多挑战。

1. 与数据相关的概念仍存在相当程度的混乱

全国各地在实践中形成了包括数据资源、数据资产、数据产品、数据服务、数字资产等在内的众多概念，“数据二十条”中也使用了“数据特征”“数据要素的特性”“数据生成特征”等概念，但社会对这些概念缺乏共识性理解。因此，如何将上述规范概念转化为统一的法律概念，是数据确权绕不开的基础问题。

2. 多元权利主体之间权益关系复杂

“数据二十条”提出要“建立健全数据要素各参与方合法权益保护制度”，各参与方中既包括数据内容相关主体，也包括数据行为相关主体。数据利益结构的复杂程度注定了数据权利安排的复杂程度。[①] 以企业数据为例，企业的数据经营活动涉及三方面的主体，包括数据生产环节中的信息源主体、电子化记录处理主体；数据处理环节中的收集、储存、加工、使用、传输、提供、公开主体；数据治理环节中的外部社会权力机构，如政府部门、合作企业、协会组织等。[②] 完善数据确权制度，既需要明确界定各方对于数据共同作用产生的权利，也需要兼顾各方的利益诉求，进行合理的权益分配。

3.“三权分置”的内部与外部关系有待明晰

从内部结构来看，数据资源持有权、数据加工使用权与数据产品经营权三

① 时建中. 数据概念的解构与数据法律制度的构建 兼论数据法学的学科内涵与体系[J]. 中外法学，2023，35（01）：23-45.

② 王俊，郑雪：《探寻数据确权之路1：数据产权制度面临范式挑战 亟待新思路创新》，https：//www.21jingji.com/article/20230425/herald/25c82d268101b28aeae5809497293cb7.html。

者之间存在怎样的关系？“分置”是否表明三者之间是互相并列的排斥关系，亦或是层层递进的关系？将加工使用权与经营权进行分离是否表明持有权被淡化，由此是否会导致权利主体分散，从而阻碍数据要素的流通？数据权利如果是整体性的权利，与个体上的财产权是否冲突？上述问题都有待进一步解决。更深层次的争议是，确权的核心在于贯彻私法自治精神，更侧重于经济效益，还是维护社会整体利益，更侧重于社会效益。

从外部结构看，如何把握数据持有权的产权范式与治理架构之间的关系？应在承认数据持有者存在有限的数据使用权的同时，还必须对数据要素的生产、分配、流通、消费等环节作出规范，并建立相应的数据治理架构。[①] 有观点认为，数据持有权的产权范式为数据流通提供了一般性的保护，而治理架构则是建立在个案审查的基础上，为数据流通提供特殊化的保护，二者是并列的关系。另一种理解是，二者之间相辅相成，产权范式的建立应当以数据治理架构为核心，政府充当数据要素流通制度的“掌舵人”而非“守夜人”。

二、数据确权的治本之策

数据所有权是由数据所有制决定的。所有制是所有权的经济基础，所有权是所有制的法律形式。因此，要想解决数据所有权问题，必须从数据所有制下手。“数据生产关系”处于我国社会生产关系体系中的运行层次，其重在完善中国特色社会主义市场经济体制，更好促进以公有制为主体、多种所有制经济共同发展。数据所有制要适应数据生产力发展要求。数据所有制是数据生产关系的核心，数据归谁所有，由谁支配，不仅决定直接生产过程中人与人的关系，而且决定着分配关系、交换关系和消费关系。这就要求数据所有制适应共享开放、协同共生、数实融合的数据生产力发展。

① 高富平：《以数据持有权开启数据要素市场数据驱动中国法律共同体暨第五届中国数据法律高峰论坛共识》，http：//www.dataprotection.cn/news/137.html。

马克思主义政治经济学指出，生产力决定生产关系，而生产关系必须适应生产力发展，并会反作用于生产力。当前，以数据为关键生产要素的数字经济蓬勃发展，共享开放、协同共生、数实融合成为数字化发展的主基调。数据生产力高速发展，数据生产关系也亟待调整。为此，亟须构建适应数据生产力发展，同时适应我国特色社会主义制度的数据生产资料所有制。我国基本经济制度为以公有制为主体，多种所有制经济共同发展的中国特色社会主义基本经济制度。党的二十大报告指出，中国式现代化是全体人民共同富裕的现代化，党和国家始终坚持以扎实推进共同富裕为人民谋幸福的着力点，为中国特色社会主义的发展指明了方向。面对数字经济发展的猛烈态势，以及我国经济社会发展规划，探索建立数据共有制，不仅有利于适应数字化智能化社会化大生产方式，更是创造性落实中央擘画的必然要求。

数据共有制[①]是指，数据由数据相关方共同所有，数据生产要素按贡献参与分配的数据所有制，是数据生产关系的核心。数据共有制的生产关系决定了数据分配关系、交换关系和消费关系，构成了数据共有权的经济基础。换言之，数据共有制如何以法律的形式确定下来，经法定程序上升为全体人民的共同意志？需要探索构建数据共有权的相关法规体系。数据共有权是数据共有制在法律上的实现形式，二者是决定与被决定的关系。数据共有权的提出超越了传统公有与私有的概念，弱化了占有、使用、收益及处分的典型物权权能，强调数据相关方对数据形成的新型的共有状态。数据作为法律上的权利客体，与传统物权客体相比，最大的不同在于其具有虚在性，因此数据共有权在不同领域、不同场景中也可能呈现出不同的表现形式，既可能来源于数据采集、传输、交易、流通过程中的同时占有，也可能来源于相关方对于数据集合的共同贡献，这是传统物权无法解决的问题。数据共有权，不仅从法律上保障了数据共有制的实现，更是我国以公有制为主体的基本经济制度在数据领域的体现，有利于

① 王益民. 数据论［M］. 北京：中共中央党校出版社，2021：106-113.

我国数据生产力的高质量发展。

创立数据共有权，是一个大胆的设想，为破解数据确权问题提供了现实可行的治本之策。首先，它是完善共建共治共享的数据生产关系，探索建立中国式数据共有制的应有之义。数据共有权强化了基于价值创造的激励导向，按价值贡献参与分配，着重保护各参与方的劳动收益，促进劳动者的贡献和劳动报酬相匹配，这有利于进一步解放和发展数据生产力，更好发挥数据要素作用。其次，创立数据共有权有助于牢牢掌握我国数字化发展“主动权”，发挥新型举国体制优势，构筑国家数字竞争新优势“话语权”。数据共有权强化数据领域中公有制的主体地位，有助于全国统一大市场建设，更好发挥国家在数据要素市场化改革中的主导作用。最后，数据共有权强化数据共同所有的财产属性，推动数据由数据相关方共同所有，有利于让最广大的人民真正掌握数据生产资料，让人民共享共用数据要素发展成果，让数据发展服务于人民，走出一条具有中国式的数据治理与市场化利用之路。

三、探索创立中国式数据产权结构

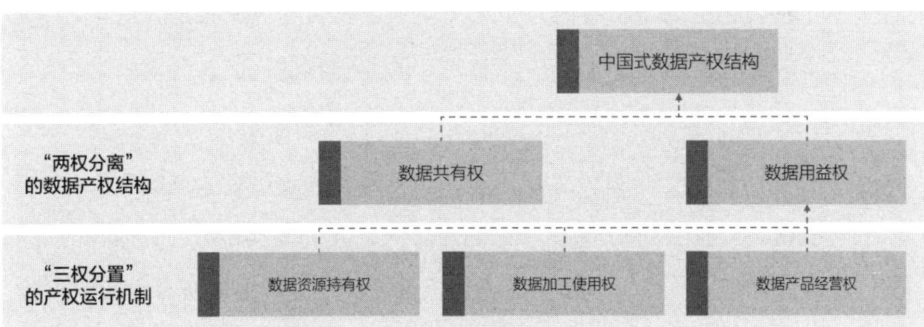

图 5-2　中国式数据产权结构

（一）“两权分离”的数据产权结构

发挥新型举国体制优势，秉持数据发展价值主张，健全共建共治共享的数据生产关系，探索建立中国式数据共有制，创立数据共有权与数据用益权“两权分离”的数据产权结构。

创立数据共有权才是治本之策。大数据是大家的数据，各类组织和个人是数据的产生者、处理者、交换者和消费者。正因为数据要素的复杂性、运动性和非排他性，才使得各类组织和个人有机会，以“主人翁”身份参与到数据价值创造、价值交换和价值实现的运动过程中，这正是土地、资本、技术等其他生产要素所不具备的。

探索构建“共建共治共享共用共赢的数据生产关系”，就是让人民真正掌握数据生产资料，创造属于人民的数据价值，规范财富积累机制，提升人民对数据财富的获得感，解放和发展数据生产力，促进共享开放、协同共生、数实融合发展。从数据的全生命周期看，数据来源于人民，应当成为数据产权确立的起点，“数据共有”具有立法必要性。从现行《民法典》的结构上看，产权共有体制已经较为成熟，对个人信息权益的保护也已进行了明确，“数据共有”具有立法可行性。

探索数据共有制是数据生产关系的具体实现形式。**初次分配**，强化对数据处理者基于价值创造的激励导向，扩大按价值贡献参与分配渠道，由市场评价贡献、按贡献决定报酬，着重保护各参与方的劳动收益，促进劳动者的贡献和劳动报酬相匹配，推动数据资产入表，共享共用数据要素发展成果。**再分配**，在保护个人隐私和保障数据安全的基础上，可探索从法律意义上赋予各类组织和个人“数据共有权”，鼓励其以互惠利他方式，允许与其相关的数据参与价值创造，由政府通过税收减免、社会保障支出等再分配兑现数据所有者数据收益。**三次分配**，鼓励以慈善方式分配数据财富。

（二）“三权分置”的产权运行机制

数据用益权是数据共有权的派生性权利，可以通过法定或者约定的方式产生。与传统用益物权的功能相同，数据用益权的设定，可以在不改变数据权属的前提下，提高数据生产要素的利用效率，既明晰了产权所有，又为开发利用提供了空间。

将数据用益权细分成数据资源持有权、数据加工使用权、数据产品经营权，并健全“三权结构性分置”运行机制。按“先法定后约定、有约定从约定、无约定从法定”原则，支持依法登记、商事民事合同约定、行政协议约定等多元化确权方式。

1. 面向主体的数据资源持有权

建立数据持有权制度。企业数据源自企业生产经营活动。为了从数据中提炼有价值的信息以支撑决策，企业还需要对数据进行治理，形成具有一定质量的、可计算使用的数据。企业创制的有价值的数据应给予保护，但若明确为所有权，不仅难以界定其边界，而且有过度保护之嫌。数据持有权的基础是劳动投入，持有者可以授权、许可他人使用数据并获得收益，但对数据本身并不享有排他支配权，只有权禁止不当获取或使用数据以侵害其合法权益的行为。数据所有权是绝对性权利，拥有对世效力，而数据持有权仅仅强调了对数据的占有权能，不包含对其进行使用、收益、处分的权能，在一定程度上保护了数据源发者即用户的信息免受企业滥用。数据持有权是平衡各方利益，合理可行的数据产权制度安排。

2. 基于处理的数据加工使用权

数据加工使用权的权利主体为数据处理者。只要成为数据处理者，就可以依法对数据进行加工和使用。尊重数据采集、加工等数据处理者劳动付出，承认和保护依照法律规定或合同约定获得的数据相关权利，充分保障数据处理者使用数据和获得收益的权利。在此需要强调的是，只有在满足“依法持有”或“合法取得”数据的前提下，数据处理者才有权加工和使用。数据处理者基于法定或约定的方式取得合法授权，可以对数据进行加工和使用。数据加工使用权的权能在于鼓励创新与开发，因此，在不侵犯用户人格利益与公共利益的前提下，数据处理者加工使用权的行使较为自由。

3. 针对竞争的数据产品经营权

进行数据开发利用，最重要的成果形式就是提供数据产品和服务。在数据产品的形成过程中，尽管数据产品的内容来源于用户信息等原始数据，但是，数据处理者通过提供服务、签订合同等合法方式收集数据，并通过筛选、特定组合、深度开发、系统整理等大量智力和体力劳动赋予了数据更高的价值。数据产品经营权主要指数据竞争性权益，即数据处理者对第三方的限制性权益，以防止同行业竞争者不当利用其数据产品获得利益。这是因为，数据产品可以为人们带来可观的商业利益和市场竞争优势，依据洛克劳动财产理论和市场激励理论，数据处理者应当对数据产品享有独立的财产权益。数据产品经营权强调的是对数据的收益权能，权利主体对于权利客体附加开创性的智力及体力劳动，使得数据成为相对独立的客体——数据产品和服务，这是数据产品经营权的正当法理基础。

第二节　数据“奶酪”分给谁：规范财富积累机制

公平合理的收入分配是社会稳定和经济高质量发展的基础保障，收入分配制度改革是完善中国特色社会主义制度的重要课题，对社会经济高效发展和人民幸福生活具有重要意义。[①] 数据要素在生产、分配、流通、消费过程中，极大地提高了社会生产力，促进了社会总财富的增加，建立健全数据要素收益分配制度对提升数字经济发展过程中的行业和地区间公平性、促进数字经济良性发展、让全体人民更好共享数字经济发展成果至关重要[②]。

① 杨铭鑫，王建冬，窦悦．数字经济背景下数据要素参与收入分配的制度进路研究［J］．电子政务，2022（02）：31-39.

② 胡拥军，高聚辉．探索数字税　调节数据收益再分配［J］．中国信息界，2023（01）：28-30.

一、数据要素收益分配的价值向度

（一）加速我国数字经济的高质量发展

随着数字经济快速发展，将数据作为生产要素纳入分配范畴，从生产关系对生产力的反作用来分析，有利于激发数据要素市场发展的积极性，驱动数据要素广泛参与社会生产活动，促进传统产业转型升级刺激数据要素巨大价值潜力的充分释放[①]。在数字经济背景下，数据要素在“发展方式”“发展质量”“发展效率”与“发展动力”四个维度上，加速我国数字经济的高质量发展。

一是在经济发展方式上，基于数字技术的运用，经济增长的主导逻辑与方式将从“基于工业技术专业分工取得规模化发展效率”的“规模经济”转向“基于数字技术赋能作用获取多样化发展效率”的“范围经济”。**二是在发展质量上**，数据要素参与分配，能激发人们开发和利用数据参与经济活动的积极性，有利于改变我国的经济增长结构，引导和促进新产业的蓬勃发展。**三是在发展效率上**，“数据”多维度、多层次地应用到各个领域，对实体经济、传统产业进行全方位改造，重塑传统经济形态，对我国数字经济发展起到了明显的“提档”作用。**四是在发展动力上**，数据要素参与分配，打破传统生产要素有限供给对我国经济发展的制约，降低生产经营成本，进一步推动科技创新，充分发挥科技创新的作用，赋予我国经济发展新动能。[②]

（二）进一步完善我国收益分配格局

数据作为新型生产要素参与收益分配，有利于完善我国的收益分配制度，拓宽我国的收益分配渠道。以马克思的分配思想为理论依据，在按劳分配方式

① 崔平，彭鸽．数据要素参与分配：价值、困境与路径［J］．上海经济研究，2022（06）：27-35.

② 崔平，彭鸽．数据要素参与分配：价值、困境与路径［J］．上海经济研究，2022（06）：27-35.

下，马克思默认由于劳动者个人禀赋差异造成的合理分配差别，以“劳动”作为衡量分配公平的唯一尺度[①]。

在按生产要素分配方式下，分配根据不同主体对生产要素具体占有状况决定。在分配中，个人或企业等生产要素所有者凭借要素所有权参与收益分配。数据要素参与收益分配具有复杂性，不能将其简单地归于某一种分配方式。从数据要素的形成过程与占有情况来分析，其不但包含“按劳”分配的部分，也包含“按生产要素”分配的部分。

在“按劳分配”方式上，数据要素是智力劳动和知识的结合，它是数据劳动者创造性劳动的结果，因而数据劳动者可凭借其在生产过程中的劳动贡献参与分配。数据要素参与分配是在承认个人禀赋差异的基础上，对劳动、知识、人才、创造的尊重，它为“数字劳动者”参与收益分配创造条件，使其在数字劳动中得到相应回报[②]。

在“按生产要素分配”方式上，基于我国处于社会主义初级阶段的基本国情没有变的情况下，数据要素作为决定我国数字经济发展的关键要素，应按其在社会生产过程中的贡献大小参与价值分配。数据作为生产要素之一参与分配，有利于完善我国按要素分配的体制机制，有利于拓宽居民劳动收入和财产性收入渠道[③]。

二、数据要素收益分配面临的“疑难杂症”

数据特性以及数据要素价值创造的复杂性增加了数据要素收益分配的难

---

① 马克思，恩格斯.《马克思恩格斯选集（第三卷）》[M].北京：人民出版社，1995：306.

② 崔平，彭鸽.数据要素参与分配：价值、困境与路径[J].上海经济研究，2022（06）：27-35.

③ 崔平，彭鸽.数据要素参与分配：价值、困境与路径[J].上海经济研究，2022（06）：27-35.

度[①]，主要体现在数据产权制度不清晰导致数据要素权益边界泛化、数据要素价格机制不完善导致收益分配缺乏基准点。这些“疑难杂症”如得不到妥善解决将阻碍数据要素市场的持续健康发展。

（一）数据产权制度不清晰导致数据要素权益边界泛化

数据要素收益分配本质上是收益在不同数据要素权益主体之间的分配[②]。明晰的数据产权制度是明确权益主体和边界的基础，是数据要素收益分配的重要前提。

首先，我国数据产权制度还在初期探索阶段，导致数据要素权益主体和权益边界模糊，即数据要素收益不知“给谁分”。其一，“数据二十条”提出“建立数据资源持有权、数据加工使用权、数据产品经营权等分置的产权运行机制”，但是三权分置的产权运行机制怎样落实尚未明确。其二，三权分置的产权运行机制搁置所有权争议、共同使用权开发，短期有利于数据流通利用，但是长期来讲，不完整的数据产权结构使得数据要素流通过程中各方主体的权益都难以得到保障。

其次，社会各界对数据主体参与收益分配尚未达成共识，个人和企业是否可以参与分配存在不同的标准。一是为激励市场主体积极参与数据要素市场建设，学术界普遍采用“数权激励”理论、劳动成本激励理论等强调市场主体对数据的财产收益权，忽略个人数据财产权和人格权，这将引起权益泛化，扰乱数据流通秩序。[③]二是个人参与数据要素收益分配时，其隐私泄露程度和风险后

① 崔平，彭鸽．数据要素参与分配：价值、困境与路径［J］．上海经济研究，2022（06）：27-35.

② 杨铭鑫，王建冬，窦悦．数字经济背景下数据要素参与收入分配的制度进路研究［J］．电子政务，2022（02）：31-39.

③ 杨铭鑫，王建冬，窦悦．数字经济背景下数据要素参与收入分配的制度进路研究［J］．电子政务，2022（02）：31-39.

果难以事先评估，可操作性不强。

最后，以直接或间接方式掌握在政府手里的公共数据的权益主体也无法明确。其一，公共数据是公共管理机构在依法履行职责过程中制作或者获取的，其指向的公民和企业是否可以直接或间接参与收益分配还存在较大争议。其二，公共数据授权运营是充分释放公共数据经济价值和社会效用的“蜕变路径”，由于政府部门“收支两条线”，公共数据授权运营产生的收益怎样“反哺”财政还有待商榷。

（二）数据要素价格机制不完善导致收益分配缺乏基准点

市场对数据要素贡献的评价通过市场价格体现，贡献决定的报酬通过收益分配结果体现。[①] 当前，数据要素定价机制更多地依赖于市场机制，主要以询价议价为主，尚未形成不同类型、不同领域的数据要素基准定价模型。因此，目前的数据要素价格无法正式反映其在国民经济活动中贡献的大小，更不等同于其实际价值贡献。

传统以市场供需关系和稀缺程度为主的定价策略难以适配数据要素市场。一是数据具有非竞争性和无限复制性，这代表着数据不会在使用过程中被消耗，可以以接近零的边际成本重复使用。[②] 这种特性使得数据要素的规模报酬十分复杂，即可能在单一应用场景产生规模报酬递减，也可能在宏观上产生规模报酬递增。二是数据具有零边际成本特性，传统按照边际成本计算收益的方式无法适用数据要素市场。数据的边际成本为零时，即数据价格的大小对是否产生收益并无影响，这可能会导致数据要素市场的定价机制被恶意破坏。

数据要素的强协同性增加了收益分配制度的难度。其一，数据不仅作为生

① 杨铭鑫，王建冬，窦悦．数字经济背景下数据要素参与收入分配的制度进路研究［J］．电子政务，2022（02）：31-39.

② 李勇坚．建立体现效率促进公平的数据要素收益分配制度［J］．中国党政干部论坛，2022（08）：66-69.

产要素参与经济活动，还通过与其他四大生产要素深度融合和支撑传统产业数字化转型升级等方式发挥作用，导致难以评估数据要素对经济增长的实际贡献。[①] 其二，数据要素价值创造过程复杂，体现在数据要素产出多元、价值体现多元；同时，往往数据要素形成规模效应后才可充分发挥数据要素价值，这为直接评估数据要素产生的经济价值带来了不小难度。

三、构建与数据特性相衔接的收益分配制度

分配制度是促进共同富裕的基础性制度。党的二十大提出，要“坚持按劳分配为主体、多种分配方式并存，构建初次分配、再分配、第三次分配协调配套的制度体系”，通过“规范收入分配秩序，规范财富积累机制”。因此，我们要构建与数据特性相衔接的初次分配制度、再分配制度、三次分配制度，推进数据要素收益分配机制的健全与完善，为数据要素市场发展打破利益固化的藩篱。

（一）初次分配突出效率

初次分配是根据数据要素在生产过程中的贡献进行分配，按照“谁投入、谁贡献、谁受益”原则，以数据要素的边际贡献决定数据要素价格进行收益分配，[②] 主要解决“向谁分”和“分多少”的问题[③]。一要优化数据要素配置，提高数据要素生产效率，更好地做大数据要素市场这块“蛋糕”，为分好“蛋糕”提供基础，这是数据要素促进实现共同富裕的前提。二要推动数据要素收益向数

① 王建冬，童楠楠．数字经济背景下数据与其他生产要素的协同联动机制研究［J］．电子政务，2020（03）：22–31.

② 共产党员网：《如何理解构建初次分配、再分配、第三次分配协调配套的制度体系？》，https：//www.12371.cn/2023/03/02/ARTI1677755948047657.shtml。

③ 杨铭鑫，王建冬，窦悦．数字经济背景下数据要素参与收入分配的制度进路研究［J］．电子政务，2022（02）：31–39.

据价值和使用价值的创造者（数据处理者）合理倾斜，从而确保在开发挖掘数据价值各环节的投入有相应回报，强化基于数据价值创造和价值实现的激励导向，充分体现了尊重事实的基本原则，给鼓励现有的数据创新留足了发展空间。

（二）再分配注重公平

再分配是指政府根据法律法规，在初次分配的基础上，通过征收税收和政府非税收入，在各权益主体之间进行的收入再分配过程，以弥补初次分配的不足。[①] 一要探索数据要素税收制度。在数据要素流通关键环节征收“数字税”，发挥调节收入、营造公平竞争环境的功能。在此基础上，政府可以通过退税、社保支出等方式，兑现数据所有者数据权益，同时给予使用公共数据进行开发利用的市场主体一定的“数字税”征收优惠，激励市场主体主动使用公共数据。二要制定公共数据授权运营收益分配制度。当运营主体以开展市场服务直接获得经济利益，该经济利益可通过运营主体与授权主体之间的行政协议反哺政府，作为直接的财政收入。当运营主体以数据的使用提升产能，创造社会经济效益，可通过上缴增值税反哺政府，作为间接的财政收入。

（三）三次分配是补充

三次分配有别于前两者，主要是社会组织和社会力量基于自愿原则，以慈善、公益方式对数据要素和财富进行分配。[②] 一要鼓励市场主体完善自我监管与治理，探索建立向原始数据来源方的权益补偿机制。二要鼓励市场主体开展公共数据与社会数据深度融合应用，开发并提供面向全社会的公益性数据应用和

① 共产党员网：《如何理解构建初次分配、再分配、第三次分配协调配套的制度体系？》，https：//www.12371.cn/2023/03/02/ARTI1677755948047657.shtml。

② 共产党员网：《如何理解构建初次分配、再分配、第三次分配协调配套的制度体系？》，https：//www.12371.cn/2023/03/02/ARTI1677755948047657.shtml。

服务，加大公益性应用的广度和深度。[①] 三要鼓励“进取型守门人”、大规模企业参与主体社会责任，开放部分数据给有需要的中小型企业和创新者，开展面向数字弱势群体的数据知识普及和交易培训，提高社会群体数字素养，强化面向受数字经济冲击弱势群体的保障帮扶。

第三节 数据“奶酪”要体现：纳统入表增加数据财富

当前，数据已全面融入我们的生产、生活和治理活动中，在国民经济中发挥越来越大的作用，各界对于“数据要素纳统入表”给予很高的期盼。“数据要素纳统”是建立在“数据资产入表”基础上，而“数据资产入表”又会促进数据要素经济价值的统计核算。推动数据要素纳统，不仅有利于经济社会高质量发展，而且也是一个重大的理论创新。

一、“数据要素纳统入表”的概念剖析

“数据”规定了其内容实质，“要素”确定了其经济属性，“纳统”计量了数据要素的经济价值，“入表”指企业数据资产入财务报表。“数据要素”是维系国民经济运行及市场主体生产经营过程中必须具备的基本社会资源，其基本特征是为经济发展系统提供基础和动力来源。“数据要素纳统”是对数据要素的经济价值的计量，是对与数据要素相关经济活动的流量和存量变化的客观记录，是数据要素被赋予的价值，而不是反映数据要素创造的价值。

在现行中国国民经济核算体系（CSNA）体系下，数据要素的经济价值未得到充分体现。数据被视为中间品或中间消耗，做“费用化”处理，不被计入GDP增加值；但实际上数据要素的部分经济价值已分摊进从事数据开发利用活

① 杨铭鑫，王建冬，窦悦．数字经济背景下数据要素参与收入分配的制度进路研究［J］．电子政务，2022（02）：31-39.

动的劳动者报酬、支撑数据采集处理存储运维等机器设备的固定资产折旧，以及管理者和其他资产有效运用数据而获得的企业盈余等项目中。

二、“数据要素纳统入表”的实现路径

（一）应构建数据要素的经济价值统计核算方法

借鉴现行 CSNA 对“研究与开发”支出资本化的统计核算经验，对企业在整个数据要素（包括自产型、外购型）价值形成全过程中各项支出（包括资产性支出、劳动成本支出、中间投入支出、外购支出），进行资本化的处置，来计算其数据要素的经济价值，并计入 GDP，以更好测算数据要素对 GDP 贡献程度，反映数据资产规模结构的变化状况。

（二）应建立与数据要素纳统入表相适应的会计准则和税法规范

1. 会计准则

规范企业对数据要素的成本核算，企业会计准则应完善数据要素支出的确认、计量、记录与报告方法，以保持统计口径的一致性和科目的规范性。

数据要素支出的定义和分类，包括数据采集、数据管理。其中，数据采集是指直接为研究应用而开展的采集活动，数据管理是指数据处理、开发利用、运行维护等系列数据保值与增值的支出。数据要素支出的确认应满足最终数据产品 / 服务在技术上的可行性、支出金额的可计量、具有使用或出售的意图和市场条件等。

数据资产的计量，包括初始计量、后续计量。其中，初始计量是指数据资产按照购买价款、税费、直接归属及预定用途所发生各项成本的计量。后续计量是指数据资产的摊销期限和摊销方法。数据资产的记录与报告，企业应设置数据资产的类别，记录并披露数据资产的期初和期末账面余额、累计摊销额及减值准备累计金额、使用寿命的估计等情况。

2. 税法规范

应集中在企业对数据要素支出的归集、摊销及抵减应税收入。

归集至数据要素支出的科目应包括人员人工费用、直接投入费用、折旧费用与长期待摊费用。其中，人员人工费用指直接从事数据采集和管理活动人员的“五险一金”以及相关外聘的劳务费。直接投入费用指数据采集和管理活动中直接消耗的软硬件费、运维费、租赁费、检验费等。折旧费指用于数据采集和数据管理活动的软硬件设备的折旧费。

抵减企业应税收入指为了鼓励企业充分开发利用数据要素，促进数据价值释放，可规定企业为开发新的数据产品 / 服务发生的数据要素支出，未形成数据资产计入当期损益的，按 75% 加计扣除；形成数据资产的，按数据资产成本的 175% 摊销。

案例 5-1

闯新路　开新局　深圳率先探索数据要素统计核算

将数据要素纳入国民经济核算体系，对准确核算 GDP 总量、判断其构成具有重要意义，有利于进一步反映数字经济的发展成果，掌握数据要素市场发展水平，为制定更加科学、有效的政策打下基础。深圳市统计局按照“2020 年理论研究——2021 年南山试点——2022 年全市铺开”的路线开展数据要素统计核算试点相关工作，2023 年，深圳市将深化数据要素统计核算专题研究，健全完善以“直接统计 + 间接推算”“调整成本法”为核心的统计核算方法体系。

实现六方面创新。试点在概念内涵、数据价值链、统计报表制度、统计辅助台账、统计调查方法以及统计核算方法的研究上实现了六方面创新，初步建立了比较完整的统计核算理论和方法体系，解决了数据要素是什么、怎样产生经济价值、相关支出包括哪些、统计核算基本路径是什么、如何在实际工作层面实施统计核算等关键性问题。

摸清底数及规律。试点研究更加全面地反映了深圳数字经济发展及数据要素领域发展的趋势，如数据已被广泛应用于风险控制、精准营销、改进服务、流程优化、舆情监督及疫情防控等经济社会领域，数据要素投入呈现向重点行业集中、向头部企业聚集的形态，数据以自产自用为主，数据要素市场有待培育。

成果与国际接轨。试点得出的核心观点、主要做法与联合国国民经济核算体系（SNA2025）的修订方向基本一致。例如，数据是生产性资产，能够应用于生产活动并产生价值，应成为数字经济时代的重要生产要素；“数据和数据库”不同于计算机软件，应独立成为一项知识产权产品；数据和数据库应在概念上予以区分，但在具体的统计核算实践中应一并进行统计调查；在缺乏市场价格资料的情况下，应当采用成本法作为基本核算路径。

资料来源：深圳市统计局：《深圳市数据生产要素统计核算试点阶段性收官并将成果上报国家统计局》；深圳市统计局：《先行先试　勇当尖兵　深圳数据生产要素统计核算试点工作取得阶段性成果》；广东统计信息网：《深圳市2022年数据生产要素统计核算试点顺利通过专家评审验收》。

第六章　治理与技术

好的数据治理体系才能真正提高治理能力，好的数据治理能力才能充分发挥治理体系的效能，而技术为数据治理体系和能力建设提供落地支撑手段，增强数据可控、可信、可用、可追溯水平。因此，要以“整体性治理”优化顶层设计，明确中央层面数据主管部门，强化中央与地方统筹协调工作机制，加强地方主管部门统一归口管理力度。要以“数字化治理”重塑政府与市场之间的权力结构与功能配置和边界划分，利用数字化技术，实现多元治理主体大规模跨界互动协作与价值协同。要以“源头性治理”压实政府部门和市场主体对数据治理的主体责任，强化数据源头治理。要构建集约高效的数据流通基础设施，为数据流通提供低成本、高效率、可信赖环境。加快传统基础设施的数字化改造，推动与数据流通基础设施共建共享、互联互通。

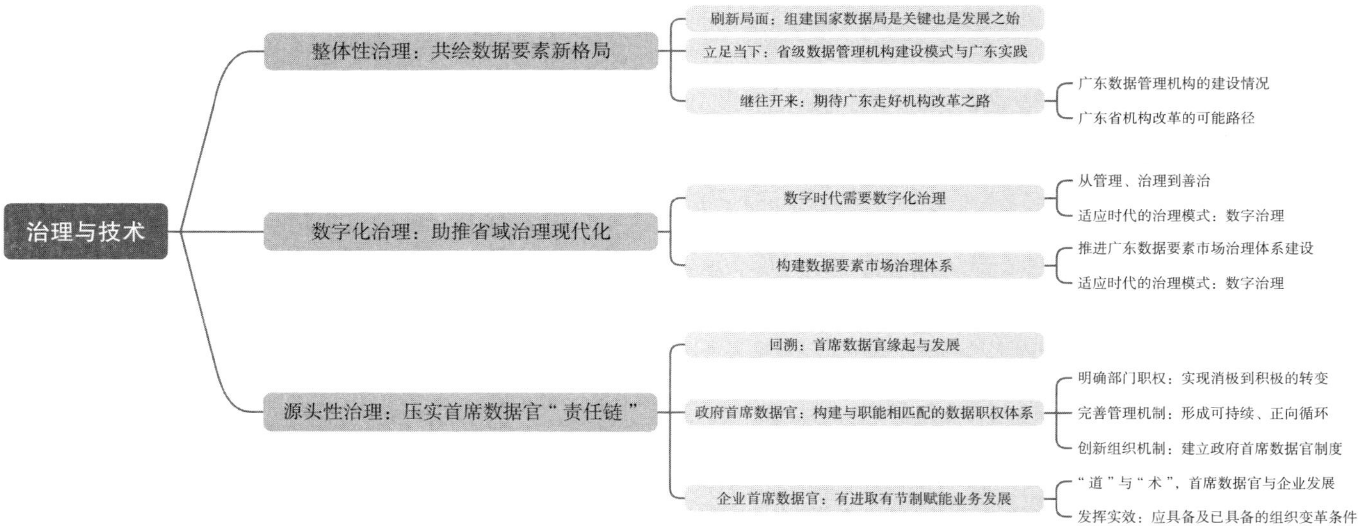

图 6-1　治理与技术思维导图

第一节　整体性治理：共绘数据要素新格局

2023年3月，党中央、国务院印发《党和国家机构改革方案》，提出组建国家数据局，将分散的数据管理职能进一步聚合。此次机构改革，优化了数据管理体制，将国家数据局作为数据发展的宏观统筹核心，确保数据发展过程中，分工科学、职责明确、目标清晰，有利于形成有效的工作机制，体现了“整体性治理”。这是我国数据发展历史上的关键里程碑，意味着数据快速发展的现实、融合发展的需求得到了国家层面前所未有的重视。此前，各省结合经济社会发展水平、产业结构和数据行政管理基础，先行设立了数据管理机构，试图通过设立专门职能部门来促进和激励数据资源的开发利用。

一、刷新局面：组建国家数据局是关键也是发展之始

新一轮科技革命和产业变革带来的激烈竞争前所未有，全球治理体系与国际形势变化之大前所未有，数字经济成为全球经济发展的重要支撑。

在此背景下，《党和国家机构改革方案》提出组建国家数据局。这是国家发挥制度优势，将政治势能转化为治理动能，通过组织结构变革带动治理能力、治理方式、治理手段变革，以更高的效率和协同性面对国际数字竞争，夺取新形势下战略博弈主动权的重要举措。

长期以来，我国在构建现代化的数据管理体系方面面临四大体制机制障碍。

一是中央层面有限的数字化管理力量分布在多个领域。信息化建设、数字经济、数字政府、数据资源管理、网络数据安全、行业数据管理等职责分散在

网信、发改、工信、公安、国办以及其他行业主管部门[①]，“九龙治水”问题突出，治理存在真空地带。

二是中央与地方数字化领导管理机制不顺。党的十九大以来，地方以促进数字经济发展、提升数据资源管理能力为目标，通过部门职能剥离、新增、整合、重组方式先行设立数据管理机构，但在中央层面没有归口管理单位。中央层面未协调好，地方无所适从，难免会出现重复建设、多头管理的现象，导致政策有重叠冲突之处，效率和质量不佳，执行时协调成本高、难度大。

三是各地各部门数字化发展水平不平衡不充分。“卡脖子”核心技术尚待突破，总体呈现“大而不强、东强西弱、南强北弱、条强块弱”发展格局。

四是数据资源碎片化、信息失真现象依然突出。尚未形成权威高效的国家数据治理体系和与之匹配的治理能力；领导干部把握数字技术创新发展和应用趋势和规律的能力有待增强，数字化治理能力亟需提升。

此次改革是我国数据发展进程的一个里程碑，意味着数据快速发展的现实、融合发展的需求得到了国家层面前所未有的重视，亦是对世界日益加剧的数字竞争的回应和夺取新形势下战略博弈主动权之举；同时，建立数据领域的行政管理机构意味着数据成为规制和发展的对象，有助于消除市场顾虑，提振市场信心，让市场主体敢闯敢干，制约我国数字化发展的体制性障碍、结构性矛盾、政策性问题将得到缓解，数据管理“九龙治水”困局将得到显著改善。

具体而言，国家数据局的组建涉及网信、发改等部门职能的划转整合，分工更加合理。此后，数字中国建设、数字经济发展、大数据战略、数据要素基础制度、数字基础设施布局等宏观发展战略，以及公共服务和社会

① 张克．从地方数据局到国家数据局：数据行政管理的职能优化与机构重塑［J］．电子政务，2023（04）：58-67.

治理信息化、智慧城市建设、国家重要信息资源开发利用与共享、信息资源跨行业跨部门互联互通等具体专业职责将有明确、一体的牵头部门。通过建章立制，设立高权限部门，打破固有利益束缚，把数据发展摆在更加突出的位置，促进数据共享开放，贯通数据生产、汇聚、开发、流通、应用全链条[①]，将促进数据相关产业发展创新，推动数字中国、数字经济、数字社会健康发展。

此外，根据国家数据局已公布的职责可分析得出，促进数据领域发展的宏观协调已有专职部门，但统筹运用有限资源开展数据安全、监管与行政执法职能尚未被纳入该局，后续值得期待。

数据要素全国统一大市场的建成和发展，离不开中央强化对数据管理的集中统一领导。扩充国家数据局职能，整合党委、人大、政府、政协、监委、司法等系统的信息化、数字化职能，强化战略谋划、战略指挥、战略管理职能，使指挥、建设、管理、监督四条链路更加清晰，决策、规划、执行、评估职能配置更加合理，形成决策权、执行权、监督权既相互制约又相互协调的运行体系，形成“中央管总、省级统筹、市县创新”的数据管理新局面。

二、立足当下：省级数据管理机构建设模式与广东实践

党的十九大报告中明确提出“深化机构和行政体制改革。统筹考虑各类机构设置，科学配置党政部门及内设机构权力、明确职责。”伴随数字中国战略、大数据战略实施，数据在推进经济社会发展中的地位和作用日益凸显，各地结合经济社会发展水平、产业结构和数据行政管理基础，设立数据管理机构。截至 2022 年底，全国 31 个省级行政区（* 未含港澳台地区）中，共有 28 个省（直

① 翟云：《组建国家数据局正当时》，https：//www.ccps.gov.cn/dxsy/202304/t20230401_157460.shtml。

辖市、自治区）成立省级数据管理机构[①]。

表 6-1　全国省级数据管理机构建设情况（截至 2022 年底）

序号	省份 / 直辖市 / 自治区	部门名称	性质	归口管理
1	北京	北京市大数据管理局（北京市经济和信息化局加挂牌子）	政府部门	北京市人民政府
2	天津	天津市大数据管理中心	事业单位	中共天津市委网信办
3	上海	上海市大数据中心	事业单位	上海市人民政府
4	重庆	重庆市大数据应用发展管理局	政府部门	重庆市人民政府
5	广东	广东省政务服务数据管理局	政府部门	广东省人民政府
6	辽宁	辽宁省大数据管理局（辽宁省营商环境建设局加挂牌子）	政府部门	辽宁省人民政府
7	吉林	吉林省政务服务和数字化建设管理局	政府部门	吉林省人民政府
8	黑龙江	黑龙江省政务大数据中心	事业单位	黑龙江省营商环境建设监督局
9	江苏	江苏省大数据管理中心	事业单位	江苏省政务服务管理办公室
10	浙江	浙江省大数据发展管理局	政府部门	浙江省人民政府
11	安徽	安徽省数据资源管理局	政府部门	安徽省人民政府
12	福建	福建省大数据管理局	政府部门	福建省发展和改革委员会

① 南开大学周恩来政府管理学院“数字政府与数据治理”研究团队等：《加快数据管理机制改革　助力数据要素市场体系建设》，https：//bm.cnfic.com.cn/sharing/share/articleDetail/165968729/1。

续表

序号	省份／直辖市／自治区	部门名称	性质	归口管理
13	江西	江西省大数据中心	事业单位	江西省发展和改革委员会
14	山东	山东省大数据局	政府部门	山东省人民政府
15	河南	河南省政务大数据中心	事业单位	河南省人民政府
16	湖北	湖北省大数据中心	事业单位	湖北省人民政府政务管理办公室
17	湖南	湖南省政务服务和大数据中心	事业单位	湖南省人民政府办公厅
18	河北	河北省大数据中心	事业单位	中共河北省委网信办
19	海南	海南省大数据管理局	政府部门	海南省人民政府
20	四川	四川省大数据中心	事业单位	四川省人民政府
21	贵州	贵州省大数据发展管理局	政府部门	贵州省人民政府
22	云南	云南省云上云中心	事业单位	云南省发展和改革委员会
23	陕西	陕西省政务大数据局（陕西省政府办公厅加挂牌子）	政府部门	陕西省人民政府
24	甘肃	甘肃省大数据管理局	政府部门	甘肃省人民政府办公厅
25	青海	青海省数字经济发展局	政府部门	青海省人民政府工业和信息化厅
26	内蒙古	内蒙古自治区大数据中心	事业单位	内蒙古自治区人民政府
27	广西	广西壮族自治区大数据发展局	政府部门	广西壮族自治区人民政府
28	西藏	西藏自治区大数据发展管理局	政府部门	西藏自治区人民政府经济和信息化厅

资料来源：黄璜，孙学智：《中国地方政府数据治理机构的初步研究：现状与模式》；各地区政府官方网站。

省级数据管理机构的成立途径可分为两类。一是将原本分散在各部门的政务信息化（数字化）、数据汇聚共享、政府门户网站建设运营、智慧城市建设、数字技术应用等职能划入新设立数据管理机构；二是在原有政务服务、数据资源管理部门基础上，新增数据相关的顶层设计（战略制定、产业发展、标准与考核）、资源整合（归集与开发利用、共享开放）、技术保障（外网、云、电子政务建设，信息安全）职能[①]。

在机构的隶属关系方面，成立后的数据管理机构，多数作为政府直属机构或部门管理机构，由省政府办公厅、网信、发改、经信（工信）等单位管理，少数作为政府组成部门。

此外，根据职责侧重和设立目标，省级数据管理机构可以大致分为三类。一是统筹管理型，以贵州省为代表，具有综合特性，负责数据领域建章立制，统筹推进数字政府、数字经济建设，负责数据资源管理，推进数据产业发展、培育数据人才[②]。二是数字政府改革建设驱动型，以广东省为代表，负责政务服务、外网和公共数据管理地方性法规制度，统筹推进数字政府建设和数据要素市场化配置改革工作，并发挥数字政府建设对数字经济、数字社会、数字生态的引领带动作用，推动全面数字化改革发展[③]。三是数字经济发展导向型，以北京市为代表，负责本市大数据管理，完善法规制度和标准体系，推动政府信息系统和公共数据互联开放共享，推进数据汇集和发掘，深化大数据在各行业创新应用，促进大数据产业健康发

① 黄璜，孙学智．中国地方政府数据治理机构的初步研究：现状与模式［J］．中国行政管理，2018，No.402（12）：31–36.

② 贵州省大数据发展管理局：《贵州省大数据发展管理局法定职责》，https：//dsj.guizhou.gov.cn/zwgk/xxgkml/jggk/fdzz/。

③ 广东省政务服务数据管理局：《广东省政务服务数据管理局机构职能》，http：//zfsg.gd.gov.cn/zwgk/jgzn/content/post_3718910.html。

展，保障数据安全[①②]。

其中，广东省作为改革开放的排头兵、先行地、实验区，全力贯彻落实习近平总书记提出的努力实现“四个走在全国前列”、当好“两个重要窗口”的殷切嘱托，于2017年在全国率先启动数字政府改革建设。从体制机制入手，全面撤并调整省信息中心以及省直各单位全部44个信息中心，行政职能回归机关。2018年10月，广东省政务服务数据管理局正式挂牌，建立“政企合作”新模式，打造“整体政府”，推动基础设施集约化建设，全面实施数据资源开放应用，把“数字政府”建设作为推动经济高质量发展、再创广东营商环境新优势的着力点和突破口，为广东经济社会发展提供有力支撑[③]。2021年以来，在数字政府改革建设所积累的体制机制优势，海量、高质量、战略性公共数据资源池，数据共享应用场景极大拓展丰富的基础上，牵头承担广东省数据要素市场化配置改革工作。

三、继往开来：期待广东走好机构改革之路

（一）广东数据管理机构的建设情况

数据管理涉及数据生产、汇聚、开发、流通、应用方方面面，发展与安全贯穿始终。由于数据的复杂性，实际管理活动中，存在条线分割、政出多门、重复监管等问题。从部门分工可见一斑：广东省由发改部门协调推进产权制度和要素市场化配置改革[④]、牵头数字化发展工作；工信部门承担促进数字经济和

① 北京市经济和信息化局:《北京市经济和信息化局（北京市无线电管理局、北京市大数据管理局、北京市国防科学技术工业办公室）主要职责》，http：//jxj.beijing.gov.cn/zwgk/jgxx/jgzz/201911/t20191113_503750.html。

② 张克．从地方数据局到国家数据局：数据行政管理的职能优化与机构重塑［J］．电子政务，2023，No.244（04）：58-67.

③ 逯峰．广东“数字政府”的实践与探索［J］．行政管理改革，2018，No.111（11）：55-58.

④ 广东省发展和改革委员会:《广东省发展和改革委员会主要职能》，http：//drc.gd.gov.cn/jgzn5600/content/post_2727225.html。

大数据产业的发展工作[①]，推动实施创新驱动发展战略；政数部门负责数字政府建设（公共数据管理）及数据要素市场化配置改革工作；网信、公安、国家安全、保密、通信管理等主管部门按分工负责数据安全和监管工作。各部门承担职责看似不同，其规制和发展对象却单一，在实际业务工作中，政策常存在交叉重叠，易滋生“缺位”“越位”、重复监管、政策施行效率低下等问题。亟须设立高权限、协调力度大的统筹部门或工作机制作为回应。

（二）广东省机构改革的可能路径

在中央集中统一领导下，广东省应当发挥先行者的勇气、桥头堡的智慧、试验田的创新，以本次数据管理机构改革为契机，在地方自主权范围内，理顺体制机制，突出数据管理全方位、一体化、现代化，给予省级数据管理机构更大的统筹权限，整合数字政府、数字经济、数字社会职能，配置数据安全监管和执法职责，着力释放数据生产力，与实体经济更好融合。

培养数字化人才，建立健全适应数字化发展的绩效评价体系和首席数据官培养、选拔、绩效奖惩制度体系。完善数字化发展重大事项专家咨询制度，服务数字化建设管理和综合决策咨询，密切联络、团结凝聚各方面的智慧力量，在数字化发展战略、计划、政策、机制及立法等方面发挥决策咨询作用。

全面推行首席数据官制度，赋予首席数据官参与决策、协调业务部门的职权，形成“一把手”挂帅、首席数据官具体领导、数据管理部门统一组织实施、业务部门全面参与、全员深度配合的数字化治理新格局。

第二节　数字化治理：助推省域治理现代化

数据与数字技术相结合给人类生产生活带来了广泛而深刻的影响，原有

① 广东省工业和信息化厅：《广东省工业和信息化厅机构职能》，http：//gdii.gd.gov.cn/jggk3140/index.html。

以政府为单一中心的管理模式已不能够很好适应时代要求，亟须转变治理理念，构建数字治理模式，发挥多元主体优势，并通过数据要素市场化配置改革，充分释放数据要素价值，赋能数字政府、数字经济、数字社会高质量发展。

一、数字时代需要数字化治理

（一）从管理、治理到善治

管理是指政府作为单一主体，基于理性计算和控制能力[①]，利用其政治权威，通过发号施令、制定和实施政策对公共事务实行自上而下、单一向度的管理[②]。治理则更具灵活性，是政府、企业和公众等主体在目标一致或不一致的情况下，通过谈判、妥协，解决公共事务的过程[③]，是建立在市场原则、公共利益和认同之上的合作。善治是治理的进阶目标，以成熟的公民社会为基础，要求社会秩序与权威被自觉认可服从、政治信息公开透明、公众尤其是公职人员和管理机构对自己行为的负责、以法律作为公共政治管理的最高准则，以及管理具有有效性，目标是建立国家与社会（政府与公民）良好合作、正向循环，达到还政于民、最大限度地增进公共利益的效果[④]。

（二）数字时代面临的新形势、新问题

“数字技术正以新理念、新业态、新模式全面融入人类经济、政治、文化、社会、生态文明建设各领域和全过程，给人类生产生活带来广泛而深刻的影

① 田小龙．后新公共管理改革与中国的服务型政府建设［J］．公共管理与政策评论，2023，12（02）：157-168.

② 俞可平．治理和善治引论［J］．马克思主义与现实，1999，（05）：37-41.

③ 陈春常．转型中的中国国家治理研究［D］．华东师范大学，2011.

④ 俞可平．治理和善治引论［J］．马克思主义与现实，1999，（05）：37-41.

响”[①]。人类进入数字时代，数字技术与生产、生活勾连内嵌，大大促进了生产力的发展。与之一体两面、相伴相生的，是治理难度的提升。数字治理牵涉利益主体多、技术难度大、成本高，5G、大数据、人工智能、物联网、区块链、云计算等数字技术与各类客体融合，创新频繁，更迭迅速，时刻洞悉技术本质和商业模式大为不易[②]，市场垄断、税收侵蚀、数字鸿沟、安全隐私、伦理道德等问题亦日渐显现，政府在面对快速发展的新技术和新业态出现响应慢、适应难[③]等困境，保持大包大揽、管理一切的态度，将难以适应数字经济发展，甚至会抑制数字经济创新活力和发展动力的释放。

案例 6-1

粤经济　谋发展　广东在全国率先建成省域经济运行调节数字化支撑平台

广东于2022年9月启动“粤经济”平台建设，依托数字政府一体化底座构建标准统一、布局合理、管理协同、安全可靠的省市两级经济运行调节数字化支撑体系，为各级各部门提供经济运行态势感知和辅助决策支撑。

首次摸清经济运行指标和数据家底，建立全省经济运行数据“词典”。“粤经济”平台围绕涉及国计民生的核心经济指标和数据，首次横到边、纵到底全面梳理全省经济运行指标，摸清数据家底，形成全省经济运行数据“词典”。建

① 新华社：《习近平向2021年世界互联网大会乌镇峰会致贺信》，http://www.gov.cn/xinwen/2021-09/26/content_5639378.htm。

② 江小涓：《网络时代的政府与市场：边界重组与秩序重构》，https://www.aisixiang.com/data/125507.html。

③ 孟庆国．孟庆国：数字化转型中政府治理的机遇与挑战［J］．山东经济战略研究，2020（10）：58-59.

立常态化报送和动态调整机制，有效提升经济运行指标和数据及时性、鲜活性和覆盖面。

用好数据“晴雨表”，增强经济态势监测预警的实时性和精准性。通过数字化智能分析平台“粤经济”，展现高价值、高可用、高标准、广覆盖的省域经济治理指标体系，支持基于数字化智能化模型开展仿真模拟，增强经济态势预测、预警、调控的实时性和精准性。当前，已亮相广东省政府一季度经济形势分析会会场，是广东率先运用数字化手段指导经济运行分析决策实战的创新实践。

资料来源：南方日报:《广东在全国率先建成全省经济运行调节数字化支撑平台 “粤经济”服务全省经济形势分析》。

（三）适应时代的治理模式：数字治理

海量的高质量数据成为党的重要执政资源、国家的战略性资产和关键生产要素。如何充分释放数据要素价值，提升数字治理能力，赋能数字经济、数字社会和数字政府高质量发展，是我们必须回答的时代命题。要实现适应时代、行之有效的治理，需要政府发挥主导作用，积极引导企业、社会组织、网络社群、公民个人等多元主体共同“利用数字技术提升治理效能”和“针对数字世界各类复杂问题的创新治理”。[①]

数字治理是不同参与主体对数字化条件下各类问题的全过程治理，涉及政府、市场、社会组织等主题在解决数字治理问题中的关系和责任，涉及治理主体对数字化条件下问题的识别、分析、监测、评估等[②]。作为政府，要破除体制机制障碍，提升公职人员数字化理念和素养，促进数据在政府内部融通应用，

① 蔡翠红．数字治理的概念辨析与善治逻辑［N］．中国社会科学报，2022-10-13（005）．

② 李韬，冯贺霞．数字治理的多维视角、科学内涵与基本要素［J］．南京大学学报（哲学·人文科学·社会科学），2022，59（01）：70-79+157-158．

利用数字技术提升效能，以优化公共政策制定、提高公共服务水平；同时，要重视社会力量，鼓励企业、公众广泛表达诉求，引导行业和企业承担更多社会责任，规范行业秩序，形成行业自律，推广自主可控产品设备，推进前瞻性新技术的创新应用；发挥公众监督作用，与公众充分互动，从而优化数字治理的效度、温度和尺度，更加趋近“善治”[①]。

二、构建数据要素市场治理体系

2021 年 7 月，广东省印发全国首份省级数据要素市场化配置改革文件《广东省数据要素市场化配置改革行动方案》，为重塑新型数据生产关系，解放和发展数据生产力的改革拉开序幕。该方案在释放公共数据资源价值、激发社会数据资源活力、加强数据资源汇聚融合与创新应用、促进数据流通交易、强化数据安全保护等方面提出 24 条改革任务和 71 项工作内容，极具首创性、探索性和引领性，为广东省构建数据要素市场治理体系，提升数据要素市场治理能力，推动改革成果更广范、更深层次惠及企业群众，助力经济社会高质量发展奠定制度基础。经济结构调整和发展动能的转换，使社会经济发展领域发生巨变，对社会治理提出新的挑战，应当从数字治理能力、数字发展能力、数字服务能力等方面构建完善的数据要素市场治理体系。

（一）提升数字治理能力，加强对数据要素市场的统筹协调

一方面，观念是行动的前提，要坚持人才优先。要构建适应数据要素市场建设的数字治理体系，首先要从观念层面发力，应当树立数字化及数字治理思维，不断提升领导和驾驭数字化的能力。其次，除了注重对新型技术的认识、学习和运用外，更重要的是构建起对技术运行逻辑和数字社会发展规律等的全

① 郑磊. 数字治理的效度、温度和尺度［J］. 治理研究，2021，37（02）：5-16+2.

方位认识，正确地认识数据要素特性，科学地把握数字治理的内在规律。[①] 发挥政产学研比较优势，建设结构科学、素质过硬、持续发展的数字化人才资源池，促进技术创新和场景落地。

案例 6-2

搭平台　育英才　广东省启动数字政府建设人才储备计划

广东省积极落实国家有关部署，优化创新数字化专业人才储备、培养、使用、评价、激励机制，以更好满足广东省数字政府 2.0 建设和数据要素市场建设的需求，更加精准有力支撑改革各项部署在基层落地落实。

2022 年 7 月，广东省启动数字政府建设人才培养计划和政数学院建设工作，第一期学员主要来自中山大学、华南理工大学等高校院所、政数系统和信息化企业。面对数字政府建设人才的迫切需求，学员在省内龙头企业及课堂培训后，赴粤东粤西粤北各地市基层工作学习。在业务场景和实战项目中锻造学员能力，为全省数字政府建设挑选和储备人才提供基础。

政数学院作为广东省在数字政府建设进入 2.0 阶段的一项关键举措，政企校三方同向发力，已初步形成科学、系统、完整的人才培训机制体系，后续将为数字政府建设培养更多基础型、复合型人才，有力推动数字经济、数字社会协同发展。

资料来源：广东省政务服务数据管理局：《全国率先！广东启动数字政府建设人才储备计划》。

另一方面，数据要素市场建设是系统化工程，发挥高位统筹协调作用。广

---

① 冯贺霞，李弢，李赟．转型与变革：数字治理理论前沿与实践进展［J］．社会治理，2023（01）：30-40.

东省委、省政府坚持“全省一盘棋”，将“建设高标准数据要素市场体系”列入全省全面深化改革的重点任务和新发展阶段创造型引领型改革清单，召开高级别会议推进数据要素市场化配置改革工作，建立省级政务数据共享协调机制，健全数据安全工作协调机制，统筹推动公共数据共享开放，确保全省数据要素市场体系建设方向统一、步调一致、共同发力。

（二）提升数字发展能力，切实赋能经济社会高质量发展

以数据为核心生产要素的数字经济强势崛起，不仅对生产方式和生产关系进行了改变，而且给社会发展及其治理手段带来整体影响。数字经济的发展过程实际上也是对基础设施、市场监管和风险防范体系不断突破的过程。

其一，打造一体化基础设施运营体系，保障数据要素市场可持续运行。坚持自主可信和立体防控，布局先进算力网，推进数据要素市场新型基础设施建设，建成“云管端”一体的网络安全和数据安全保障体系，打造数据要素市场基础运营体系，构建数据要素市场的技术与安全底座。

其二，坚持包容审慎、多措并举的监管思路，提高市场监管能力。建立有关部门协同监管机制，压实属地监管责任，指导、规范和管理重点对象，建立各项风险控制机制，维护公平竞争。引入人工智能、大数据、区块链和隐私计算等新型技术，搭建统一数据流通交易监管平台，促进监管信息共享和业务协同。畅通多元主体共同参与的社会监督渠道，实现智慧监管、智能监管。

其三，坚持安全发展，注重事前风险预防，提升风险防控能力。不断强化数据安全理念，将保障数据安全贯穿数据要素市场活动始终。落实网络安全等级保护要求，构建重点环节的监测预警、应急处置、容灾备份及恢复机制，为新型基础设施提供整体安全防护，实现数据流通安全可控。

（三）提升数字服务能力，实现“还权于民”的善治过程

实现数据要素赋能民生，实现普惠共享，是数字治理的核心价值和目标。

包容性、开放性、协同性、创新性是“数字化”的最基本特征，有利于推动普惠共享价值的落地落实。[①]诚如数字治理理论的提出者——帕却克·邓利维所言，信息技术和信息系统应当在公共部门改革中发挥重要作用，从而构建公共部门扁平化的管理机制，促进权力运行的共享，逐步实现还权于社会、还权于民的善治过程。[②]因此，数字治理应该坚持以数字化赋能社会治理，调动多元主体的力量，从而更好满足人民生活和社会服务需求，充分发挥数据要素与其他要素的协调合作，确保全体人民共享数据要素市场建设红利。

案例 6-3

穗智管　慧治理　广州城市运行管理中枢实现“一网统管、全城智治”

广州市全面加快数字化发展，深化数字政府改革和智慧城市建设，创新打造“穗智管”城市运行管理平台，建成广州市智慧城市运行中心，构建维系城市运行的“超级大脑”。“穗智管”汇聚数据量 76.63 亿条，共对接 3128 项数据项，实现城市治理看全面、管到位、防在前，支撑城市治理智能化、精细化、科学化。

数据赋能城市更智慧。充分利用人、企、地、物、政基础数据，建设集运行监测、预测预警、决策支持、协同联动、指挥调度等五大功能的城市运行管理中枢，深化基础能力建设和各行业领域主题建设。数据应用场景更丰富。利用场景推动数据要素化，促进数据要素市场的培育和形成，进而释放数字活力。

① 冯贺霞，李弢，李赟．转型与变革：数字治理理论前沿与实践进展［J］．社会治理，2023（01）：30–40.

② 韩兆柱，马文娟．数字治理理论研究综述［J］．甘肃行政学院学报，2016，No.113（01）：23–35.

数据流通融合更有序。加快建设中新广州知识城国际数字枢纽和南沙（粤港澳）数据服务试验区，探索建立“数据海关”，率先探索穗港澳数据要素流通规则，促进数据资源在大湾区充分汇聚、顺畅流动和深度应用。

资料来源：广州日报：《广州“穗智管”城市运行管理中枢实现“一网统管、全城智治”》。

第三节　源头性治理：压实首席数据官“责任链”

首席数据官是在新一轮的信息革命和产业变革中，数据成为关键的生产要素和战略资源背景下诞生的新型管理者。由于业务侧重点不同，逐步分化为政府、企业两类首席数据官。首席数据官制度的优势在于将数据与业务相结合，创造更大的业务价值；确保数据战略与组织的数字化转型协同一致，增强影响力；拥抱先进技术，保障数据安全，推动商业模式创新；全面参与内外部的合作，实现共创共赢。

一、回溯：首席数据官缘起与发展

相较于以组织的信息化为己任的首席信息官和总体把握产品研发的首席技术官[①]，首席数据官主要以数据高效开发利用为出发点，更偏重制定和实施数据战略，提升数据质量、释放数据价值和保护数据安全[②]。首席数据官、首席信息官与首席技术官相互配合，共同推动组织数字化转型，实现总体业务目标[③]。

---

① 唐巧盈：《为什么需要设立首席数据官（CDO）？一文详解国内外CDO制度》，https：//www.sohu.com/a/537942758_120076174。

② 蒋敏娟．迈向数据驱动的政府：大数据时代的首席数据官——内涵、价值与推进策略［J］．行政管理改革，2022（05）：31-40.

③ 吴志刚．从“五新”视角看待首席数据官的内涵［J］．数字经济，2022，No.19（07）：8-11.

首席数据官概念最早来自企业界，2002 年，美国 Capital One 公司任命 Cathryne Doss 为集团首席数据官，这是首席数据官作为公司最高决策层的首次公众露面[①]。随着首席数据官在企业中日益发挥重要作用，这一制度也逐步进入政府公共部门，2010 年，美国首设政府首席数据官，将这一岗位应用在城市治理中，成为政府构建数据资源管理体系不可或缺的一环[②]。截至 2022 年，大多数行业和地区的首席数据官任命数据均大幅增长，27% 的领先企业已聘用首席数据官[③]；美国、英国、法国等发达国家数字政府建设的实践表明，首席数据官制度是当前世界各国实现政府数字化转型驱动的基本保障制度。

近年来，随着我国加快培育数据要素市场、推进数字化转型，首席数据官这一角色开始进入公众视野。在企业层面，2012 年，阿里巴巴在集团管理层首次设立中国企业界第一位首席数据官。在政府层面，2021 年广东省率先开展首席数据官试点工作，浙江省、江苏省等一些东部省份也开始探索政府首席数据官制度[④]。相较于政府首席数据官旨在促进数据共享和透明度，提高数据驱动的决策质量，更多考虑数据发展的责任和安全，企业首席数据官更加重视数据利用的效率和效益，以实现业务价值[⑤]。

二、政府首席数据官：构建与职能相匹配的数据职权体系

2023 年 2 月，中共中央、国务院印发《数字中国建设整体布局规划》。该

① 唐巧盈：《为什么需要设立首席数据官（CDO）？一文详解国内外 CDO 制度》，https：//www.sohu.com/a/537942758_120076174。

② 李艳杰，蔡晨阳，张筱悠．首席数据官知识体系解析［J］．信息技术与标准化，2022（08）：27-32.

③ 普华永道：《首席数据官：发挥数据价值，引领创新转型》，https：//www.strategyand.pwc.com/cn/zh/reports-and-studies/2023/value-creating-chief-data-officers-mar2023.htm。

④ 吴志刚：《首席数据官助力数字化转型》，http：//www.caheb.gov.cn/system/2022/05/06/030159554.shtml。

⑤ 李艳杰，蔡晨阳，张筱悠．首席数据官知识体系解析［J］．信息技术与标准化，2022（08）：27-32.

规划指出，建设数字中国是数字时代推进中国式现代化的重要引擎，是构筑国家竞争新优势的有力支撑。数字政府建设作为建设网络强国、数字中国的基础性和先导性工程，一个重要的方面是推动数据有效治理与高效共享，从而提升政务服务水平，推进治理能力现代化。

每年，各地在信息化项目上开支甚大，但是数据重复收集现象突出，开发利用程度有限，与数据治理能力不强、共享力度不足、流转不畅有关。究其原因主要有二：一是前期统筹力度不足，部门多以优化内部业务流程、提升内部业务运行效率为导向进行数字化建设，并非以整体最优为目标，导致系统与数据标准不统一，大量数据处在部门割据式的碎片状态；二是未明确职权的情况下，部门“不会、不愿、不敢”共享数据，壁垒逐步生成，进行协调时，往往持“等、靠、要”态度[①]。要改变现状，需要完善与职能相匹配的数据职权体系。一是要明确各单位采集、存储、校核、更新、汇聚、共享、开放和安全管理等数据活动中的权责，确保事权、职责和利益的合理配置。二是专设首席数据官，统筹内部的数据管理工作。

设置政府首席数据官有利于解决各部门职责条块分割问题，有利于推动数据的跨层级、跨部门共享；有利于统一数据管理方面的职责，实现对数据资源的统筹调度管理；有利于提升政府数据开放质量和保障政府数据安全。

（一）明确部门职权：实现消极到积极的转变

通常，数据共享效果不佳被归因于部门“不会、不愿、不敢”，即：数字化意识不强、数字化能力不足和数字化技术不强导致的不会，数据部门化割据和出于维护自身数据优势的考虑导致的不愿，数据权属不明、数据共享权责不清和数据安全形势严峻等问题导致的部门不敢[②]。上述内容为表象，更深刻的原因

① 翟云．走进数字政府［M］．北京：国家行政学院出版社：塑造数字中国丛书，202211.256.

② 翟云．走进数字政府［M］．北京：国家行政学院出版社：塑造数字中国丛书，202211.256.

在于，数据职权未定，部门没有“必须为之、必须做好”的动机。为使得数据高质量汇聚共享成为可能，应以立法的形式明确部门拥有数据权力和职责[①]，解决权责错配问题。将促进数据共享从消极的“按他人要求”变成积极的“自己分内的事”，强化对部门共享的考核力度，进一步推动数据汇聚，实现数据共享。

（二）完善管理机制：形成可持续、正向循环

在数据管理层面，应当明确部门在数据采集存储、校核更新、汇聚共享、开发利用和安全管理等各个环节应履行的权力与责任。在数据共享层面，数据管理部门应当建立数据共享的政策、标准和规范，完善数据共享机制，统筹解决共享过程中的共性和个性问题。数据供给部门应对其提供对数据的准确性、完整性和可靠性进行保证，数据需求部门应主动提供数据使用方式、场景，形成“治理数据—提供数据—使用数据—完善数据—复用数据”的正向循环。考虑到数据治理与协调需要一定成本，还应当建立相应的激励措施，激发各个部门的工作积极性，并对不承担主体责任的部门予以通报等负面反馈。

（三）创新组织机制：建立政府首席数据官制度

“一分部署，九分落实”。在明确部门数据职权的基础上，确保数据管理工作落地落实是系统工程，需要在一级政府层面和部门层面设置“首席数据官”专门推进。一方面，要明确政府首席数据官的职能定位与权责配置，结合不同单位业务内容，落实首席数据官的职责范围、权限、核心能力和保障机制以及绩效考核等问题。另一方面，需构建既精通业务又懂技术的复合型人才队伍，分梯度分层次培养公务员队伍中数字化人才，采取加强与高校或智库的咨询合作、引入行业专家及定期培训等方式，提升公务人员的数字素养，为数字治理

① 孟庆国:《政务数据治理权责体系建设的思考》，https：//lcg.tsinghua.edu.cn/info/1026/1301.htm。

的进一步转型打下坚实基础[①]。

表 6-2　政府首席数据官能力管理模型

一级指标	二级指标	能力要点
统筹规划能力	数字化发展顶层规划	首席数据官组织制订数字政府或数字化发展相关中长期规划情况
	数据治理与管理统筹规划	首席数据官组织制订数据治理相关制度、标准、规范等情况
执行落实能力	数据治理与管理	首席数据官推进及组织开展公共数据资源汇聚、归集等情况
		首席数据官定期开展数据质量管理工作情况
		首席数据官开展数据安全管理的工作情况，以及出现数据安全事件后的应急处置情况
		首席数据官推动公共数据共享情况
		首席数据官推动公共数据开放情况
		首席数据官推动公共数据开发利用情况
		首席数据官推动公共数据与社会数据融合和应用场景创新落地情况
指导监督能力	执行过程监管	首席数据官对数据治理运营、信息化建设过程的监督情况，以及对违法违规行为纠正情况
人才培养能力	团队建设及培训	首席数据官建设专门工作团队及相应工作机制情况，以及组织开展团队人员数字化能力提升培训情况

① 蒋敏娟．迈向数据驱动的政府：大数据时代的首席数据官——内涵、价值与推进策略［J］．行政管理改革，2022（05）：31-40.

案例6-4

抓核心 强能力 全国首创政府首席数据官制度

广东省于2021年4月印发《广东省首席数据官制度试点工作方案》，是全国最先在政府部门试点建设首席数据官制度的省份。将首席数据官职位制度化，是适应数字化发展趋势的具体举措，旨在进一步提高各地各部门公共数据运营管理水平，推动全省数字政府改革建设和数据要素市场体系建设。

推进首席数据官制度落地的实质是打造结构完善的数据管理队伍，建立畅通的决策指挥体系、清晰的分工合作框架和运转高效的组织模式。进一步细化明确数据主管部门、业务主管部门的数据治理权责，强化跨部门、跨层级、跨领域协同机制，形成“统分适度、权责明晰”的数据管理模式，推动党政机关数字化转型，提升数字化治理能力。

图6-2 广东省首期政府首席数据官培训班在广州开班

试点开展以来，13 个省级部门和 11 个地市完善了数据管理组织体系，“用数据”和“管数据”的意识明显加强，数据治理和数据运营能力明显提高，用数据支撑治理与决策的能力明显增强。首席数据官制度在强化数据安全保障、完善数据共享协调机制、创新数据开发利用模式等方面起到了重要推动作用。

资料来源：人民日报：《首期培训超 1100 人　广东“首席数据官”呼之欲出》。

三、企业首席数据官：有进取有节制赋能业务发展

（一）“道”与“术”，首席数据官与企业发展

“一切业务数据化”已经成为企业的发展共识。企业首席数据官是因数字化转型而产生的新型管理者，负责根据企业的业务需求和商业规划采集数据、进行数据挖掘与数据分析，并对企业未来的业务发展和运营提出战略性建议和意见[①]。就“道”而言，设立首席数据官，把数据放在更突出的位置，能够帮助企业更全面看待数据、理解数据的功用和内外风险，从而治理数据、利用数据，进而提升认知世界维度，站在更高的层面参与商业竞争。就“术”而言，设立首席数据官可以推动企业建立科学规范的数据采集、分析和使用的标准规则，提升企业的数据管理能力和数据挖掘能力，帮助企业把生产参数、业务需求、市场动态、用户体验等转化为可以用一套标准体系衡量的数据，从而让数据的分析和利用更快捷有效[②]。

（二）发挥实效：应具备及已具备的组织变革条件

1. 政策支持引导。2021 年，工业和信息化部出台《“十四五”大数据产业

① 广东省工业和信息化厅：《广东省企业首席数据官建设指南》，http：//gdii.gd.gov.cn/gkmlpt/content/4/4001/post_4001126.html#2896。

② 付奇，王梦然，李睿哲：《“首席数据官”，究竟如何“管”数据？》，https：//baijiahao.baidu.com/s?id=1716405341227091668&wfr=spider&for=pc。

发展规划》，作出“推广首席数据官，强化数据驱动的战略导向”的工作部署[①]。广东省、江苏省、辽宁省沈阳市、浙江省绍兴市、浙江省杭州市滨江区等省市区纷纷结合地区实际，启动试点工作[②]。其中，广东经济发展水平全国领先，市场主体总量突破 1600 万户，全省数据存储量达 1.32ZB，约占全国的 20%，数字经济增加值规模达 5.9 万亿元，有保持先发优势的动力，有丰富广阔的市场，有活跃的主体，也有充分数据资源和数字经济基础，推广企业首席数据官水到渠成。2022 年，广东省工业和信息化厅印发《广东省企业首席数据官建设指南》，对企业首席数据官建设原则、建设内容、保障措施作出细化指引。

2. 内部同向发力。推动组织变革，并非一纸文书、一蹴而就，而是需要明确战略、上下一致、坚持不懈，共同发力。缺少前瞻并与企业实际相结合的数据发展战略，将导致变革反复、不科学、不系统、不可持续，造成财务与人力的浪费，降低业务效率和士气，最终企业失去竞争力。缺少经过深思熟虑、反复沟通达成的内部共识，变革仅由少数高层管理人员拍板决定，不利于部门间数据业务协同，员工也无法在前期完善和理解决策，导致变革客观上不具备可执行性、主观上没有动机高质量落实，变革失去动力，空余形式化的进展报告。缺乏面对数据政策不明朗、数据治理困难、数据安全事件频发、短期效益不明显等困难时，高层管理人员的力推、员工不折不扣的执行，变革将难以为继[③]。

3. 组织能力配给。在有条件的企业增设首席数据官作为高级管理人员，建立数据驱动的新型管理体系，除明确首席数据官的职能、职权及与组织内其他机构关系外，还应配齐工作团队，理顺工作机制。至于首席数据官本人，应当拥有长期实战经验，具备战略规划能力、数据管理能力、价值洞察能力、组织

① 工业和信息化部:《工业和信息化部关于印发“十四五”大数据产业发展规划的通知》, https：//www.gov.cn/zhengce/zhengceku/2021-11/30/content_5655089.htm。

② 焦磊:《多地试点首席数据官制度 数据治理合力加速形成》, https：//www.chinacourt.org/article/detail/2022/07/id/6788412.shtml。

③ John Jones, DeAnne Aguirre & Matthew Calderone：*10 principles of leading change management*, https：//www.strategy-business.com/article/00255.

影响能力等，面对变化与逆境保持开放态度，能够更好预判社会发展与经济态势，把握数字技术赋能下的企业发展契机。之于首席数据官支撑团队，应当包含精通法律、数据管理技术、熟悉企业业务的人才，通过不同的人员组合和技能组合，达到角色齐全、能力互补目标，从而促进数据与业务深度融合，提升企业竞争力。

第七章　合规与创新

在数据要素创新探索面临的不确定因素中，数据合规是最确定性因素，数据合规可以规避风险，提升竞争力，创造价值，增加确定性。就合规而言，“规”是法度，是边界，为了防止创新探索失控。“合”是过程，是政府、企业、个人全员参与的过程，是构建统一的数据合规治理体系的过程，是提升全领域数据合规治理能力的过程。因此，数据合规是一个不断调整数据生产关系、解放和发展数据生产力的历史发展过程。应当平衡数据合规建设与创新探索之间的关系，推进数据合规治理体系和治理能力建设，构建政府、企业和个人多方参与的“数据合规共同体”，做到价值共创、责任共担、利益均衡、合规不处罚、合规不起诉，推动数据要素合规高效赋能高质量发展。

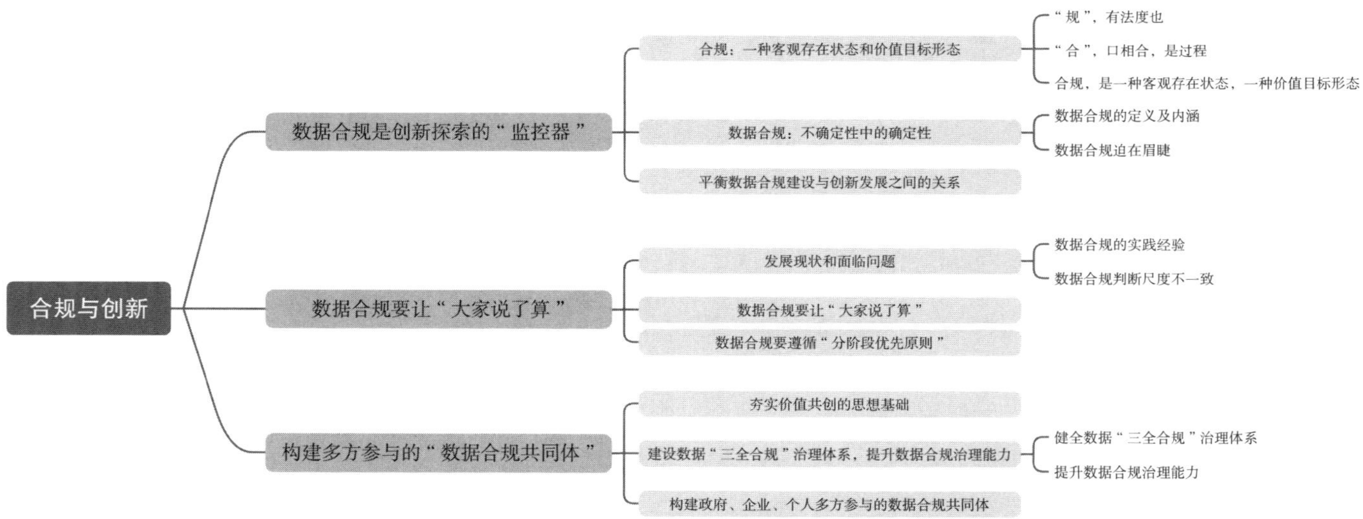

图 7-1　合规与创新思维导图

第一节　数据合规是创新探索的“监控器”

当前，机遇与挑战并存，面临数据要素法规制度不健全、数据要素供给侧结构性矛盾突出、数据合规治理能力待提升等挑战，使得数据要素化过程存在许多不确定性，制约着数据要素更好发挥作用。数据合规是应对不确定性中的最确定性因素，若地基不牢，将地动山摇，是各类主体创新发展的基石，它可以规避风险、增加确定性、创造价值、提高竞争力。其应贯穿创新发展的全过程各方面，用结构性改革破解结构性矛盾，用高水平数据治理推动高质量数据供给。

一、合规：一种客观存在状态和价值目标形态

（一）“规”，有法度也

“合规”的“规”，在《说文解字》的解释为“有法度也”，可引申为“是边界，防止创新探索失控。”“人不以规矩则废，家不以规矩则败，组织不以规矩则乱，国不以规矩则亡。”18 世纪以前的几千年，人类社会都处于农业社会，主要由人来治理国家和社会，即“人治”。礼制是中国古代社会法文化的主要构成部分，是维护社会秩序的主要规范；礼制通过引礼入法、礼法合流的途径在社会中发挥法的规范功能。[①] 从农业社会迈进工业社会，社会治理模式从“人治”演变为“法治”，意为由法律来治理国家和社会。“法治”以民意授权为前提，以依法治国为核心，通过制定法律、法规、规章等维护社会公平正义，保障人民权益。随着信息技术的发展，人类进入数字时代，数

① 蒋传光．略论中国古代社会的“礼治”秩序——一个法社会学的视角［J］．西南师范大学学报（人文社会科学版），2004（03）：70-74.

据成为新的治理要素，催生出“法治+数治”这一新的国家和社会治理理念，党的十八届三中全会提出“国家治理体系和治理能力现代化”。因此，“规”属于上层建筑，其内涵和外延随着社会发展不断变化，以适应经济基础的变化。

（二）“合”，口相合，是过程

“合规”的“合”，在《说文解字》的解释为“口相合”，可采用“人、一、口”会义。首先，“人”包括政府、企业和个人，是指多元主体共同参与、共同讨论、共同协商、共同决策的过程，有益于政府吸纳社会群体智慧，充分体现人民是国家的主人的理念。其次，“一”在这里意为“相同”“统一”，是指构建统一数据合规治理体系的过程，有利于妥善协调社会各方面的利益矛盾，兼顾社会各阶层的利益需求。最后，“口”意为言语，是指多元主体有机会合法有效表达自己的意愿，提升全领域数据合规治理能力的过程，有利于最大限度地满足公众的利益诉求。

（三）合规，是一种客观存在状态，一种价值目标形态

“合规”是指，全员行为符合国家法律法规、监管规定、行业准则和国际条约、规则等规章制度要求，是一种客观存在状态，一种价值目标形态。企业家作为这个时代的中流砥柱，是社会经济发展的中坚力量。合规管理考验着一个企业家的格局，以及其运用系统化思维去理解、研判企业发展立足的背景和发展趋势的能力。

二、数据合规：不确定性中的确定性

（一）数据合规的定义及内涵

数据合规通常是指数据在生产、分配、交换、消费过程中合乎法律、法

规、标准等[1]，相关机构和组织必须遵守关于数据要素流通的相关规定。数据要素市场的发展是“去中心化”与“再中心化”相互交织的过程：在“去中心化”过程中，需要增强社会的信任，以互动性、参与性的制度构建回应这一趋势；在“再中心化”过程中，需要防范市场无序扩张、野蛮生长、不正当竞争、隐私泄露等一系列风险。[2]因此，数据合规既在“去中心化”过程中提升公信力，又在“再中心化”过程中规避一系列风险，助力规范数据要素市场的建设。究其本质，推进数据合规就是调整各类主体数据生产关系、解放和发展数据生产力的过程，它不是单个组织或者交易环节的事情，而是影响各领域全过程，“牵一发而动全身”。

（二）数据合规迫在眉睫

从全球数据合规的立法和实践来看，美国、欧盟、中国、印度等国家和地区纷纷出台法律法规，标志着数据合规时代已经到来。美国立法层面，《加州消费者隐私法》于 2018 年 6 月正式颁布，赋予消费者在更大程度上掌控个人信息的权利，旨在加强加州消费者隐私权和数据安全保护[3]，被认为是美国当前最严格的消费者数据隐私保护立法。在此基础上，加州选民投票通过的《加州隐私权法案》于 2023 年 1 月正式生效，旨在延展《加州消费者隐私法》对消费者个人数据的保护。同时，《加州隐私权法案》确立了新的数据隐私权，对企业和服务提供商施加了新的义务和责任，并将创建了一个独立的数据监管机构，授权其实施加州隐私法并起诉违规行为[4]。欧盟立法层面，《通用数据保护条例》于 2018 年 5 月正式生效，其扩大了数据保护的范围，加强了数据

① 戚凯月．数字经济背景下数据安全合规管理［J］．经济研究导刊，2021（36）：95-97.

② 孙跃．数字经济时代企业数据合规及其构建［J］．湖北社会科学，2022（08）：119-128.

③ 晋瑞，王玥．美国隐私立法进展及对我国的启示——以加州隐私立法为例［J］．保密科学技术，2019，No.107（08）：36-42.

④ 张继红，文露．美国《加州隐私权法案》评述［J］．中国信息安全，2021（03）：73-76.

主体的权利，设计了更严格的同意标准，引入了强制性违约通知，大幅度增加了违法成本[①]，被称为“史上最严数据保护条例”。国际法层面，联合国、世界贸易组织、经合组织、全面与进步跨太平洋伙伴关系协定等都积极回应了全球数字经济迅猛发展下的个人数据和隐私问题。国际数据保护规则侧重于保护个人数据和信息免受内外部威胁，通过降低欺诈、妥协和腐败等风险来保护个人数据和隐私。[②]

我国正不断完善数据合规相关制度和规则，陆续出台了《网络安全法》《数据安全法》《个人信息保护法》等，旨在保障数据安全的同时充分发挥数据的经济价值。[③]在“数据二十条”中，“合规”被提及16次，贯穿数据基础制度建设的各个维度，具体涉及合规使用、全流程合规治理、企业数据合规体系建设和监管、合规认证、合规公证、数据流通主体相关合规性审查、鼓励企业创新内部数据合规管理体系等方面。[④]可见，企业只有提升自身的数据合规能力，才能适应逐渐完善的数据基础制度，掌握参与数据要素市场建设的主动权。今后，数据合规管理考验着每一个企业的生存能力，数据合规管理将成为企业发展新常态，如果企业能够跨越雷区，变风险为企业发展的机遇或第二增长曲线，则收获数据合规的利好。因此，数据合规可以使企业规避风险、增加确定性、创造价值、提升竞争力。

---

① 赵景欣，岳星辉，冯崇朋等．基于通用数据保护条例的数据隐私安全综述［J］．计算机研究与发展，2022，59（10）：2130–2163.

② 胡玲，马忠法．论我国企业数据合规体系的构建及其法律障碍［J］．科技与法律（中英文），2023（02）：42–51.

③ 马忠法，胡玲．论我国数据安全保护法律制度的完善［J］．科技与法律（中英文），2021，No.2（02）：1–7+75.

④ 李辉．“数据二十条”打开企业数据合规空间［J］．法人，2023（03）：47–49.

三、平衡数据合规建设与创新发展之间的关系

（一）从经济和政策形势来看

经济形势。数据成为新型生产要素，给人们的生产、生活和治理方式变革带来机遇。权威机构预测 2025 年全球产生的数据将达 175ZB，而中国数据量将增至 48.6ZB，占全球数据量的 27.8%，成为全球最大的数据圈。这就要求各主体在数据发展战略、管理理念、经营策略、风险控制及技术应用等方面要有国际视野，并随之不断调整和改革。而数据合规作为众多不确定性中的最确定性因素，更被赋予了新的内涵和要求，促使我们具备国际视野，不断完善数据合规体系，以更好地适应数据要素市场的运行规律和要求，切实保障数据要素市场行稳致远。

政策形势。“创新、协调、绿色、开放、共享”的新发展理念，是国家发展战略的核心，是提高综合国力的关键。从“科学技术是第一生产力”到“建设创新型国家”，再到“创新驱动发展战略”，从政策上坚持了矛盾的统一性，正确认识合规与创新的关系。

（二）从数据要素市场自身持续发展来看

数据要素市场本身的发展就是改革与创新，数据基础制度的创新在“规”上得到了保证，以“规”协调、组织、管理了与数据相关的创新活动，为创新活动创造了健康的环境。这种创新来自国际竞争、经济社会发展，也来自数据要素市场自身持续发展的需要。数据合规管理本身也是一种创新，这种创新保证了数据要素有序流通，避免市场秩序被无序扰乱，和谐的环境被无序破坏。

第二节　数据合规要让“大家说了算”

“大数据是大家的数据”，各类主体是数据的生产者、处理者和消费者，推进数据合规需要全员、成体系、全过程、全领域共同参与协作，遵循“分阶段优先原则”，增强大家的话语权，激发大家积极性，完善数据生产关系，实现数据合规要让“大家说了算”。

一、发展现状和面临问题

（一）数据合规的实践经验

1. 从数据流通环节链条角度分析

从环节链条看，由内到外依次是，在企业内部由法务部门出具部门意见，在交易环节由律所出具法律意见或者由合规委员会出具专家意见，在争议处理环节由调解、仲裁、公检法出具司法意见。数据使用与流转过程中的合规是数据合规体系的核心。首先，由法务部门进行内部数据合规审查，在数据加工环节，重点在于确保数据安全、防止隐私泄露、数据内容合规、数据来源合规等；在数据流转环节，不仅需要审查自身流转行为是否合法合规，还需要做好交易对手的尽职调查及风控工作，根据数据的再识别风险，有选择地进行交易。其次，充分利用第三方专业服务机构助力企业数据合规，例如广东省建立独立于企业的专业型合规委员会，为数据交易环节的数据合规提供专业支持。最后，在争议处理环节，调解、仲裁、公检法机关就相关行为出具司法意见，定分止争，保障数据合规全链条推进。

2. 从合规意见的法律效力分析

从法律效力看，由小到大依次是，企业法务部门意见、合规委员会专家意见、律所法律意见、公检法意见。企业法务部门所出具的合规法律意见，仅在企业内部产生效力，不仅需要对具体数据处理行为进行审查，也需要通过合规审查帮助建立公司内部的数据合规制度体系，提高业务部门数据合规意识。合规委员会专家意见及律所法律意见具有一定的权威性及公示效力。公检法机关所出具的法律意见具有绝对的法律效力，相关主体须根据相关意见进行合规调整，否则可能面临强制执行、撤销合规不起诉决定等后果。

案例 7-1

严把关　促合规　广东省率先成立数据资产登记合规委员会

为规范数据流通交易活动及其监管，保护数据要素相关方权益，保障数据安全，探索建立数据资产登记与评估制度，提高数据合规审核工作的质量和透明度，广东省在全国率先探索成立数据资产登记合规委员会，参考省数字政府改革建设专家委员会的组织形式及会议评审机制，建立合规会审规则及常态化运行机制，邀请法律、行业、评估、会计、审计、技术和安全等七个领域的专家，通过召开合规审核会议的形式对即将进入流通交易环节的数据产品和服务进行全方位审核，规范数据资产登记活动，确保数据资产合规登记权威性，防控数据安全合规风险。

资料来源：21 世纪经济报道：《广东建设数据要素流通交易规则体系，将在全国率先探索成立数据合规委员会》。

（二）数据合规判断尺度不一致

近年来，随着数据合规立法和监管的不断完善，我国对于数据合规的重视程度也在逐渐增加。然而，数据合规判断尺度不一致，有的过严，为了合规而合规，徒增企业合规成本，阻碍流通；有的过松，流于形式，疏于把关，只要钱到位就行。因此，过严或过松的做法都是违背数据合规初衷的，不利于推进数据要素化、更好发挥数据要素作用。

1. 监管指引不足，合规要求难以落实

《数据安全法》《个人信息保护法》和《网络安全法》共同构成了数据合规领域的基本制度框架。但如何具体落实，目前仍缺少足够的配套规范和监管指引。[①] 例如,《个人信息保护法》提到的单独同意如何以不影响用户体验的方式实现；如何指导隐私政策的制定使其符合要求且简洁易懂；如果绝对的匿名化无法实现，那么对于个人信息开发利用的边界在哪里等。目前，监管并未通过具体的行政处罚行为来明确实践中的红线，因此提升了数据合规实践的难度。

2. 企业整改被动盲目，合规成本难以负担

整体而言，头部企业对于提升数据合规能力尤为重视。无论是为了减少合规风险、维护企业口碑，还是出于打造行业标杆、承担社会责任的目的，头部企业都有更强的动力和能力去提升自身的数据合规能力。相较于头部企业，其他企业的数据合规工作则往往存在被动、盲目和高成本的情况。

一是被动合规。对很多企业来说，配合密集的监管行动进行整改已经使其应接不暇，更无从顾及常态化的数据合规能力提升。因此，不少企业都处在被动整改的状态，主要针对目前已暴露的数据合规问题进行“亡羊补牢”式补救。然而，这种事后补救的方式，不仅会因为整改而影响业务开展，也会因为公开的通报降低用户对企业及其产品的信任，对企业名誉造成难以弥补的损失。

二是盲目合规。很多企业并不了解数据合规的重要性，也不清楚企业的数据合规现状、能力以及行业估值水位。在数据合规问题出现时，由于企业对潜在风险没有合理的预判，因此不能马上识别风险源头，也无法启动相应的处理机制。一方面，会导致合规工作盲目无条理，合规整改针对性差，效率低、成本高；另一方面，也会因为处理不及时而扩大合规风险的危害和损失。

① 李樾. 我国互联网企业构建数据合规体系的困境与出路研究［J/OL］. 经营与管理: 1–10.

三是合规成本高。除了合规工作低效导致成本增加外，企业因不具备自身动态调整优化并匹配新要求的能力，面对每一次新规出台或新一轮监管活动启动，都需要委托外部的专业机构进行评估，导致反复耗费人力、物力、财力，从而造成合规成本增加。[①]

3. 企业合规权责难定，合规工作难以推进

企业内部责任分配问题一直是企业管理的难点，在数据合规方面更是如此，原因主要包含以下几个方面。一是面对数据合规领域新的监管要求，企业内部各部门都较排斥为本部门增添责任和风险，存在互相推诿的情况。二是数据合规工作的推进往往需要业务部门、信息安全部门、法律合规部门、人力资源部门等多部门配合，而实践中合规整改工作往往主要依靠法律合规部门牵头并承担主要责任。这就容易导致其他部门配合动力不足，为合规工作的推进增加难度。三是员工数据合规意识不足，对合规整改工作重视程度不高，也会导致合规工作的具体执行效果差。四是合规天然会对业务发展带来一定的限制，无法平衡双方之间的关系，阻碍合规工作推进。[②]

二、数据合规要让“大家说了算”

各类主体是数据的生产者、处理者和消费者，推进数据合规需要全员、成体系、全过程、全领域共同参与协作，将数据合规的理念、制度、规则，内化于心、外化于行，融入日常业务活动，实现内生性数据合规和本质性数据合规。

第一，厘清数据资产全貌，定期开展数据合规评估。依据国家法律法规、上级监管部门、国标行标及企业内部相关要求，围绕数据全生命周期各环节中

---

① 李樾．我国互联网企业构建数据合规体系的困境与出路研究［J/OL］．经营与管理：1-10.

② 王丹阳，侯宁．数据要素市场建设中的企业数据合规分析［J］．信息通信技术与政策，2023，49（04）：42-47.

的数据分布、数据分类分级、业务场景、数据流转环节及管控措施等展开梳理、搜集与分析，形成数据资产台账，并通过技术检测、调研访谈、文档审阅等方式，从组织架构、管理体系、技术体系、数据全生命周期等方面开展数据合规现状分析，评估差异与不足，量化评价风险，明确合规治理目标。

第二，完善管理制度与流程，构建数据合规内在驱动力。构建数据合规管理体系，从组织体系、制度体系、运行体系、保障体系等方面建立合规框架。构建从策略层到管理层，以及控制层到执行层的从上至下的一体化组织体系，建立标准化、覆盖数据全生命周期的数据合规管理机制，把制度建在流程上，流程建在系统上，把数据合规的控制理念贯穿于整个生产流程的操作过程中，让合规要求落实到每个环节及责任人，使数据合规建设从被动转变为主动。

第三，夯实数字技术能力，构建数据合规技术支撑体系。围绕数据生命周期合规的各项要求，建立与制度流程相配套并保证有效执行的技术和工具。一是建立数据合规管理能力，实现数据合规流程、策略、规范及数据资产的数字化、信息化管理；二是建设数据合规监测与审计能力，构建一个可控、可查、可见的统一的数据合规闭环管理体系，通过对数据合规风险及业务数据场景的持续运营，指导数据质量提升、数据安全防护、数据运营能力的体系化建设与协作。

第四，加强人员能力建设，提升数据合规运营保障能力。数据合规治理是多元主体共同参与的过程，其中人员是数据合规各项要求有效实施的基石，也是合规风险的重要来源，应加强人员安全意识培养、技能提升、规范流程演练，以明确安全职责、部门协同机制等，提升应急响应与处置能力。建立人员合规意识培养和技能培训，通过定期开展培训，将法律法规、标准规范、案例事件等进行宣贯，逐步提升人员对数据合规的价值认识和威胁识别能力，对不同岗位的人员制订科学合理的培训计划，先基础、后专业、再全面的原则，逐步提升人员的专业技能。

与此同时，政府要创造条件，健全保障各类主体参与数据合规监督机制，增强各类主体的话语权，激发其积极性，完善各类主体数据生产关系。个体组织不仅需要快速学习、深度理解和完全遵从当下的新规，还需要跨越传统“旧规”对数据价值创新的桎梏，实现“违反旧规”和“创新价值”之间的平衡，也需要在“强链接和强协同”努力共同为客户创造价值的平台经济模式下，实现“共生合规”，更要在瞬息万变的颠覆性的不确定中，预测合规发展趋势，参与未来规则制定，实现自身数据权益。

案例 7–2

筑防线　促合规　深数所在全国首创动态合规体系

深圳数据交易所在全国首创动态合规体系，推动数据流转及交易共识计划，构筑数据交易四道防线。基于企业诚信合规的自证，构建一套动态合规审核流程，形成入库标准；引入第三方律师事务所进行合规评估，制定上市准入标准；通过交易所平台内部审核，对数据合规进行把关；对于有争议的数据交易标的，通过数据合规专家委员会给出专业意见进行审核。最终目标是通过四道防线的严格审核，促进数据交易的高效流转。

深圳数据交易所在全国率先创立了“数据合规服务工作站”模式，面向园区、协会，赋能数据流通交易“最后一公里”，挖掘应用场景，拉通供需两端，激活数据资产，提升数据价值。

“动态合规”顾名思义就是将“合规”视为一个动态的过程，并创造性地引入“信用”工具，打造动态信用评级，构建可信交易环境，实现数据交易的包容审慎监管。构建以合规为核心数据交易信用体系，实现动态合规，以达到法治社会建设与信用社会建设的双重效果，从而打造一流营商环境，构建良好数据生态。

资料来源：深圳发布：《深圳创新打造全国性数据交易平台》。

三、数据合规要遵循“分阶段优先原则”

根据数据价值运动规律来看，不同阶段由不同主体承担数据合规责任，而不同主体在不同阶段拥有的话语权有强弱。同时，在生产、处理、流通、消费这四个阶段，均要畅通投诉渠道，方便企业群众监督，强化行政主管部门协同，创新多元化争议处理机制。

（一）生产阶段

数据来源的合法性是数据流通交易合法合规的前提和基础。若数据来源的合法性无法保证，则后续的数据处理和使用就如同食用“毒树之果”，将带来重大的合规隐患。

一方面针对数据本身，企业应当判断数据获取来源是否真实、合规、可追溯，尤其关注爬取数据的合法性；同时，判断授权是否完整，针对个人信息的授权应当判断相关主体是否充分知情、自愿等。另一方面，通过数据供给方的一些基本情况，辅助判断数据来源是否存在潜在风险，如数据供给方业务资质、经营状况、企业信誉、过往项目经历等；或者从企业的内部管理制度、技术能力、硬件设备、合规安全保障能力等入手，判断数据来源方的数据供应能力，最大限度避免合规风险。[①]

（二）处理阶段

在处理阶段，组织内部的数据合规管理体系健全是必要条件，组织和个人的数据合规能力建设才是关键。数据处理者负主体责任。

企业应当着手建立和完善数据合规能力体系，做到既能够对合规风险进行准确及时的识别和处理，还能对新的立法和监管要求进行自适应，从而让

① 王丹阳，侯宁．数据要素市场建设中的企业数据合规分析［J］．信息通信技术与政策，2023，49（04）：42-47.

高水平的数据合规能力助力企业在数据要素市场建设中更好发展。具体而言，企业数据合规能力包含以下内容：第一，数据合规基础能力。可以从数据合规的机构设置和人员安排、企业层面整体的工作规划和方案、数据合规技术工具的使用等方面进行完善和提升，从企业管理的角度为数据合规工作的开展奠定基础。第二，数据合规通用能力。包括数据合规风险识别、数据分类分级、个人信息主体权利保障、数据安全、合作方管理以及员工个人信息保护等方面，要基本涵盖法律法规对企业数据合规的通用要求。第三，数据全生命周期合规能力。结合企业相关业务开展的情况，匹配相关合规要求，对每个环节进行监督和管理，同时与前述能力相结合，共同构成企业数据合规能力体系。

（三）流通阶段

在流通阶段，律所、公证机构、评估机构等第三方专业意见，起到加持、背书、增信的辅助作用，数据交易场所负主体责任。数据交易标的规范合规主要指数据供给方的数据获取渠道合法、权利清晰无争议，能提供与个人信息保护、用户授权等相关的材料，并确保数据产品和服务的真实性，能提供数据产品和服务真实性的承诺及相关材料。[①] 目前，我国数据交易场所的合规建设已具备一定基础。

（四）消费阶段

在消费阶段，压实组织合规使用数据的主体责任，执法机构要打击数据不合规使用、滥用及违法使用，切实保障数据主体、生产者、处理者、流通服务机构、消费者的合法权益。数据使用合规性通常适用于消费者数据，但也可以涵盖员工

---

① 王春晖．数据要素制度的基本要旨与合规启示［J］．南京邮电大学学报（社会科学版），2023，25（02）：1–12.

数据、交易记录、公司数据等。数据消费是数据流转的最终目的，关乎数据要素流转价值的实现。在数据消费阶段，数据使用主体需积极履行数据利用协议规定的义务，例如，按照协议约定的方式获取使用数据、依协议约定组织数据安全培训、准备应急预案等，同时按照规定采取安全保障措施，避免造成危害信息安全事件的发生。在使用公共数据时，相关主体不得侵犯商业秘密、个人隐私等他人合法权益，合法使用公共数据，不得利用公共数据获取非法收益。①

第三节　构建多方参与的“数据合规共同体”

推进在实践基础上的数据合规治理体系和治理能力建设，提高各类主体数据合规能力，打造政府、企业和个人多方参与的“数据合规共同体”，做到价值共创、责任共担、利益均衡、合规不处罚、合规不起诉，走出一条中国式数据合规治理和市场化利用之路。

一、夯实价值共创的思想基础

价值共创理念根植于社会基本价值，“全员共创责任共担、利益均衡”的价值导向是培育和践行社会主义核心价值观在数据合规领域的集中体现。“责任共担”既指职责义务担当，指向行为主体应当担当或履行的道德义务、职责；又指行为后果担当，指向行为主体要对自身行为及其结果负责。“利益均衡”既是数据要素市场得以和谐运转的内在动力，也是数据要素市场秩序稳定的重要保障。“全员共创”既是尊重全员主体地位，也是尊重全员首创精神的应有之义。

因此，要以习近平新时代中国特色社会主义思想为指导，把“全员共创责任共担、利益均衡”的价值理念和价值导向建立在对人民群众美好需要变化的

① 郭彤：《互联网法治　公共数据的合法使用与法律规制》，https：//m.thepaper.cn/baijiahao_8703502。

准确把握上，建立在对社会主要矛盾转变的准确把握上，建立在对国家治理现代化的准确把握上，真正做到内化于心、外化于行、知行合一。

二、建设数据“三全合规”治理体系，提升数据合规治理能力

（一）健全数据“三全合规”治理体系

从法治环境、发展战略、组织变革、制度完善、流程优化、技术支撑、文化建设等方面构建数据合规治理体系。

第一，政府要依法行政，以合规行政、合规不处罚为发展战略，组建政府首席数据官及相关团队，完善政府数据职能，健全公共数据共享开放、开发利用、授权运营等制度文件，优化行政风险评估、合规风险审查、风险应对、合规有效性审查等流程，依托数据新型基础设施、法人/个人数字空间等技术，建设合规激励、容错机制等合规文化。

第二，企业要在现有监管环境，以合规经营、合规不起诉为发展战略，组建企业首席数据官及相关团队，完善 DCMM 合规管理体系制度建设，优化风险评估、规划、支持、执行、绩效评价、改进等流程，依托商业秘密保护、行业数据空间等技术，建设企业数据合规行为准则等合规文化。

第三，个人要遵守《个人信息保护法》等法律、法规，以合规生活为发展战略，通过受托行权型数据经纪人保护自身数据权益和个人隐私，完善与个人数据权益和个人隐私相关的制度文件，优化权益和隐私保护。

表 7-1　数据“三全合规”治理体系细分表

	环境	战略	组织	制度	流程	技术	文化
政府	依法行政 组织现状	合规行政 合规不处罚	政府首席数据官及团队	数据职能 共享开放 开发利用 授权运营	行政风险评估、合规风险审查、风险应对、合规有效性审查	数据新型基础设施 法人/个人数字空间	合规激励 容错机制

续表

	环境	战略	组织	制度	流程	技术	文化
企业	监管环境 企业现状	合规经营 合规不起诉	企业首席数据官及团队	DCMM 合规管理体系	风险评估、规划、支持、执行、绩效评价、改进	商业秘密保护 行业数据空间	行为准则
个人	个人信息保护法等	合规生活	数据经纪人（受托行权）	数据权益 个人隐私	权益保护 隐私保护	隐私保护	法律知识

（二）提升数据合规治理能力

数据合规治理是多元主体共同参与的过程，其中人员是数据合规各项要求有效实施的基石，也是合规风险的重要来源，应加强人员合规意识培养、技能提升、规范流程演练，以明确安全职责、部门协同机制等，提升应急响应与处置能力。

一是建立人员合规意识培养机制，通过定期开展培训，将法律法规、标准规范、案例事件等进行宣贯，逐步提升人员对数据合规的价值认识和威胁识别能力。

二是加强合规治理参与人员的技能培训，加强数据合规师、数据管理师、首席数据官、数据安全技术等专业人才队伍建设，对不同岗位的人员制订科学合理的培训计划，按照必备优先，先基础、后专业、再全面的原则，逐步提升人员的专业技能。

三是建立应急演练机制，通过定期或事件触发机制，对实际业务场景中的各类风险主题的处理方式、协作流程及响应机制等进行模拟演练，确保安全措施落实到位，安全处置流程正确有效等，全面提升数据合规治理运营保障能力。

三、构建政府、企业、个人多方参与的数据合规共同体

从哲学上讲，“共同体”强调事物的同一性，即它所强调的是人与自然、人

与社会、人与人之间组成关系的整体性、和谐性，它描述了一种客观存在状态和一种价值目标。亚里士多德把“共同体”界定成为一种为达到某种共同“为善”的目的而结成的关系团体，它的宗旨是为了促进高尚的道德，认为“政治共同体”是这种理想的社会关系团体发展的终极目标形态。西方基督教文明一般将“共同体”看作超越了家族基础的城邦或教会共同体，把“共同体”和“社会”看成一组对立概念，认为相对于“共同体”同一的价值和信仰取向而言，“社会”充满了异质性及其价值取向的多元性。马克思通过对人基于对象性实践活动所具有的“类本质”研究，指出未来社会将是基于个人全面自由发展的“自由人的联合体”目标形态，这是以“全人类”为种属划分而来的命运共同体，也是对西方基督文明“共同体”与“社会”二元割裂对立关系的超越，为人类共同发展指明了方向。

与西方基督教文明中超越家族基础的城邦或教会共同体不同，中华民族的全部价值观念都基于血缘关系的“家”之共同体观念，在中华民族传统思想体系中“家”之共同体观念始终占据着根本性的核心位置，“天人合一”“民吾同胞，物吾与也”“四海之内若一家”等中国哲学之基本理念，无不是将人与自然、人与社会、人与人之间的关系视为亲友共同体的意象，所追求的“大道之行也，天下为公”“天下大同”理想世界，不仅代表了我们对未来社会的美好憧憬，也顺应了人类共同发展的方向，是以一种极具中国特色的方式对“共同体”价值理想的最切近表达。“家国同构”是宗法社会的显著特征，体现了家庭、家族和国家在组织结构方面的共同性，“家是最小国、国是千万家”“家国天下、天下大同”成为中华民族命运共同体的核心意蕴和价值目标追求。

推进在实践基础上的数据合规治理体系和治理能力建设，打造政府、企业和个人多方参与的“数据合规共同体”，它描述了实现数据合规后的一种客观存在状态和价值目标形态，强调的是政府部门与社会公众、市场主体之间以数据合规为纽带所构成数据生态系统各组成部分或成员的整体性、和谐性和同一性。

数据合规共同体应做到价值共创、责任共担、利益均衡、合规不处罚、合规不起诉，走出一条中国式数据合规治理和市场化利用之路。

1.“利益均衡”是数据合规共同体发展的物质前提，数据合规共同体是一种利益共同体。马克思指出：“人类奋斗所争取的一切，都同他们的利益有关”，利益就成为单个主体之间、主体与共同体之间相互联系的桥梁和纽带，单个主体利益和共同体利益相互确证、相得益彰。在共同体内，在追求个体利益时要兼顾其他个体及共同体的利益，不断扩大共同体利益汇合点，编织更紧密的共同体利益网络，把各方利益融合提升到更高水平，增进人类共同利益。

2.“责任共担”是数据合规共同体发展的伦理承诺，数据合规共同体是一种责任共同体。要求单个主体跳出以往“单打独斗、各自为战”的路径依赖，着眼共同体的整体效能、发挥整体合力，在精准定位自我个体的同时聚焦共同体目标，恪守共同体规则，承担对共同体的责任，在谋求自身发展的同时，努力为数据合规共同体发展作出贡献。

3.“价值共创”是数据合规共同体发展的精神支撑，数据合规共同体是一种价值共同体。“数据合规”是共同体的核心价值内涵，价值共创的实践准则是共同体中各个价值共创主体之间通过共商共建共享原则来凝聚各方共识、承担共同体责任、形成一致行动、谋求合作最大公约数、达成价值共创，使每个价值共创主体都应成为数据合规共同体发展的参与者、贡献者、受益者，以创造和实现更大的数据价值。

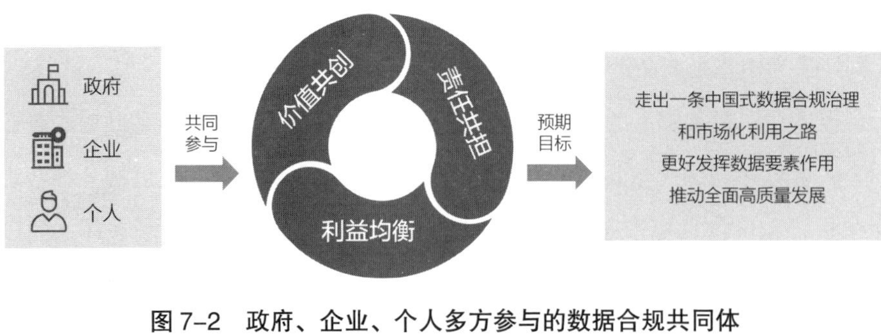

图 7-2　政府、企业、个人多方参与的数据合规共同体

第八章　监管与发展

数据要素市场化配置改革是一项极具探索性、开创性和潜力巨大的战略任务，从构筑国家数字竞争新优势的战略高度，包容协同监管促进数据要素市场化发展，坚持监管规范和促进发展两手并重、两手都要硬。要明确规则，划出底线，设置好“红绿灯”，鼓励支持市场主体在促进产业数字化、数字产业化、便利人民生活、参与国际竞争中发挥积极作用。数据成为生产要素，带来了政府与市场边界的变化，政府既是监管者，也是公共数据的持有者，需要构建一系列的上层建筑以适应经济基础变化，如数据相关法律法规、政策制度、行业规则、技术规范及社会伦理等，筑牢社会主义市场经济有效运行的体制基础，为数据要素健康发展提供牢固保障。

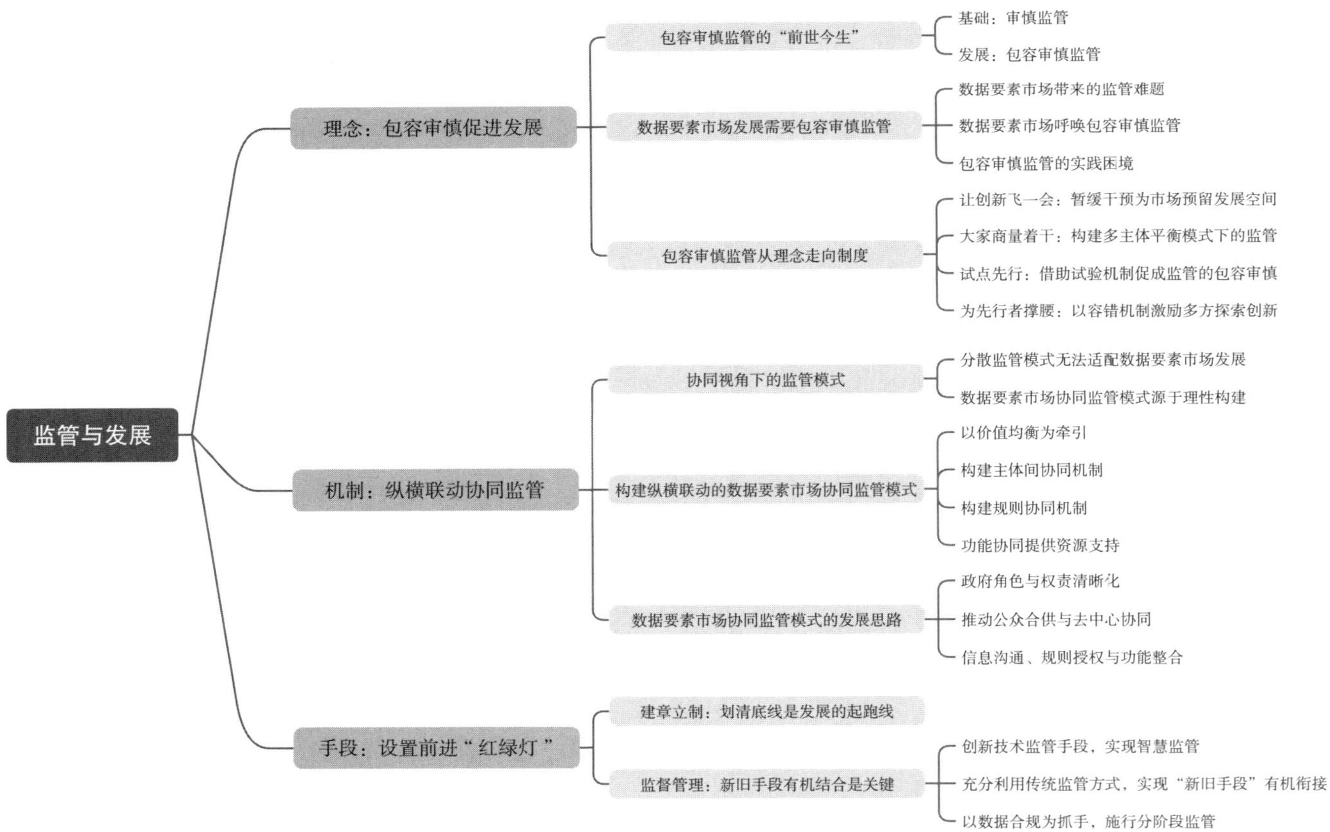

图 8–1　监管与发展思维导图

第一节 理念：包容审慎促进发展

伴随着数据要素市场创新发展，与之相应的潜在风险悄然而至，数据安全、网络安全以及社会安全等新的治理风险浮出水面[①]，以往只关注目标风险的治理框架将难以为继[②]，“旧”监管已无法适用“新”发展。为此，需要在传统的监管体系和监管治理手段上，践行包容审慎的监管理念，给予数据要素市场必要的发展时间和试错空间，根据风险的大小进行适时适度干预，追求效率与安全的动态平衡[③]。

一、包容审慎监管的“前世今生”

（一）基础：审慎监管

审慎监管，是指通过制定一系列周密而谨慎的风险监管规则，客观评价市场风险状况，并及时进行风险监测、预警和控制以确保市场的安全与稳健。[④]这意味着其是以周密而谨慎的政策为出发点，面对很多可能的时候要考虑最坏的可能，按最坏的结果去设计方案。[⑤]

因此，审慎监管具有如下特点：第一，审慎监管的目的是防范整个市场

① 胡仙芝，刘海军．包容审慎监管：论新基建监管框架构建的过渡性和开放性［J］．管理世界，2022，38（02）：116–128+168+8.

② 王驰，曹劲松．数字新型基础设施建设下的安全风险及其治理［J］．江苏社会科学，2021（05）：88–99+242–243.

③ 刘权．数字经济视域下包容审慎监管的法治逻辑［J］．法学研究，2022，44（04）：37–51.

④ 马妍妮．审慎监管对商业银行经营效率影响研究［D］．辽宁大学，2020：43–44.

⑤ 李学宾，陈伟．《李扬：未来应该强调宏观审慎监管》［N］．中国经营报，2009–12–21（B02）.

体系发生风险，减少市场体系不稳定，以保障经济和社会的平稳前行；第二，审慎监管自上而下解决内生性市场风险，努力击破市场主体之间风险的传染性、关联性；第三，审慎监管从行业维度和时间维度出发，重点关注行业标志性企业的发展和市场风险在不同发展时期的动态变化，并分别采取适宜的监管措施。[①]

由于审慎监管意味着对风险的严格防范，其对于保障市场整体环境的安全稳定效果显著，但也会对新生事物产生明显的抑制或阻碍作用。[②]数据要素作为我国经济转型发展新时期的“新动能”，在数据要素市场发展的初始阶段伴随着巨大不确定性，大家对风险和效益往往认识不清，譬如企业不知道数据要素市场会如何演变，社会无法预知数据要素市场会产生什么影响，监管部门较难跟上数据要素市场创新发展的步伐。正因如此，偏重于风险防范的审慎监管可能扼杀新业态潜在的创新力，制约新业态的健康发展。这使得审慎监管的弊端凸显，无论监管规则的制定、监管措施的实施，还是对违法责任的追究，都面临重重困难。[③]

（二）发展：包容审慎监管

包容审慎监管是对新经济新业态采取包容创新、审慎理性的监管策略，以包容性监管弥补审慎监管的不足，实现包容性监管和审慎监管的协调平衡和对立统一。2017 年，国务院首次常务会议上指出，“要适应新动能加速成长的需要，探索包容创新的审慎监管制度，对新产业新业态采取既具弹性又有规范的管理

---

① 苗永旺，王亮亮 . 金融系统性风险与宏观审慎监管研究［J］. 国际金融研究，2010（08）：59-68.

② 刘太刚 . 从审慎监管到包容审慎监管的学理探析——基于需求溢出理论视角下的风险治理与监管［J］. 理论探索，2019（02）：56-62.

③ 刘权 . 数字经济视域下包容审慎监管的法治逻辑［J］. 法学研究，2022，44（04）：37-51.

措施”[①]，这是我国政府探索监管创新的重要向度。

包容审慎监管由“包容监管”和“审慎监管”两大核心理念构成。“所谓包容，就是新业态新模式只要不违反法律法规、不触及安全底线、不损害公众利益，就本着鼓励创新原则，为其成长留下足够空间。所谓审慎，就是对新业态新模式看不准的时候，不要一上来就管死，而是给它一个‘观察期’，在出台监管措施时认真研究论证，既防止其不良行为，又引导其健康规范发展；对有些潜在风险很大、有可能造成严重不良后果的，就果断采取措施，这也适用于已有业态的监管；对谋财害命、坑蒙拐骗、假冒伪劣、侵犯知识产权的，不管是新业态还是传统业态，不管是线上还是线下，都坚决依法予以打击。”[②]

包容审慎监管秉持的态度是包容。与传统业态不同，数据作为新型生产要素，具有典型的创新性，其带来了生产方式的变革、商业模式的变革、管理模式的变革、思维模式的变革，改变了旧业态，创造了新生态[③]。也正是基于这一特性，对于数据要素市场，监管部门应秉持包容态度，以宽容的心态、创新的精神和发展的眼光去对待、去监管。此外，监管部门应尊重市场、相信市场，遵循事物发展“由小到大、由弱到强”的基本规律，通过采取鼓励、支持、引导等方式，为数据要素市场发展提供良好的环境。[④]

包容审慎监管的核心是创新监管方式。数据要素市场发展会带来新的不确定性，在发展过程中必然会机遇与风险并存，在对现有经济秩序和传统产业带来冲击的同时，会促使技术进步和经济的转型升级。因此，监管部门应统筹兼

---

① 中国政府网:《加快新旧动能接续转换，李克强给部长下“督战书”》，https://www.rmzxb.com.cn/c/2017-01-08/1270344.shtml。

② 人民政协网:《李克强在第十二届夏季达沃斯论坛开幕式上的致辞》，https://www.rmzxb.com.cn/c/2018-09-20/2173869.shtml。

③ 罗培，王善民:《数据作为生产要素的作用和价值》，http://www.iii.tsinghua.edu.cn/info/1059/2358.htm。

④ 黄培东.包容审慎原则在市场监管工作中如何应用[J].中国质量技术监督，2019(03):44-47.

顾，坚持周密谨慎，审慎制定和出台相关监管政策和工作举措。特别是在看不清、认不准的情况下，要坚决摒弃统管细查、简单粗放、过度干预等监管方式[①]，要做到刚柔并济、融会贯通，创新性开展包容审慎监管工作。同时，要运用新技术手段推动监管创新，推进线上线下一体化监管，努力做到监管效能最大化、监管成本最优化、对市场主体干扰最小化。[②]

包容审慎监管的目的是平衡发展。包容审慎监管不等于放任不管，其基本落脚点仍在“监管”。只是由于数据要素市场的特殊性，需要监管部门采取不同于以往的新思维、新模式，以更加科学合理的监管方式，实现数据要素市场的平衡发展。[③]数据要素市场在具备独特优势的同时，往往存在不可预料、不容忽视的问题，有时甚至是涉及公共利益和国家安全的重大问题。对此，监管部门应妥善处理政府与市场、发展与安全等关系，坚守底线思维，严守安全底线，坚持包容审慎，不断营造、优化数据要素市场发展环境。

二、数据要素市场发展需要包容审慎监管

（一）数据要素市场发展带来的监管难题

1. 传统监管方式契合度不高

传统监管方式与数据要素市场尚处于发展阶段的特性不具有契合性。一方面，数据要素市场处于发展初期，如果进行严格监管将可能错失发展机遇；另一方面，如不进行监管，那么会出现市场无序扩张等系统性风险。[④]因此，对于数据要素市

① 黄培东.包容审慎原则在市场监管工作中如何应用［J］.中国质量技术监督，2019（03）：44-47.

② 广东省人民政府办公厅关于推进包容审慎监管的指导意见［J］.广东省人民政府公报，2022（09）：2-7.

③ 黄培东.包容审慎原则在市场监管工作中如何应用［J］.中国质量技术监督，2019（03）：44-47.

④ 甘黎黎，尹衡.数字经济背景下包容审慎监管原则的制度化建构［J］.佛山科学技术学院学报（社会科学版），2023，41（02）：72-78.

场的监管是以效率为导向，还是以安全为导向；是以促进产业发展为主，还是以规制风险为主，值得政策制定者或监管者深入分析。[①]

2. 传统监管思维适用性不强

传统监管思维对不断变化的数据要素市场不具有适用性。传统的监管政策建立在对风险客观、科学的评价之上，风险解决方案应以明确的风险界定和发生概率作为依据，但在数据要素市场发展中很多潜在风险并不能被社会识别。倘若政府无法充分了解数据要素市场风险，那就无从获得风险发生的概率，更无法设定监管的“度”。因此，面对数据要素市场，监管部门进行风险规制的利弊很难判断，制定监管规则实属困难。[②]

3. 传统监管模式难以形成合力

传统单向度的监管模式在数据要素市场中难以形成监管合力。传统的监管方式强调监管部门凭借其权力自上而下对经济活动进行管制，总是使用“看得见的手”调节“看不见的手”。但是，监管部门的主体相对单一，易产生各自为战、“单打独斗”的现象，难以应付数据要素市场带来的具有高度复杂性和高度不确定性的问题[③]，有限的监管资源有可能导致监管失灵，既无法调动其他主体的监管积极性，也难以形成高效的监管系统。[④]

（二）数据要素市场呼唤包容审慎监管

数据要素市场发展阶段，沿用传统的监管模式，只会不断加大市场创新同

① 薛澜，赵静．走向敏捷治理：新兴产业发展与监管模式探究［J］．中国行政管理，2019（08）：28-34.

② 薛澜，赵静．走向敏捷治理：新兴产业发展与监管模式探究［J］．中国行政管理，2019（08）：28-34.

③ 谢新水．包容审慎：第四次工业革命背景下新经济业态的行政监管策略［J］．西北大学学报（哲学社会科学版），2019，49（03）：33-42.

④ 甘黎黎，尹衡．数字经济背景下包容审慎监管原则的制度化建构［J］．佛山科学技术学院学报（社会科学版），2023，41（02）：72-78.

监管之间的不适应和不和谐程度。包容审慎监管是监管领域对政府与市场关系的最新理论表达，要求政府以包容之心对待数据要素市场，给予其必要的发展时间与试错空间，并根据公共风险的大小进行适时适度干预，使市场监管不越位、不缺位、不错位，最大限度地减少监管失灵与市场失灵①。包容审慎监管主要体现了以下三个方面的治理价值。

第一，包容审慎监管很好地处理了政府和市场的关系，适应了推动有效市场和有为政府更好结合的现实需要。包容和审慎具有互补性，包容呼唤政府不恣意干预市场，审慎要求政府适时实施适度监管②，让“市场的归市场，政府的归政府”，充分发挥市场的内生性治理功能，从而形成市场的良好秩序③。党的二十大提出要“充分发挥市场在资源配置中的决定性作用，更好发挥政府作用”，必然要求监管机构以包容和审慎的监管理念对待数据要素市场，给予市场必要的发展时间与空间，让“无形的手”自主发挥调节功能。当“无形的手”已经失灵或即将失灵，“有形的手”就应及时出场，引导数据要素市场“上正道”，在可持续发展中实现经济社会协调发展。

第二，包容审慎监管回应了灵活应对不确定性、贯彻新发展理念的时代要求，强调数据要素市场应“发展与规范并举”。在“创新、协调、绿色、开放、共享”的新发展理念中，创新居于首位。数据要素有序、高效的流动正推进各个产业从工程化、机械式的封闭体系向网络化、协同化的创新生态体系演变，影响更广的地域范围、更多的产业类型和更大的人群规模。④对此，不能过度运

① 王伟.新型监管机制的逻辑与理念——以市场监管领域为视角［J］.中国市场监管研究，2020（10）：53-56.

② 刘权.数字经济视域下包容审慎监管的法治逻辑［J］.法学研究，2022，44（04）：37-51.

③ 王伟.新型监管机制的逻辑与理念——以市场监管领域为视角［J］.中国市场监管研究，2020（10）：53-56.

④ 刘权.数字经济视域下包容审慎监管的法治逻辑［J］.法学研究，2022，44（04）：37-51.

用国家权力进行规范，以免阻碍数据要素市场发展势头。而包容审慎监管强调“发展与规范并举”正好契合数据要素市场的创新发展需求，顺应数字时代的发展趋势。不是“先实践、后规范”，也不是“先规范、后实践”，而是“边实践、边规范”，突破传统监管方式的局限，创新监管模式，有效地应对、促进和引领数据要素市场的良性发展。

第三，包容审慎监管促进协同监管模式的形成，进一步提高了监管的有效性，适应数据要素市场发展带来的变革。数据要素市场有许多“前所未有”的特点，不仅“未知”远远大于“已知”，而且在经济社会领域表现出了“融通”发展趋势，促进整个经济发展模式在发生变化。① 因此，要坚持建设、发展、管理和监控相结合的方式对数据要素市场开展有针对性的监管工作，通过多部门并联或串联、多主体合作或者协同，相互之间各尽其责、各施所长，构建多主体之间、法律规则、行业规则、行政规则、市场运作规则之间形成平衡的监管体系。

（三）包容审慎监管的实践困境

由于数据要素市场的发展伴随着不确定性，不仅市场主体难以准确预知其发展方向和潜在风险，监管部门也难以准确判断何时以及如何实施有效监管。因此，在充满不确定性的市场环境下判断是否干预、何时干预、如何干预成为包容审慎监管实践面临的不确定性难题。

1. 监管时间的不确定性

包容审慎监管要求给予数据要素市场必要的发展时间与空间，并根据具体情形适时干预。过早干预可能有损市场创新，也会因没有认清市场发展形势而导致监管失误；过迟干预不仅会放任市场无序发展，进而导致市场创新失败，

① 储思琮:《总理请来四位院士，国务院第一会议室成了“科学讲堂”》，http：//www.gov.cn/xinwen/2017-06/25/content_5205336.htm。

还可能对社会秩序、国家安全造成严重危害。[①] 因此，监管部门介入既不能过早，也不能过晚，而应“适时”。但是，何为“适时”很难有客观的判断标准。

2. 监管力度的不确定性

包容审慎监管要求政府最大程度地尊重市场的自我调节，充分发挥市场在资源配置中的决定性作用。然而，要判断数据要素市场能否通过有效的自我调节而自发形成公平竞争的市场秩序，并非易事。如果放任不管，一旦发生系统性风险，后果可能难以估量；倘若抱着怀疑的眼光进行强力干预，就有可能将创新扼杀在摇篮之中。[②] 因此，监管部门既不能“包容过度”，也不能“审慎不足”，而应“适度”。但是，包容审慎监管的“度”不易把握。

3. 监管措施的不确定性

包容审慎监管要求“制定更加灵活有效的政策措施”应对数据要素市场发展的不确定性。习惯套用“老”监管措施对待数据要素市场，即“重事后监管，轻事中事前监管”“重政府自上而下的外部监管，轻行业自我监管”“重惩罚性监管，轻激励性监管”[③]，无法提升数据要素市场监管效能；监管措施过于灵活，也可能加剧监管执法的不确定性。因此，监管措施既不能过于“老套”，也不能灵活过度，而应“有效”。但是，何为有效的监管措施不易判断，即使是经过慎重权衡的监管措施，也可能很快变得不合时宜[④]。

三、包容审慎监管从理念走向制度

包容审慎监管出现上述实践困境主要有以下几方面原因。其一，包容审慎监管本身具有高度抽象性，其需要转化为具体规则制度才能真正发挥实效，但

① 刘权. 数字经济视域下包容审慎监管的法治逻辑［J］. 法学研究，2022，44（04）：37-51.

② 刘权. 数字经济视域下包容审慎监管的法治逻辑［J］. 法学研究，2022，44（04）：37-51.

③ 甘黎黎，尹衡. 数字经济背景下包容审慎监管原则的制度化建构［J］. 佛山科学技术学院学报（社会科学版），2023，41（02）：72-78.

④ 刘权. 数字经济视域下包容审慎监管的法治逻辑［J］. 法学研究，2022，44（04）：37-51.

如何科学界定包容审慎监管的适用范围、如何确立支持鼓励和引导规范数据要素市场发展举措等还不明确，原则和制度规则之间的鸿沟还难以跨越。[①] 其二，国内缺乏对包容审慎监管的基础理论研究，导致监管部门对其本质内涵理解不深、把握不透，制定政策措施时“以原则对原则”“以口号对口号”“以文件落实文件”。其三，实践政策措施时存在“一刀切”现象，陷入“一管就死，一放就乱”的循环中。因此，包容审慎监管需要从理念走向制度，以及时应对数据要素市场发展的不确定性。

（一）让创新飞一会：暂缓干预为市场预留发展空间

包容审慎监管的提出，源于新经济的创新性与法律标准的滞后性之间的矛盾，若仓促制定监管制度规则，有可能抑制其进一步创新。这意味着，对于数据要素市场发展过程中的出现阶段性问题，应注重发挥市场的能动性，让市场自我吸收和自我消化。

一要依靠“软法”提供依据，譬如市场主体内部规则、行业组织内部规则、备忘录、协议书、指导手册、意见书等，促使数据要素市场规范发展，以防扼杀市场主体的创新积极性。

二要完善“观察期制度”，对于一时看不准发展趋势的数据要素市场要“等一等”“看一看”，暂缓制定监管规则，为市场留足发展空间。[②] 同时，在“观察期”内有限采取教育提醒、劝导示范、警示告诫、行政提示等柔性执法方式。[③]

（二）大家商量着干：构建多主体平衡模式下的监管

数据要素市场发展的速度、深度、广度都是前所未有的，以政府监管机构

① 甘黎黎，尹衡．数字经济背景下包容审慎监管原则的制度化建构［J］．佛山科学技术学院学报（社会科学版），2023，41（02）：72-78.

② 刘权．数字经济视域下包容审慎监管的法治逻辑［J］．法学研究，2022，44（04）：37-51.

③ 广东省人民政府办公厅关于推进包容审慎监管的指导意见［J］．广东省人民政府公报，2022（09）：2-7.

作为单一监管主体难以面对高度复杂化的数据要素市场，以多方共治思维推动协同治理成为必然趋势。

在政府部门层面，适时改变当前多部门监管模式，明确数据要素市场主要监管部门，将分散各个与数据相关职能部门的监管职能、职权进行整合，形成政府内部的监管合力。

在行业协会层面，积极鼓励与数据要素有关的行业协会建立本行业的行为规范、经营规范、质量标准、自律公约、职业道德准则等，对协会成员实行一定约束。

在市场主体层面，充分发挥“进取型守门人”的优势地位，按照正义、公平、公正、中立的原则，合理平衡自身商业利益和行业数据要素市场管理、服务功能，构建行业数据要素生态①。

（三）试点先行：借助试验机制促成监管的包容审慎

目前数据流通环境不够成熟，数据要素市场发展面临极大的挑战和不确定性，仍需要一段时间把握其发展特性。要灵活应对数据要素市场发展中的不确定性，必须转变监管思维。试点先行是探索“未知”的有效方法，是促进市场创新和实现有效监管的重要路径。②“摸着石头过河就是摸规律，对必须取得突破但一时还不那么有把握的改革，可以试点探索、投石问路，看得很准了再推开。”③最佳监管措施往往是在解决问题的过程中发现的，坚持试点先行，通过实践、认识、再实践、再认识的反复探索，允许市场和政府在实践的过程中共同

① 黄颖轩．优化数字经济监管：挑战、理念和路径［J］．中国市场监管研究，2022（04）：13-16.

② 刘权．数字经济视域下包容审慎监管的法治逻辑［J］．法学研究，2022，44（04）：37-51.

③ 中共中央宣传部．习近平新时代中国特色社会主义思想学习纲要［M］．北京：学习出版社，人民出版社，2019：89.

积累经验，动态认识数据要素市场监管制度创新的规律。

（四）为先行者撑腰：以容错机制激励多方探索创新

容错免责机制在某程度上能够为从事数据活动的相关主体“撑腰壮胆”，促使其敢于创新、勇于变革，保证数据要素市场化配置改革创新的“领头羊”不成为“替罪羊”。首先，厘清哪些错误能容、哪些不能容，建立责任清单模式，推行减免责清单制度并实行动态管理。“容错免责不是免罪牌，不能被滥用，要坚持标准，把‘敢作为’与‘乱作为’区别开来。”[①] 其次，明确容错免责怎么办理，允许市场主体与监管部门签订和解协议，在限定期限内改正有关行为，并承诺不再实施违法行为。[②] 做到“宽严相济、惩治与保护并举”，决不能“一容了之”“知错不改”，避免“试错权”沦为数据要素市场违法行为的“保护伞”。最后，正向激励与反向鞭策相结合，充分发挥容错免责机制激励改革创新的导向作用，建立与容错免责机制配套的纠错机制，实现“少犯错、不犯错、不再犯同样的错”。

第二节 机制：纵横联动协同监管

目前，数据要素市场主要是通过多部门条块监管，力量薄弱、职能分散，部门之间互动不顺，难以形成有效监管。[③] 分散监管的局限性也给数据要素市场的监管机制提出了新的要求。为此，以增强监管效能为出发点，探索构建纵横联动的协同监管机制，是数据要素市场监管工作面临的新课题。

---

① 吴叶柳：《如何为干事创业的干部撑腰壮胆？多地探索建立制度保障——容错机制，让改革创新者甩开膀子》，http：//dangjian.people.com.cn/n1/2016/0318/c117092-28209540.html。

② 刘权．数字经济视域下包容审慎监管的法治逻辑［J］．法学研究，2022，44（04）：37-51.

③ 郭海明，姚惠泽：《数据要素市场发展的问题与对策》，http：//www.jsthinktank.com/zhikuyanjiu/202301/t20230111_7799682.shtml。

一、协同视角下的监管模式

（一）分散监管模式无法适配数据要素市场发展

在传统的监管模式中，政府以“加强管制”作为监管的理念导向，通过“命令—控制”的模式对市场进行监管。

从监管主体看，政府独享市场监管的权力，其他社会主体参与不足。但在面对数据要素市场主体和日益复杂的市场形态时，“政府不管它多么精明强干，也不能明察秋毫，不能依靠自己去了解一个大国生活的一切细节。它办不到这一点，因为这样的工作超过了人力所及”。

从监管方式看，体现为“严进宽管”，对于事中事后监管关注不够。“严进”即将监管重心集中在事前的准入环节。在以往的事前审批制度下，众多企业将精力集中在准入环节上。“宽管”表现为以下三方面。首先，监管内容“宽泛”，监管部门的监管范围对于事中事后的所有环节、内容均有涉及，权力越位的现象时有发生。其次，监管力度“宽松”，由于监管内容“宽”，在执法资源紧张的前提之下，“平均用力”使对数据要素市场中需要重点关注的领域监管力度不足。最后，监管资源分散，由于部门之间信息壁垒、职责边界不清等问题的普遍存在，各政府监管部门易产生各自为战、“单打独斗”的现象。[①]

（二）数据要素市场协同监管模式源于理性构建

在传统政府监管出现众多问题与监管局限性后，学界提出协同监管模式以解决传统政府监管失灵问题，例如监管资源碎片化和监管空间等[②]。

监管资源碎片化指监管资源不仅局限于法律、法规，还有市场组织、信息

---

① 王伟．新型监管机制的逻辑与理念——以市场监管领域为视角［J］．中国市场监管研究，2020（10）：53-56.

② Victor Tadros. Between Governance and Discipline：The Law and Michel Foucault［J］. Oxford Journal of Legal Studie，1998（18）：75-103.

技术等因素。因此，对于政府监管而言，除了基本的法律以外，政府同样可以利用其他资源获得与法律监管相当的监管效果。正是因为其他主体具有这些监管资源，因此多主体的协同式监管可以弥补单一的政府监管所存在的缺陷。

监管是多种监管权力的博弈结果，因此在一个监管空间内，不同监管主体的文化背景、知识技能以及可支配资源等因素的不同，将影响整个监管空间内各监管主体之间的互动。同时，在一个监管空间内，由于监管资源呈现碎片化状态，因此被监管企业可以通过其所拥有的信息和组织能力，获取非正式的监管权力，而该种权力可能对正统的监管规则产生影响。即在一个监管空间内，不仅存在监管主体和被监管主体，还存在许多政府与非政府组织，这些主体与组织之间纵横交错，彼此之间相互依存、相互影响。[①]

二、构建纵横联动的数据要素市场协同监管模式

（一）以价值均衡为牵引

任何协同系统都包含一个基本要素——共同目标，即多元主体在特定情境下具有一致性愿景而非冲突性目标，并以此作为重要杠杆来撬动系统整体协同。在数据要素市场的协同监管模式中，其主要指向市场可持续增长与增长所得合理收益分配的价值均衡逻辑，也即在实现有效率的市场增长时最大限度增进公共利益的善治。

因此，政府应该以制度化的方式，通过正式法律、制度与政策，增进数据要素市场监管的理念协同与社会信心，并在社会文化规范层面，透过融媒体、第三方自组织等意义建构系统，在全社会层面营造数据要素市场价值共创与均衡的理念，激活市场主体和社会个体责任。[②]

① 和军，黄子龙．协同监管：国外研究与实践新进展及借鉴［J］．治理现代化研究，2019（06）：41-48.

② 杨学敏，梅宏，郑跃平．互联网平台协同监管模式构建：从单一化到整体性——基于复杂适应性系统理论［J］．电子政务，2023（03）：19-31.

（二）构建主体间协同机制

多元主体基于价值均衡的一致性目标进行调适性参与，构成了数据要素市场协同监管的组织化基础。一方面，在主体多样性上，数据要素市场内不同的主体都有一个以“我”为中心的合适生态位，“我”可以同时参与数据要素市场监管的不同场景，并以“我”出发建立与其他主体间更紧密的信息联系和相互作用。另一方面，在主体间结构上，数据要素市场协同监管通常是建立以政府内部条块协同为核心生态位，大型数字平台、行业协会、第三方中介组织和公众等多主体开放参与的生态结构。

因此，数据要素市场协同监管强调从需要解决的监管场景及其问题出发，发挥政府的核心节点作用，在寻求价值耦合、缓解价值冲突的前提下，适应性采纳正式或非正式的可信激励与约束，从而将数据要素市场生态中的多主体有机连接，以发挥“共同监管”潜力。[①] 一方面，培育和支持多元主体在数据要素市场上探索和发展新业态，以持续创造数字经济价值。另一方面，充分利用“进取型守门人”作用，激活多主体共同制约市场私权力滥用，尤其防止权力与利益垄断，并实行恰当的伤害救济。此外，政府也需要合理评估自身权利、能力与行为边界，“有所为有所不为”，推动“有为政府”与“有效市场”在数据要素市场的有机协同。[②]

（三）构建规则协同机制

在价值均衡前提和多元主体间参与基础上，创设一套适应性规则以促进持续性互动，构成数据要素市场协同监管模式的制度合法性。

第一，按需授权规则。开放总体的监管控制权，针对数据要素市场所面临

---

① Durach F，Bargaoanu A，Nastasiu C. Tackling disinformation：EU regulation of the digital space［J］. Romanian Journal of European Affairs，2020，20（01）：5-20.

② 杨学敏，梅宏，郑跃平．互联网平台协同监管模式构建：从单一化到整体性——基于复杂适应性系统理论［J］. 电子政务，2023（03）：19-31.

的不同监管场景下的特定问题，适应性授予不同主体不同强度的权力，以形成融合嵌套的协同监管。第二，信息整合规则。政府作为数据要素市场协同监管的召集者和协调者，应建立正式或非正式的、无缝隙的信息沟通网络，为作出按需授权的监管决策尽量减少信息不对称困境。在此基础上灵活组合不同主体的权力与权利，快速形成解决特定监管场景及其问题的全局最优能力。

只有促进按需授权规则和信息整合规则的相互赋能，才能更好地实现价值、主体、规则之间的整体协同，提高解决监管难题的适应性能力。①

（四）功能协同提供资源支持

数据要素市场协同监管模式是建立在价值均衡、主体协同和规则协同的基础上，而促使价值共创、主体连接、规则有效的重要黏合剂则在于资源与功能的相互依赖，其为数据要素市场协同监管提供了资源支持。协同监管模式只有在适应性激活多边主体的资源、功能与知识时，才有可能超越传统单一性监管模式，产生放大、倍增和叠加的监管效能。

其一，基于多元主体整合跨边界的制度资源、市场资源与社会资源，融合发挥各自的功能及优势。如在数据要素市场中，关联性法律、平台规则、行业自律公约、媒体监督、第三方独立监督与公众事实审查等跨领域监管资源的整合注入和循环流动，将能充分激发协同监管模式的功能协同。其二，充分利用并整合数据要素市场所具有的无边界的、独特性的和碎片化的数据资源。数据要素将对协同监管发挥“放大器”式的工具性支撑，数据要素市场协同监管需要基于审慎包容的理念将市场内的数据要素进行有效整合以赋能协同监管模式。②

① 杨学敏，梅宏，郑跃平．互联网平台协同监管模式构建：从单一化到整体性——基于复杂适应性系统理论［J］．电子政务，2023（03）：19-31.

② 杨学敏，梅宏，郑跃平．互联网平台协同监管模式构建：从单一化到整体性——基于复杂适应性系统理论［J］．电子政务，2023（03）：19-31.

三、数据要素市场协同监管模式的发展思路

（一）政府角色与权责清晰化

数据要素市场协同监管模式首先指向主体间协同，这需要对市场相关参与主体及其权责利进行界定与整合，特别需要清晰化政府的角色与权责。

在角色定位方面，政府处于数据要素市场协同监管网络的中心地位，是数据要素市场协同的元治理者。这意味着政府应作为协同监管的召集者、催化者与协调者，组织多边主体顺畅沟通信息、制定平台规则，推动数据要素市场的共同治理。[①]因此，政府需加快提升数字领导力，深化政府组织在数字化新时代的全面领导力。

在权责方面，政府应转变传统监管模式，向外部其他主体按需授予或开放针对数据要素市场监管的特定权力与责任，促进数据要素市场监管的生态协同。在监管体制机制方面，改变碎片化立法、属地执法、线下监管为主、行业监管割裂的监管体制。为此，政府亟须加强面向数据要素市场监管的新型立法协同，建立管理数据要素市场的专门性部门，强化针对数据要素市场监管执法的组织化协同。

（二）推动公众合供与去中心协同

面对复杂的数据要素市场监管场景，政府应引导和激活市场主体、第三方社会组织与社会公众对平台的合力监管。一是引导并监督数据要素市场完善以合规为核心的自律体系。二是利用多种知识生产与传播的媒介，广泛培育公民数字权利意识，全面提升数字素养。同时拓展其参与数据要素市场协同监管的决策过程、制度性渠道与表达机制，让更多人的声音得以被听见和传播，这将能在最大限度增加社会共识，发挥公众“共同生产”潜力。三是引入独立的、专业的和有社会公信力的第三方社会力量来调查和审计超大型数据型企业，多

① 刘家明．平台型治理：一种新的公共治理范式［J］．甘肃行政学院学报，2021（06）：15-27+122-123.

措并举以增加数据要素市场监管的多中心协同。

（三）信息沟通、规则授权与功能整合

信息是数据要素市场协同监管行动的起点。信息的输入、整合与沟通是多元主体识别和诊断监管问题，创新监管手段进而倒逼协同监管体制机制改革的必要前提，直接影响着协同监管的效果。因此，增强信息能力是提高协同效率的重要路径。为此，需要加强数据要素市场内外不同主体间信息沟通网络的制度设计。

在信息处理的基础上，需要建立授权规则来赋予、协调和组合不同主体的权力与权利，从而适应性解决数据要素市场监管面临的特定监管场景需求。第一，判定并赋予市场主体事前监管准入、资质审核权和监管责任，减少因信息不对称和技术能力不足带来的风险。第二，授予政府主体关于数据要素市场事中监管的标准与流程制定权，同时强化市场主体在数据流通方面的规则制定权。第三，赋予政府、第三方中介组织和公众关于数据要素市场事后监管的合规审计权、信息公开披露权和监督评价权。[①] 规则实际上指向不同主体间权力结构的调适，合理恰当的赋权定责有助于保障监管过程及主体间的权力均衡和高度适应。

第三节　手段：设置前进“红绿灯”

当我们适应时代，时代也将成就我们。审慎包容与协同共治，使政府渐居幕后，不以单一绝对权威管理社会的“让步”，更是其适应数字时代、突出服务职能的重要转型——如此方能站在更高层面上，综合运用各方能力统筹全局，成就数据要素市场的活跃态势，实现数据价值的充分释放，从而促进经济社会高质量发展，最终达成“善治”目标。在此过程中，需要设置前进“红绿灯”，通过建章立

① 郭海，李永慧．数字经济背景下政府与平台的合作监管模式研究［J］．中国行政管理，2019（10）：56-61．

制划清底线，明朗预期，通过提升监管能力来为数据要素市场有序发展提供保障。

一、建章立制：划清底线是发展的起跑线

2022年中央经济工作会议强调，“坚持稳字当头、稳中求进，必须牢牢守住不发生系统性风险的底线”。“稳”的基调更加明确，“进”的要求更加积极，统筹发展与安全是不变的目标。[①] 一“稳”一“进”，要做到除了稳增长、稳就业、稳物价，还要稳市场预期，增强市场主体信心，让企业能够轻装上阵，大胆发展；“不发生系统性风险”，这就要求对潜在的风险进行精准预判，并及时对其进行防范和化解，需要我们始终坚持底线思维，强化忧患意识，提高防控能力。

规章制度既是行事底线，也是发展起跑线，能够明确政府、市场两者有何可为、有何不可为，还可给予各主体确定性，稳定各方预期。其作为前进过程中的“红绿灯”，不仅能指明方向，同时也能释放鼓励与规制信号。

当前，国家层面数据立法与标准体系尚不完备，市场犹有顾虑。在《网络安全法》《数据安全法》《个人信息保护法》框架下，深圳、上海、重庆、贵州、天津等共计18个省市公布了数据相关地方性立法（含征求意见稿），广东、贵州、深圳、天津公布了数据流通交易相关规范性文件（含征求意见稿），内容涵盖数据资源、共享开放、权益保护、发展应用、基础设施、数据安全等方面。尽管就许多数据相关概念和理念尚未达成共识，但是各省、市已在域内数据发展和安全的“十字路口”立起了“红绿灯”。

总而言之，建章立制可以有效规避风险、增加确定性、创造价值、提升竞争力。

一方面，应平衡数据合规建设与创新发展之间的关系。数据合规应贯穿企业创新发展的全过程各方面，用结构性改革破解结构性矛盾，用高水平数据治理推动高质量数据供给，做到价值共创、责任共担、利益均衡、合规不处罚、

---

① 人民日报：《坚持稳字当头、稳中求进——论学习贯彻中央经济工作会议精神》，http：//www.gov.cn/xinwen/2022-12/19/content_5732631.htm。

合规不起诉，走出一条中国式数据合规治理和市场化利用之路。

另一方面，应统筹数据合规监管与创新发展之间的关系。从构筑国家数字竞争新优势的战略高度，坚持监管规范和促进发展“两手抓，两手都要硬”，通过包容协同监管促进数据要素市场化发展。政府既是监管者，也是公共数据的持有者，需要构建一系列适应数据要素特性和数字化发展要求的上层建筑以适应经济基础变化，筑牢社会主义市场经济有效运行的体制基础，为数据要素市场健康发展提供牢固保障。但同时也要明确规则，划出底线，设置好“红绿灯”。

二、监督管理：新旧手段有机结合是关键

法律为我们明确了数据流通交易的“红线”，即必须保障数据安全、保护个人隐私和商业秘密。当前，数字技术的诞生使得数据“可用不可见”“可控可计量”“安全可追溯”成为可能，也为数据合法合规流通开辟了一条新的路径。在数据流通交易中，除了要面对因信息不对称、不正当竞争等所导致的市场失灵问题以外，往往还涉及许多“看不见、摸不着、走不到、太抽象”的新问题。譬如，数据安全、隐私保护、数据跨境、平台垄断、算法杀熟等。因此，需要与新技术、新产业、新业态、新模式发展趋势相适应，将传统监管手段与新型监管手段有机结合，从而形成多元化的监管方式[①]。

（一）创新技术监管手段，实现智慧监管

“监管科技”最早出现在金融领域，其本质上是利用大数据、云计算、人工智能、区块链等现代信息技术，提高监管机构监管水平、满足金融机构合规需求的技术、手段和系统。监管、合规、科技在本质上就应该是三位一体的[②]，尽

① 安森东.市场监管现代化：问题与破题［J］.行政管理改革，2022，No.153（05）：41-47.

② 颜阳：《为什么数据要素市场离不开监管科技创新？》，https://www.sohu.com/a/466002012_100278905。

管部分传统手段可能足以支撑监管需求，但随着数据要素市场的发展，会逐渐缺失监管完备性。为此，数据要素市场的监管必然需要进行与监管、业务具有显著关联度的“技术革新”，即加强新型技术在监管手段中的应用。采用人工智能、大数据、区块链、隐私计算等技术，提升监管科技创新水平，提高监管综合效能。推广应用数据脱敏、数据水印、安全沙盒等技术，推动实现数据流通交易可控可信可用可追溯，严格防止数据滥用。

案例 8-1

强监督　实问责　海珠区数据经纪人试点“监管沙盒”的创新应用

为贯彻落实《广州市海珠区数据经纪人试点工作方案》（海府办函〔2021〕19 号）有关要求，加强风险防控，确保试点工作取得实效，采取创新的监管方式，引入“监管沙盒”机制，以“慎监管、重引导、抓责任”为主线，对数据经纪人做到充分指导、无事不扰，为数字新业态新模式的萌芽成长提供深厚土壤。

一是建立“数据经纪人监管沙盒”的监管机制，包括监管部门的监督和管理，以及数据经纪人的自我监管和报告制度。二是建立“数据经纪人监管沙盒”的风险管理体系。包括组织机制、风险评估、风险控制和组织保障等环节，确保试验的风险可控和应对及时。

通过监管沙盒试点，监管机构可以实现对数据经纪人进行真实场景监管，降低监管成本，提高监管效率，实现“精准监管”，了解数据经纪人的运营情况和合规性，识别和解决潜在的问题和风险，从而推动整个行业的合规运营。数据经纪人可以在此环境中进行真实场景测试和实践，提升其能力水平和业务经验。

资料来源：广州市海珠区人民政府：《全国二十强！海珠数据经纪人试点再摘桂冠》。

案例 8-2

立字据　明权益　数据资产凭证助力数据可信流通

广东省在全国率先提出“以凭证承载资产、以凭证声明权益、以凭证治理数据、以凭证保障合规”的数据资产凭证解决方案，以期促进数据合法、合规、安全流通，加快数据开发利用，赋能实体经济。搭建全省统一的数据资产凭证体系，以凭证为载体，铺就各方参与、过程合规、监管完备的数据流转通路，实现数据资产凭证生成、存储、归集、流转和应用全流程管理，为数据资产流通和应用提供支撑。

2021 年以来，珠海、佛山、中山和江门等地陆续开展凭证试点，目前已签发超过 3 万张凭证，其中，在个人和企业融资贷款方面，助力贷款发放金额达 51.45 亿元。与此同时，广东省正在探索从制度保障、技术标准等方面完善公共数据资产凭证的理论及技术体系，开展存证链、数字空间的技术和理论研究，通过深化试点应用工作，验证数据资产凭证在需求大、频率高、用数难等场景下的服务能力，加快推广公共数据全面资产化管理工作。

图 8-2　广东省数据资产登记（试点）证书及公共数据资产凭证样例

资料来源：广东省政务服务数据管理局网站：《公共数据资产凭证是什么？有什么

作用？》。

广东省政务服务数据管理局网站：《法治日报|数据资产凭证是释放数据价值的有益尝试》。

广东省政务服务数据管理局网站：《广东省数据要素市场化配置改革白皮书》。

人民网：《广东试点公共数据资产凭证化改革（经济聚焦）》。

（二）充分利用传统监管方式，实现“新旧手段”有机衔接

一方面，传统监管方式已经过较长时间的实践和完善，是具有路径依赖性的产物，市场主体很大程度上已经对此形成习惯和依赖心理，具有较高的接受度。盲目地创造和取缔可能物极必反，造成市场主体的“逆反”心理或新方式“水土不服”情状。另一方面，监管技术创新不是“空中楼阁”，更不是“无根之草”。任何形式上的创新都应具有坚实的基础，充分利用传统监管方式，实现“新旧手段”的有机衔接才能激发数据要素市场监管的最大能量。

因此，应当充分利用传统市场监管手段。一是加强数据要素市场信用体系建设，将数据流通交易信用纳入社会信用体系，强化信用信息的公开、公示和应用，建立健全企业失信“黑名单”制度和市场退出机制，对失信市场主体予以惩戒；[①]建立“绿色通道”和“容缺受理”服务机制，对守信市场主体予以激励。二是注重数据要素流通风险控制，数据管理部门和市场主体应当及时识别风险，预判风险影响及可能性，建立风险控制机制及风险应急预案。三是充分利用社会广泛监督，数据管理部门应当建立投诉渠道，充分发挥行业自律，为形成舆论监督、公众参与、社会评价创造条件[②]。

① 中国（海南）改革发展研究院课题组：《监管变革：由传统市场监管向治理创新转型》，https：//www.sohu.com/a/65832859_119556。

② 广东省政务服务数据管理局：《广东省数据流通交易监管规则（试行）》（征求意见稿），http：//zfsg.gd.gov.cn/hdjlpt/yjzj/answer/27595。

（三）以数据合规为抓手，施行分阶段监管

数据合规是各类主体创新发展的基石，它可以规避风险、增加确定性、创造价值、提高竞争力，若地基不牢，将地动山摇。因此，数据要素市场监管应当注重以数据合规为抓手和着力点，做到“牵一发而动全身”。政府要创造条件，健全保障各类主体参与数据合规监督机制，增强各类主体的话语权，激发其积极性。在参与全过程数据合规中，完善各类主体数据生产关系，实现自身数据权益。监管部门应以数据合规为抓手，遵循数据价值运动规律，明确“不同阶段由不同主体承担数据合规责任，而不同主体在不同阶段所拥有的话语权又分强弱”，对数据活动施行分阶段监管。

一是在生产阶段，数据的各类主体授权即合规，否则不合规。二是在处理阶段，组织内部的数据合规管理体系健全是必要条件，组织和个人的数据合规能力建设才是关键。数据处理者负主体责任。三是在流通阶段，律所、公证机构、评估机构等第三方专业意见，起到加持、背书、增信的辅助作用。行政监管能力建设和监管方式创新是关键。数据流通交易场所负主体责任。四是在消费阶段，压实组织合规使用数据的主体责任，执法机构要打击数据不合规使用、滥用及违法使用，切实保障数据主体、生产者、处理者、流通服务机构、消费者的合法权益。

案例 8-3

辟蹊径　增优势　佛山首创
“人工智能 + 双随机”监管新模式

佛山市首创“人工智能 + 双随机”监管新模式，主要是指在“双随机、一公开”监管工作中，创新采用人工智能“深度学习”技术进行市场主体风险的高精准预测研判。与改革前相比，佛山市对市场主体的现场检查率减少约 80 个

百分点，但对违法行为的发现率却提升约70个百分点，较好实现了对守法者“无事不扰”，对违法者“利剑高悬”。

“人工智能+双随机”监管模式的创新点在于，将人工智能技术和双随机监管机制相结合，通过数据归集、数据挖掘、智能分析等手段，实现市场主体风险的高精准预测和研判该模式下的监管工作不仅能够提高效率，还能够实现监管的智能化、精准化和全面化。这种新型监管新模式对于规范市场秩序、优化营商环境、促进经济发展等方面都具有重要意义，值得数据要素市场借鉴。

资料来源：中国政府网：《广东省佛山市积极推行“人工智能+双随机”监管》。

第九章　权益保护与争议处理

权益保护是市场活动有序进行的基础，未来数据权益保护高地必将是数据集聚融合高质量发展的高地。注重数据权益保护是基于市场主体参与数据要素活动安全感的前提，有利于激发市场主体创新活力，从而真正活跃数据要素市场，实现其可持续、高质量发展。鉴于数据权益的复杂性、流动性和演进性等特征，构建适应数据特性的权益保护机制，必须坚持注重对数据内容进行分类规制保护、坚持与数据产权规制原则相适应、加强数据权利与传统物权保护有机耦合等原则。与此同时，争议解决机制是为了更好地保护数据权益，作为权益侵害发生后的责任厘清及救济行为确定的底线保障。要充分发挥争议解决机制在数据权益保护中的作用，构建多元化的数据权益争议解决机制，为当事人提供一个公平公正、高效便捷、低成本的数据争议解决途径，保障当事人之间的权益关系得以维持。

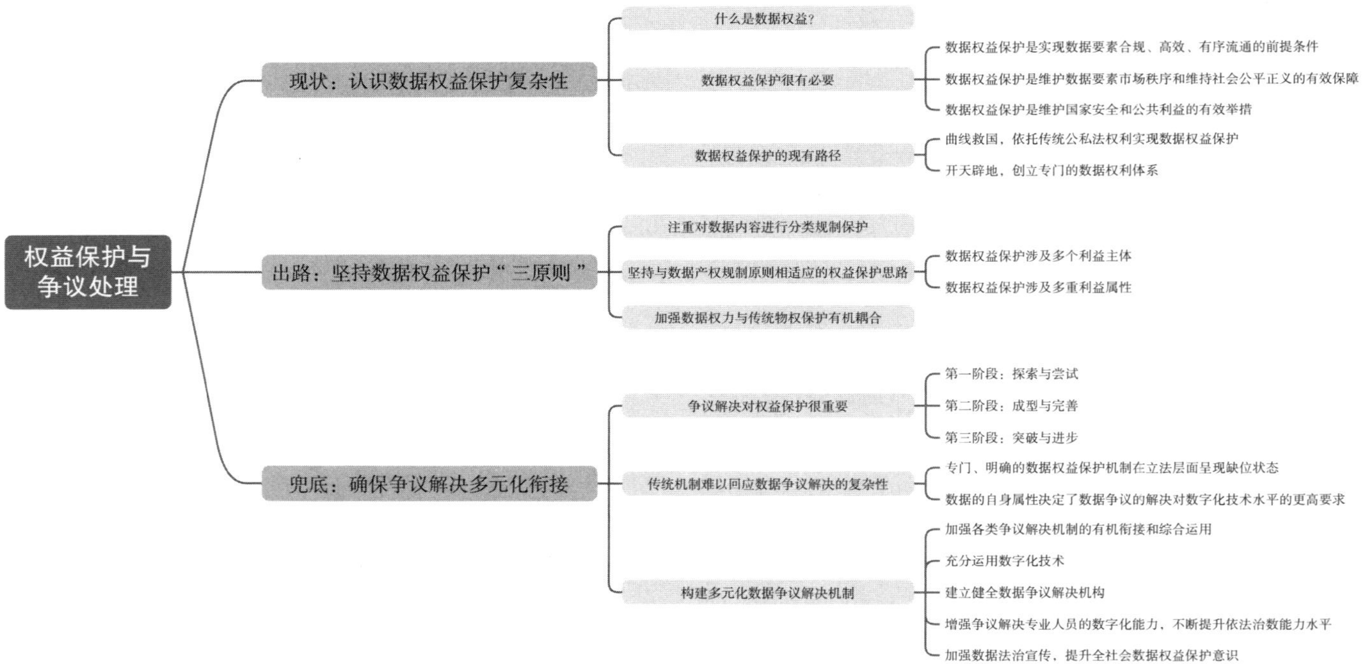

图 9–1　权益保护与争议处理思维导图

第一节　现状：认识数据权益保护复杂性

与传统生产要素相比，数据要素具有非竞争、非排他、可复制、多主体等特性，由此衍生出的权益属性同样具有其复杂性和独特性。在数据权利体系尚不明确、数据权益属性尚未固定的背景下，现有的数据权益保护方式，即依托传统权利和创立数据权利，均兼具合理性和不足之处。因此，在探讨数据权益保护问题时，必须首先承认数据权益的复杂性，并围绕其展开。

一、什么是数据权益?

数字时代，数据已被视为新型生产要素，并深刻改变着生产方式、生活方式和社会治理方式。随着数据愈发深度地融入生产、分配、流通、消费和社会服务管理等各环节，“数据权益”的概念逐渐受到数据要素活动参与者的重视，关于数据权益的思考——“在数据要素生产、分配、流通、消费的大‘蛋糕’中，我的数据权益是什么？我的数据权益将以何种方式得以保护？如果我的权益受到侵犯应该采取什么举措？”——也越来越深刻。大家逐渐意识到，在一个权益保护机制不健全的环境中，数据流通交易不可能走向繁荣，数据要素市场更是无法建立，也无法实现可持续性发展。在探讨数据权益的保护路径之前，我们有必要围绕“什么是数据权益”展开分析。

与上地、人力、资本和技术等传统生产要素相比，数据作为新型生产要素具有其独特性。诚如吴志刚所言：“数据作为一种特殊的无形资源及新的生产要素，最为突出的6个特征表现为，获得的非竞争性、使用的非排他性、源头的非稀缺性、资源的非耗竭性、价值的非衡价性、对象的社会多元性。”[①] 王益民等

① 吴志刚：《加强数据高质量治理　发挥大数据特性优势》，https：//new.qq.com/rain/a/20220123A04YNE00。

也在《数据论》一书中表示，数据的提取方式、表现形式、数据介质、组合形式等多种多样，因此数据具有多样性。数据的利用还会因使用对象、应用场景、数据时效、数据链条复杂度等因素产生变化，因此数据具有混杂性。以上论述皆表明了一个事实——数据是复杂的。相应地，数据权益也不能以简单、片面、武断的眼光理解和看待。

目前，无论是各国法律体系，还是学术界，均未对数据权益形成统一且权威的定义，但数据权益的复杂性和特殊性各界已基本达成了共识——数据权益是一种"综合性"的权益。主流观点认为，数据权益是一种民事权益，其主要依据来自《民法典》。《民法典》第一百二十七条对数据权益的保护做了宣示性的规定，"法律对数据、网络虚拟财产的保护有规定的，依照其规定"，该条被归类于"民事权利"一章，宣告了数据权益本身就是一种民事权益①，但是，《民法典》并未对数据权益进行进一步清晰认定。从现有实际案例来看，数据权益的实现可以通过财产权、著作权、专利权、隐私权保护等路径。

在企业层面，数据往往蕴含着商业秘密和巨大的经济利益，当事企业通常用反不正当竞争法、反垄断法和知识产权法等路径来维护其数据权益。除此之外，在数字时代，数字竞争力成为国家综合国力的重要组成部分之一，而一定形式的数据集往往与国防安全、国家经济、社会稳定、公民利益等具有紧密联系，因此，数据权益还涉及公法领域。由此可见，"数据权益是信息之上产生的多项集合的'权利束'，无法简单地将其看作某一类单一的权利"。

二、数据权益保护很有必要

（一）数据权益保护是实现数据要素合规、高效、有序流通的前提条件

不同于传统生产要素，数据的价值通常不会随着被利用次数增加而降损，

① 王利明，丁晓东．数字时代民法的发展与完善［J］．华东政法大学学报，2023，26（02）：6-21.

反而可能因为被利用而实现价值倍增。可以说，数据的价值正体现在反复和广泛的利用上：数据利用频次越高、利用范围越广，数据资源的经济价值就发挥得越充分。尤其当涉及高价值、高敏感数据时，持有主体多为风险厌恶者，即宁愿损失数据流通应用可带来的潜在收益，也不愿承担数据泄露、数据滥用或数据篡改等其他更大的安全性或利益风险，该现象多出现于公共数据和行业龙头企业所拥有的企业数据领域。

就公共数据而言，由于它兼具国家政府的战略属性和公共利益的属性，所以，因数据权益的不明确、数据权益的保护机制不完善而导致的数据安全和利益的损失，就有可能演变成损害国家利益和公众利益的政治和社会风险。并且，在权责划分模糊的情境下，公共部门及相关人员往往是最终承担责任的一方。在这种情况下，出于规避政治风险和法律责任的考虑，公共部门不愿意将有价值的公共数据拿出来进行共享、应用、交易等流通活动也是“情有可原”。

对企业来说，特别是那些数据贯穿了整个业务流程的企业来说，它们掌握的能够创造价值的数据，通常都是那些蕴含着商业价值，并且对企业的行业竞争力和业务发展前景有着重要影响的数据。所以，如果数据权益得不到保障，企业在数据流通市场感受不到“安全感”，那么这类掌握着海量数据的行业龙头企业，很可能会采取封闭的策略，拒绝数据流通及应用以保持自己的数据垄断地位。

可以说，没有健全、便捷、有效的数据权益保护机制，数据要素市场就不可能走向可持续的繁荣，未来，数据权益保护高地必将成为数据流通交易核心枢纽。

（二）数据权益保护是维护数据要素市场秩序和维持社会公平正义的有效保障

一方面，构建和完善数据权益保护机制，能够直接减少数据争议纠纷和相关侵权行为，从而维持良好的市场秩序，提高数据流通交易的效率。“没有规矩，不成方圆”，许多争议的产生和激化，往往是前期规定或者约定不明，以及后期的权益保护和争议解决的路径缺失所共同导致的。

另一方面，完善的数据权益保护机制有助于捍卫在数据领域相对弱势的群体的合法权益，从而维护社会公平正义。现阶段，数字经济发展面临着一个重要问题，即“数据企业与个人用户之间的利益纠葛”[①]。当前，数据企业例如各类提供交通出行、购物消费、医疗服务、金融服务等与民生相关服务的企业，在业务开展过程中，往往涉及用户个人信息。与数据企业，尤其是持有海量数据资源的龙头企业相比，个人用户的话语权及相应的维权能力十分有限，由于巨大的信息差，个人用户往往是“毫不知情”地被损害了数据权益。

实际上，个人信息权益及财产权益被数据企业侵害的案例并不少见，例如一揽子授权、强制同意、大数据杀熟等。导致这些“血淋淋”事件频繁发生的一大原因就是数据权益不确定、保护路径不清晰。诚然，在《个人信息保护法》《数据安全法》出台之后，强制授权、强制同意、大数据杀熟等侵权行为已得到一定程度的明确和遏制，但数据权益并不局限于个人信息和隐私，还存在着许多其他的财产权益，亟待通过法律来规范。

因此，对数据权益保护的重视和开展，对于捍卫弱势群体的合法权益具有重要意义，对维护社会公平正义以及整个数据要素市场秩序有着积极的推动作用。

（三）数据权益保护是维护国家安全和公共利益的有效举措

“数据权利的意义不仅在于私人财产的保护，同时关涉社会治理与国家战略。”一方面，在数字时代，数据是公共服务和社会治理的基础和手段，也是公共部门进行相关决策的重要依据。公共管理和服务机构在提供公共服务的过程中会收集大量公众个人信息，同时，其在履职过程中也会产生与本机构业务活

① 易继明，钱子瑜．数据权利界定的路径［J］．学习与实践，2023，No.469（03）：23-32.

动紧密相关的数据，这些数据往往涉及公共安全和巨大公共价值。

另一方面，网络和数据安全已然成为国家安全的重要组成部分，而数据主权也是国家主权的重要组成部分。数据网络与经济社会领域的高度融合使得部分数据蕴含有关国家安全的重要信息，再加上，国家事务、国防建设、前沿科技等敏感领域所涉及的数据本身就可能包含影响国家利益的内容，这些数据一旦被侵犯可能直接对国家安全产生威胁。[①] 尤其，数据的无序跨境流动也会对国家数据主权的稳定运行造成影响。

由此可见，数据权益保护不仅涉及私法，还关乎国家安全和公共利益。因此，要构建一套满足国家安全、战略及利益需要的数据权益保护机制，使其具有相应的社会化和公权化色彩。

三、数据权益保护的现有路径

数据作为新型生产要素，蕴藏着个人信息、商业秘密和巨大的经济价值，导致企业之间以及企业和个人之间的数据纠纷不断且有愈演愈烈的趋势：例如，华为与腾讯的数据之争、菜鸟与顺丰的“物流数据”之争和新浪微博诉脉脉不正当竞争案等。虽然，当前数据权益并没有专门的上位法进行详细规定，数据权益的保护路径尚不明晰，但是，关于此问题的理论思考和实践探索从未停歇，在一片“混沌”中，大家也大致摸索出数据权益的保护路径：主要分为依托传统权利和创立数据权利。

（一）曲线救国，依托传统公私法权利实现数据权益保护

数据权益的形式多样，利益关系错综复杂，在“零”的基础上建立一套清晰、固定、公平、高效的数据权益制度有着不可忽视的现实困难。高楼大厦不是一

① 何群，林锦涛．论我国数据法益刑法保护之法益内涵［J］．太原理工大学学报（社会科学版），2023，41（02）：59-67.

朝一夕就能建立起来的，如果要等到专门的数据权利确定之后，再去谈论对数据权益的保护，那么数据要素的流通效率以及数据要素市场的发展程度都会受到极大的影响。有人认为，在数据要素市场初期，我们应当以推动数据要素高效流通为目标，在事先约定的前提下，“搁置争议、共同开发”，在侵权事件发生之后，依托传统公私法权利维护数据权益，并将重心放在建立健全事后救济机制上。如此，数据流动既不会在没系“安全带”的情况下行进，又规避了数据权益的复杂性和事前明确数据权利的困难。由此可见，在没有建立专门的数据权益的情状下，援引已有的相对成熟的公私两大法系来实现对数据权利的保护也是一种现实选择。

具体而言，这种“曲线救国”的方式是指：不提“数据权益”，而是将其分置为财产权、隐私权、知识产权等传统公私法权利，充分运用民商事合同进行事前约定，并在侵害发生后援引我国《民法典》《刑法》《反不正当竞争法》《知识产权保护法》《个人信息保护法》《数据安全法》《网络安全法》《合同法》等进行裁决。实际上，近几年的司法实践已经逐步证实了这条路径的可行性。以“数据信息”为关键词在中国裁判文书网进行全文搜索，并限定裁判区间在2020年1月1日至2023年1月1日，共检索出案由为民事案由的判决书8546份，其中，人格权纠纷的33份，知识产权和竞争纠纷的893份，合同、无因管理、不当得利纠纷的6907份；案由为刑事案由的判决书744份，其中，危害公共安全罪63份，破坏社会主义市场经济秩序罪125份，侵犯公众人身权利、民主权利罪106份，侵犯财产罪187份。

（二）开天辟地，创立专门的数据权利体系

如前文所言，数据权益是一种综合性权益，传统公私法权利的确可以解决数据权益保护的部分问题，但传统物权的保护思路难以回应由数据特性引发的权益运动性和演进性问题。另外，正如科斯所言，“缺乏清晰的产权界定，便不会存在有效的市场”。如果数据权益保护完全靠事后补救，忽略事前明确，极易

引发“公地悲剧”，难以从根本上为广大市场主体提供“安全感”和提升“信任度”，不利于数据要素统一大市场的建立和可持续发展。因此，构建专门的数据权利体系，仍然是数据要素市场建设的推进方向。“数据二十条”对数据产权制度的构建提出了结构性分置的设想，即数据产权可以分置为数据资源持有权、加工使用权、产品经营权等。该意见的印发传递出一个信号，即国家正在研究探索为数据提供权利性路径保护，且已从国家层面为如何确定数据权利提供了政策指引。

诚然，不论是依托传统权利，还是创立数据权利，都无法完美解决所有的数据权益保护问题，两种方式都具有其合理性，但也同时都存在各自的缺陷。对路径一而言，传统物权的权利体系很难与数据及数据权益的特殊性和复杂性相适应，在实际的司法判例中，往往很难将数据侵权案件与传统物权构成要件进行一一对应。并且，部分传统民事权利与数据权益的特性存在矛盾之处，譬如，所有权和著作权具有极强的排他性和垄断性，与数据的非排他性和多主体共有的特征不相符。对路径二而言，创立能适应数据权益之多元化、复杂化及动态化需求的数据权利体系具有现实困难，如何确保该权利体系的科学性和有效性是需要长时间研究探索的重要课题。此外，一些权利一旦固定下来，尤其是所有权，反而存在助长数据资源垄断态势的风险，引发“反公地悲剧”，即无法有效激励数据主体拿出数据、交换数据和利用数据，造成数据要素流通障碍，不利于数字经济高质量发展。

因此，探索构建更加完善且符合中国式现代化发展要求的数据权益保护机制，是更好地发挥数据要素作用、赋能高质量发展的必经之路。

第二节　出路：坚持数据权益保护“三原则”

尊重数据权益保护的复杂性，是探索构建更加完善的数据权益保护机制的前提。基于上文关于依托传统权利和创立数据权利等两大既有数据权益保护方式的讨论，如何构建适应数据权益特性的保护机制是数据要素市场建设中不可回避的重要问题。总结而言，数据权益保护应该坚持三大原则，包括注重对数据内容进行分类规制保护、坚持与数据产权规制原则相适应的权益保护思路、加强数据权利与传统物权保护有机耦合。

一、注重对数据内容进行分类规制保护

从内容和形式来看，数据的内涵十分丰富，具体可以分为：经过加工分析之后具有信息价值的数据；描述特定事件或行为的事实数据；数据知识产品等。不同类别的数据所承载的利益也不尽相同，因此，在构建数据权益保障机制时，需要将数据内容引发的差异纳入考量，并依据数据内容对其进行类型化的权益保护。

卡－梅框架是数据分类规制保护的有效理论框架。该框架由美国学者卡拉布雷西和梅拉米德提出，其抛开了传统的行为模式研究角度，转向效果模式角度，依据公民受法律保护的权益在遭受侵害时所能得到的不同法律救济进行规则上的区分，这些法律救济既可以来自公法领域，也可以来自私法领域，是包括刑事制裁、民事救济、行政处罚以及经济补偿等在内的所有救济方式。由此可见，卡－梅框架可以突破仅从某一部法律或权利对权益保护和救济进行探讨的局限性，而是将分散在不同法律及权利规则归集到同一框架中进行权益保护的分析探讨。卡－梅框架的基本理念在于，只要一项利益能够为法律所保护，则国家所规定的现有法律体系中必然有与之相对应的法律救济，换言之，只要受法律保护的公民权益遭到了侵害，就能在现有法律体系中找到相应的法律责任。基于此，卡－梅框架根据国家对当事主体法益保护和干预程度的不同，将法律规则划分为财产规则（Property Rules）、责任规则（Liability Rules）和禁易规则（Inalienability）三类[①]。后来的学者根据理论和实践的发展，对卡－梅框架

① 谢宜璋．卡－梅框架下个人信息的分类及规制路径——兼评《个人信息保护法（草案）》［J］．电子知识产权，2021，No.354（05）：29-38.

的规则分类进行了补充和完善，主要增加无为规则和管制规则等[①]。

扩展阅读

卡－梅框架下的规则分类

禁易原则，是指法律禁止双方当事人对相关法益进行转让，例如法律规定生命权不可放弃也不可转让。

财产规则，是指法益的交易与转移必须征得法益所有者的同意并由其决定法益的交易价格，例如商业主体在市场中对产品的自由买卖。

责任规则，是指法益的转移并不取决于法益所有者的同意，而是取决于第三方强制要求，通过规定交易价格将法益从法益拥有者转移到法益相对者。

无为规则，是指那些不具备法律承认和保护资格的利益，表达的是一种不予以法律救济的法律立场。

管制规则，是指在法益被承认且归属确定的前提下，允许法益在严格的法律条件下进行特定方式的流转，其目的在于维护社会公共利益。

资料来源：刘倩：《卡－梅框架下我国数据权利的类型化及规则配置》。

运用卡－梅框架分析数据权益保护路径具有独特的价值和意义。一方面，卡－梅框架实则蕴含了一种“权利分割”的方法论，在数据权益保护的类型化界定中具有借鉴意义。该框架下的法益既包括数据信息中可能承载的人格权益、财产权益等，也包括其中可能蕴含的公共利益。并且，该框架将来自公法和私法，包括民事救济与刑事制裁、经济补偿与行政处罚等救济行为均置于其中讨论。此外，通过对数据权益进行分类规制和保护，根据不同的法律救济方式，

① 刘倩．卡－梅框架下我国数据权利的类型化及规则配置［D］．江西财经大学，2020.

实际上可以反推以明确数据在市场中的生产要素的状况，进而对不同使用场景下的数据进行严格的区分，避免出现一概而论的语义扩张。

另一方面，卡－梅框架可以保证对数据权益保护的完整性，既整合了分散在现有公私法体系的多种规制和救济方式，又通过提出“法益”概念，将受法律保护的所有权利及利益纳入保护和救济的讨论框架中。尤其对于数据要素而言，卡－梅框架并不要求数据具有法律明文规定的权利，能够巧妙回避当前我国数据权利缺位的立法现状。

因此，要构建类型化、层级化的数据权益保护机制，适应不同类别的数据内容，以及数据中的不同内容层级，并且针对不同类别和不同层级设计相适应的权益保护方式。

二、坚持与数据产权规制原则相适应的权益保护思路

在注重根据数据内容分类进行数据权益保护的思路基础上，进一步根据数据权益的复杂性和多元性探索数据权益保护，也就是要坚持将数据共有权与用益权分离这一产权规制原则来进行权利保护的思路。

（一）数据权益保护涉及多个利益主体

大数据是大家的数据，各类组织和个人是数据的产生者、处理者、交换者和消费者。正是由于数据要素的复杂性、运动性和非排他性，给予了不同类型的组织和个体以“主人翁”的身份，参与数据的价值创造、价值交换和价值实现的运动过程的机会。同理，对数据权益的保护，也应当将参与以上数据价值活动中的各类组织和个人都纳入其中，并且要始终坚持数据共有权的原则，关注数据要素生产、分配、流通、消费等各个环节，各主体根据其角色和贡献所享有的数据权益的差异性，坚持“价值共创、责任共担、利益均衡”数据共同体理念，调整和完善数据所有者、生产者、处理者、中介服务者、消费者等利益相关方权利义务。这也是数据权益保护区别于土地、资本、技术等其他生产

要素权益保护的特征之一。

（二）数据权益保护涉及多重利益属性

首先，根据权利分割理论，数据涉及多个主体，且不同主体所对应的数据权益各有不同。以大型数字平台在业务开展过程中搜集到的用户数据为例，个人用户享有其数据的所有权，而大型数字平台则对其合法、依规持有的数据享有数据用益权。其次，根据数据层级化赋权的方法论，要将“数据”所蕴含的事实数据、信息和隐私这三层加以区分。事实上，数据作为载体可以分为内容层和符号层，信息即为数据的内容层，其中可能包含构成隐私的各类信息，而这两层之间又是相互关联的，也存在边界重叠的部分。最后，根据“两权分离”与“三权分置”相结合的数据产权结构，“两权分离”是指相关组织和个人共有的数据所有权和数据用益权相分离，“三权分置”是指数据用益权根据数据流通的不同阶段，细分为数据资源持有权、数据加工使用权和数据产品经营权，这也是“数据二十条”提出的数据产权结构性分置的方式。

因此，在探究数据权益保护路径的过程中，必须要将数据本身所蕴含的多重权益属性纳入考量，并与数据确权的有关规制原则相适应，确保不同属性的数据权益可以得到相应的保护及救济。一是客体上要将数据、信息、隐私分开来讨论；二是主体上要根据数据生产、分配、流通、消费等环节将数据产生的来源者与对数据进行采集、加工、存储、经营等活动的数据处理者分开来讨论；三是在权利属性上，要将数据所有权和数据用益权分开来讨论，并区别用益权涉及的数据采集、加工和产品阶段所对应的不同权利表现形式[①]，并在寻求权益保护的依据时按“先法定后约定、有约定从约定、无约定从法定”原则，与数据确权的规制方式保持一致。

① 申卫星：《申卫星：数据产权：从两权分离到三权分置｜第526期民商法前沿论坛实录》，https：//mp.weixin.qq.com/s/h6qJOzPv0XHyvLD9TMIr6w。

三、加强数据权利与传统物权保护有机耦合

当前，不同类型的数据权益保护理论都是以数据的特征为基础，将数据权益及其保护视作一个全新的领域，并且倾向于构建一套完全独立的制度，但却忽视了数据内容的复杂性，也忽略了它与传统信息保护法律制度之间的有机衔接[①]。由于数据内容的复杂性，数据权益又是一种由多项权利构成的“权利束”，因此，对于适用于传统物权保护路径的权益部分，应当积极应用现有成熟的法律框架；对于超出传统物权保护范围的权益部分，应针对这些权利的特点，创立专门的数据权利保护机制；注重数据权利体系与传统物权保护法律制度之间有机耦合，可以在传统物权法律制度的基础上进行数据领域的适应性“改造”。

如上文所述，数据包含信息层和符号层，在信息层中，对于那些符合知识产权和商业秘密构成要件的数据，无论是以传统的形式还是以数据形式存在的，法律所关注的仅仅是其可解析出来的信息内容，这部分数据的权益在实践中可以无差别地适用既有的知识产权、财产权和隐私权等法律规范。除此之外，侵权法、合同法和反不正当竞争法等法律对数据权益中民事权益性质的部分也有很好的保护作用。换言之，由于数据权益的复杂性，在考虑到数据权益保护的时候，要将可以适用于传统物权保护模式的部分进行剥离，与其“浪费立法资源”对这部分数据权益进行权利化设计，不如将其视为一种法益，充分运用既有的法律规制来实现对数据权益的保护。

譬如，就数据交易而言，尽管与传统的货物和服务交易相比其具有一定的特殊性和新颖性，但作为一种市场行为，数据交易依然可以在传统合同法中找到可供参考的地方，大部分交易情形可以与技术服务合同、技术许可合同的相关规定相类比，并借助合同法总则的规定对数据交易进行调整，尊重当事人的

---

① 王冬，叶雄彪．企业数据权益的理论表达及其保护路径［J］．情报理论与实践，2023，46（04）：99-106.

协议确定交易内容和交易规则。[①] 尤其是在目前还没有建立起一套完整的专门数据权利制度的情况下，合同法中蕴含的自治原则让各方“依约定”开展相关交易活动以及构建彼此认同的权益保护机制成为可能，并且增添了其中的灵活性。诚然，随着数据要素市场的发展，可能会产生越来越复杂的交易类型，因此，传统的物权保护规制也许会对新的数据交易权益保护失去效力。此时，这就需要对未来可能会出现的数据交易新模式展开法律剖析，并对其属性进行分析，从而确定其适用规则。

总体而言，数字时代的数据权益保护与传统物权保护存在着很大的差异，鉴于数据以及数据权益的复杂性和运动性，在探索数据权益保护机制时要注重对数据内容进行类别化的规制保护，坚持与数据产权规制原则相适应的权益保护思路，强化数据权利保护与传统物权保护之间的有机耦合。同时，在数据权利保护中，应把握好“一头一尾”两条主线，将事前的风险预防与事后的过错认定相结合，还要注重争议解决和赔偿救济方式的多样化。

第三节　兜底：确保争议解决多元化衔接

假若将数据权益的明晰和确定比作数据权益保护的“头”，那么便捷、有效、合理的数据争议解决机制则是数据权益保护中不可或缺的“尾”。我国在人力、资本等要素领域的争议解决机制已经相对成熟，但相关传统争议解决机制很难完全回应数据权益纠纷的复杂性及其对数字化技术的要求。为构建多元化的数据争议解决机制，本节建议加强各类争议解决机制的有机衔接和综合运用，充分运用数字化技术，并以国家数据局组建为契机，建立健全数据争议解决机构，与此同时，增强争议解决专业人员的数字化能力，加强面向全社会的数据法治

---

① 王冬，叶雄彪．企业数据权益的理论表达及其保护路径［J］．情报理论与实践，2023，46（04）：99-106.

宣传，提升全体人民数据权益保护意识。

一、争议解决对权益保护很重要

争议解决机制，指一个社会为解决争议而建立的由规则、制度、程序和机构（组织）及活动构成的系统[①]。2004 年起，我国循序渐进地建立起了三类争议解决途径：自力救济（自决、和解），社会救济（仲裁、诉讼外调解）和公力救济（诉讼、行政裁决）。

（一）第一阶段：探索与尝试

我国争议解决机制改革的序幕：2004 年最高人民法院印发《人民法院第二个五年改革纲要（2004—2008）》，首次提出建立健全多元化的纠纷解决机制。2007 年，甘肃定西、福建莆田、上海浦东、广东东莞等地法院作为全国首批改革试点，开始通过地方试点实践累积我国争议解决机制发展完善所需经验。同年 7 月，最高人民法院成立了“多元纠纷解决机制改革”项目课题组。国务院法制办、司法部等十余个单位参与了诉讼调解、行政调解、人民调解、律师调解等 14 个子课题的调研和改革方案起草[②]。

（二）第二阶段：成型与完善

2008 年，最高人民法院提出了多元化纠纷解决机制“三步走”改革步骤，即“法院做好诉调对接、中央出台相关政策、改革成果转化为立法”[③]。围绕“三步走”改革步骤，最高人民法院发布了一系列改革文件，《关于建立健全诉讼与

① 大同县法院：《我国劳动争议解决机制之完善》，https：//www.chinacourt.org/article/detail/2016/03/id/1827947.shtml。

② 蒋惠岭：《我国多元纠纷解决机制改革进程》，http：//txzfw.taixing.cn/A/?C-1-482.Html。

③ 黄鸣鹤：《多元化纠纷解决机制的“三步走战略”与“三个功能维度”》，https：//mp.weixin.qq.com/s/7fVTXhdyD2rPScfXZ4Zf1g。

非诉讼相衔接的矛盾纠纷解决机制的若干意见》将仲裁、行政调解、人民调解、商事调解、行业调解纳入非诉纠纷解决方式；《关于深入推进矛盾纠纷大调解工作的指导意见》提出了“调解优先”的概念；2011 年 1 月 1 日施行的《中华人民共和国人民调解法》为调解制度提供了法律保障。2012 年新修订的《中华人民共和国民事诉讼法》规定“当事人起诉到人民法院的民事纠纷，适宜调解的，先行调解，但当事人拒绝调解的除外”。以立法形式首次明确了“先行调解”的理念和制度。

（三）第三阶段：突破与进步

2014 年发布的《中共中央关于全面推进依法治国若干重大问题的决定》明确提出“健全依法维权和化解纠纷机制”，“健全社会矛盾纠纷预防化解机制，完善调解、仲裁、行政裁决、行政复议、诉讼等有机衔接、相互协调的多元化纠纷解决机制”。2015 年 4 月 9 日，全国法院多元化纠纷解决机制改革工作推进会在四川眉山召开，会上提出树立“国家主导、司法推动、社会参与、多元并举、法治保障”的现代纠纷解决理念。2022 年发布的《第十三届全国人民代表大会第五次会议关于最高人民法院工作报告的决议》提出“健全中国特色一站式多元纠纷解决和诉讼服务体系”，明晰了我国争议解决机制的“下一步”和“进一步”。

起源于美国的替代性纠纷解决机制为我国争议解决机制的发展提供了宝贵的国外实践经验。美国 1988 年《替代性纠纷解决机制法》规定：“替代性争议解决程序包括由主审法官裁决以外的任何过程或程序，在该过程中通过早期中立评估、调解、审判和仲裁等程序，由中立的第三方参与协助解决争议问题。”依据主持纠纷主体的不同，替代性纠纷解决机制可分为两大类：一是社会主导型，在我国主要表现为仲裁、人民调解、劳动争议处理机制、行政机关纠纷处理机制、医疗纠纷处理机制、消费者纠纷解决机制等；二是在法院内部建立的附设型替代性纠纷解决机制，在我国包括法院立案前的委派调解、委托调解和协助调解、当事人诉讼期间庭外和解等形式[①]。

不论是从我国的司法实践，还是域外的实践经验来看，司法审判作为争议解决的途径而言是举足轻重且不可或缺的。但司法审判不能成为争议解决的“第一道门”，也不能成为争议解决的唯一渠道，非诉讼的争议解决途径和方式也同样不可或缺。

争议解决机制的价值就在于为当事人之间的关系提供法律上的依据和保护，能够为当事人提供一个公平公正、高效便捷、低成本的争议解决途径，它能够解决或缓解权益争议中所产生的冲突和矛盾，进而保障当事人之间的权益关系得以维持，实现和谐稳定。因此，争议解决机制的建设和完善是我国提高数据权益保护能力的重要一环，是在数字时代下建设法治中国的关键地基。

扩展阅读

我国现有争议解决机制主要有哪些？

劳动仲裁。目前我国劳动争议的处理程序可用“一调一裁两审”来概括，也就是说在劳动争议发生后，双方当事人可以先申请劳动调解，若双方无调解意愿、调解不成或存在不履行调解协议的情况，权利人可在知道或应当知道其权利被侵害之日起一年以内向劳动争议仲裁委员会申请仲裁；若当事人对仲裁裁决不服，可向人民法院提起诉讼，按民事诉讼法的相关规定实行两审终审制。为了贯彻落实劳动争议及时、有效处理的原则，我国对“一调一裁两审”的程序作出了变革，提出了一种附有条件的裁决制度——“一裁终局”，其适用于以下两种情形：不超过当地十二个月最低月工资标准的，关于劳动补偿、工伤

① 大成太原办公室:《国外替代性纠纷解决机制（ADR）概述及对我国的借鉴意义》，https：//mp.weixin.qq.com/s/cbSAuymOxoalC6Jw6-0YQw。

医疗费用、经济补偿或报销索赔纠纷存在的争议；在关于工作时长、休息时间、社会保险等方面与国家劳动标准存在的争议。

金融争议解决。金融消费争议本质上是一种合同纠纷，在实践中主要通过现场协商、向金融机构或金融监管机构投诉、调解、仲裁和诉讼实现维权。为了进一步畅通金融消费者权利救济渠道，2019 年 11 月最高人民法院、人民银行、银保监会三家联合印发了《关于全面推进金融纠纷多元化解机制建设的意见》，其中明确提出"平等民商事主体之间因金融业务产生的合同和侵权责任纠纷，可以向金融纠纷调解组织申请调解"。此外，文件也规定了人民法院在对金融争议案件的受理、审理的过程中应当贯彻落实"调解优先、调判结合"方针，具备可调解要素的争议，按照自愿、合法原则，采取立案前委派、立案后委托、诉中邀请等方式，引导当事人通过金融纠纷调解组织解决。

税务争议解决。按照我国现行国内法及国际税收协定的相关规定，当纳税人与税务机关发生跨境税收争议时，纳税人可以选择国内法规定的税务行政复议程序、税务行政诉讼程序等争议解决途径，也可诉诸对外签订的税收协定规定的具有国际法性质的相互协商程序。根据我国《税务行政复议规则》的相关规定，税务行政复议是指税务当事人（包括但不限于纳税人、扣缴义务人、纳税担保人）不服税务机关及其工作人员作出的税务具体行政行为，依法向上一级税务机关（复议机关）提出申请，复议机关经审理对原税务机关具体行政行为依法作出维持、变更、撤销等决定的活动。

二、传统机制难以回应数据争议解决的复杂性

（一）专门、明确的数据权益保护机制在立法层面呈现缺位状态

从数据权益保护机制上看，目前学术界对数据权益保护模式的观点主要包括物权保护模式、债权保护模式、知识产权保护模式、事实财产保护模式以及新型权利保护模式等。其中，物权保护模式、债权保护模式、知识产权保护模

式都是在现有的法律制度框架下寻求数据权益保护的可能路径，但在实操中，往往存在着不适配、无法获得充分法律支持等障碍。而创新建立专门的数据权利体系又面临数据权益极具复杂性的现实困难，并非一蹴而就的事情。

在农业与小工商社会，侵权大多损害确定、因果关系简单、侵权方与被侵权方关系相对清晰。进入数字时代后，侵权责任法面临的情形发生了重大变化。第一，数据侵权成为亟须解决的民事难题，仅仅依靠反不正当竞争法难以对数据权益进行有效保护。第二，“大规模微型侵害”成为重要的侵权类型。这种“大规模微型侵害”是指，对个体而言，损害可能是微型的，但是它常常针对众多的信息主体，所以又是大规模的。第三，网络平台的兴起也使侵权责任的界定变得更为复杂。平台具有媒介的特征，在传统法律责任体系中可能被免除责任或可以适用避风港规则，但随着平台组织与管理功能的增强，其履行合理安全保障的守门员责任也日益凸显。第四，算法与人工智能的兴起使很多侵权认定变得复杂。由于侵权行为发生重大变化，数字时代的侵权责任法应当在保护功能、内容、方法等多方面作出相应的改变。

（二）数据的自身属性决定了数据争议的解决对数字化技术水平的更高要求

就技术发展与争议数量的关系而言，技术发展与革新带动了争议数量的增长和类别的增加。一般而言，技术创新程度最深、活跃最甚的行业领域也是争议数量增长最快的行业领域。数据要素市场培育和数据要素流通交易规范无疑是当前的热点领域，这也意味着数据权益争议的数量和类别必然产生很大变动，对数字公平和数字正义的追求必定会对传统的争议解决机制带来冲击。

数据权益是在数据流通中产生的，这也就决定了数据争议解决机制必须充分应用数字化技术。数据在流通过程中出于对价值和安全的考虑，通常需要进行数据清洗、数据脱敏、数据加密等，也就是说数据争议的客体必然大量应用了隐私计算、区块链、大数据、人工智能等数字化技术。若数据争议解决机制缺乏了数字化技术的运用，则很可能在证据采集、证据评定、裁判规则等方面无法作出公平、公正、高效的判断。

三、构建多元化数据争议解决机制

为此，打造数据权益保护高地，必须要把握住数据权益保护的“最后一道门”——构建多元化数据权益争议解决机制。多元化争议解决机制是指一个社会中各种争议、纠纷解决方式、程序或制度（包括诉讼与非诉讼两大类）共同存在、相互协调所构成的纠纷解决系统[①]。时代的发展以及数据要素的相关特性都决定了单一性的诉讼手段已经无法满足数据权益保护的相关需求，多元化数据争议解决机制的构建定为大势所趋。多元化数据争议解决机制的构建要在充分把握数据特性以及争议处理机制的公平性、效率性，考虑成本效益分析的基础上，从以下几个方面着手。

（一）加强各类争议解决机制的有机衔接和综合运用

在争议解决机制的多元化、一体化发展方面，可以借鉴我国一站式多元解纷和诉讼服务体系建设工作的相关经验。譬如，在消费、互联网、医疗卫生等数据权益争议易发、多发的重点行业领域中，可以构建起信息共享、业务协同和诉非衔接机制，将类型化的争议赔偿标准、证据规则等进行统一，从而预防和减少争议的发生，健全各类调解联动工作体系。

另外，拓宽、掘深与政府部门的沟通渠道，加强与人民调解、行业专业调解、行政调解、律师调解、仲裁、公证等衔接，统筹运用刑事、民事、行政、公益诉讼检察监督，通过加强不同检察部门之间的信息共享、线索移送、证据转换、人员协作、会商研判之间的衔接紧密度，研究判定数据争议侵犯的法益是否需要进行综合处置。也可邀请人大代表、政协委员、专家、学者等社会第三方参与，

① 范愉．当代世界多元化纠纷解决机制的发展与启示［J］．中国应用法学，2017，No.3（03）：48-64.

从而在阐明多元化数据争议解决机制优势、引导非诉讼解纷方式、宣传等方面发挥社会合力[①]。

（二）充分运用数字化技术

争议的事前预防是争议解决机制的重要部分，算法技术、大数据、人工智能等数字化技术的应用能够收集、处理、分析和存储争议解决全过程产生的处理时间、赔偿标准、解决规则等数据，从而提高争议预防实现的可能性，也有利于建设争议发生风险提前预警机制，提醒当事人或公共机构及时采取相应的防范措施[②]。

数字化技术的运用也能打破传统争议解决机制时间、场所的桎梏，为争议解决带来更多灵活性。近年来我国已为“互联网＋”司法深度融合作出了许多有益探索，比如智慧法院、智慧法庭、人民法院调解平台，广州仲裁委员会更是在2022年设立了全球首个元宇宙仲裁院，开创了元宇宙仲裁规治的先河。因此，进一步推动5G、人工智能、大数据、云计算、区块链等现代科技在争议解决领域深度应用是当事人的需求，也是信息化、数字化的时代要求。

案例9-1

全场域　在线审　广州互联网法院推出全国首个虚拟“YUE法庭”

广州互联网法院是粤港澳大湾区唯一一家互联网法院，“YUE法庭”是广州互联网法院在疫情期间紧急孵化出一项在线诉讼技术，其本质为5G云法庭，即

① 最高人民法院：《最高人民法院关于深化人民法院一站式多元解纷机制建设推动矛盾纠纷源头化解的实施意见》，https：//www.court.gov.cn/zixun/xiangqing/324731.html。

② 廖永安，江和平．劳动争议化解机制的现实困境与优化路径［J］．湘潭大学学报（哲学社会科学版），2023，47（01）：58-64．

利用信息技术手段搭建虚拟场景法庭，使得法官、陪审员、当事人等相关方能够摆脱时空限制，在真切的法庭场景进行审判，已在广州、香港、澳门等多地相继布设可提供一体化诉讼服务的便民终端机“E 法庭”，融合自助立案、远程开庭、智能送达、在线调解等八大功能，打通了互联网司法服务“最后一公里”。

截至 2022 年 9 月，广州互联网法院目前集中管辖广州市辖区内应当由基层人民法院受理的 11 类互联网案件，已累计受理案件 19.2 万宗，审结 18.4 万宗，一审服判息诉率 98.25%，自动履行率 86.67%，办案质效居全国前列。

资料来源：广州互联网法院：《广州互联网法院推出全国首个虚拟“YUE 法庭”开启全场域在线庭审新模式》；广州政法：《广州“24 小时不打烊”法院，4 年结案 184000 多宗》。

案例 9–2

跨国界　云仲裁　广州仲裁委推出全球首个 APEC 成员商事争议解决平台

中国作为 APEC 主要经济体成员，积极践行责任担当，致力于同亚太各经济体一同共同挖掘 ODR 平台潜力，助力中小微企业跨境商事纠纷高效解决。广州仲裁委获司法部唯一推荐参与 APEC-ODR 机制建设，并于 2021 年 1 月上线全球首个 APEC 成员中小微企业商事争议在线解决平台，也是 APEC21 个成员经济体中首个完全符合《亚太经合组织跨境电商（B2B）在线争端解决合作框架》及《示范程序规则》的 ODR 平台。

在解纷流程中，面向谈判阶段，平台研发应用“谈判助手”，通过智能化手段辅助争议双方协商，最大限度避免谈判陷入僵局；面向调解阶段，平台实现异步调解和背靠背调解，并提供视频调解、文书智能生成、在线签署等多项功能，运用信息化技术赋能，为调解提速加码。若调解不成，企业还能在线一键申请仲裁，平台支持仲裁文书的智能生成、裁决书的在线送达，以进一步推动争议的实质性化解。

截至 2022 年 6 月，广州仲裁委已与内地 150 家仲裁机构和 41 家境外仲裁机构签约认可并共同推广广州仲裁委制定的全球首个互联网仲裁推荐标准——“广州标准”。境外仲裁机构主要包含港澳台地区、新加坡、韩国、俄罗斯、匈牙利、伊朗、巴西等 APEC 成员国家以及“一带一路”沿线国家及地区。

资料来源：司法部：《首个 APEC 成员经济体 ODR 平台在广州仲裁委上线》；人民资讯：《首个 APEC 成员跨境电商中小微企业商事争议在线解决平台正式上线》；广州仲裁委员会：《亚太经合组织（APEC）官网盛赞广州仲裁委 ODR 平台定分止争》。

（三）建立健全数据争议解决机构

根据 2023 年 3 月 7 日国务院关于提请审议国务院机构改革方案的议案，我国将组建国家数据局。数据权益争议问题需要统筹地方和中央多主体参与以形成解决合力，此次国家数据局的组建将发挥示范带动作用，统筹各省相关数据管理机构据此对标，规范发展，并理顺与网信部、发改委、工信部门的关系。国家数据局的组建或将成为协调各方协作、推进数据争议解决工作的“纽带”，可以通过组建专门的数据争议执法大队，在数据争议的事前预防和高效解决中起到重要推进作用。

此外，要支持培育第三方数据仲裁服务机构，为市场主体提供专业、中立的仲裁及咨询服务。2022 年，我国数字经济规模达 50.2 万亿元，总量稳居世界第二，占 GDP 比重提升至 41.5%，数字经济成为稳增长促转型的重要引擎。有流通交易的地方就避免不了争议纠纷，数据流通交易活动的爆发式增长必然相应地带来数据争议纠纷的产生。鉴于仲裁具有审理周期短、非公开审理的保密可靠性以及仲裁成本较低等优势，与司法诉讼相比，仲裁或将成为数据交易主体处理权益争议的优先选择。因此，数据要素市场对专门化、专业化的数据仲裁服务机构的需求已愈发迫切。

案例 9-3

懂数据 解纠纷 广东在全国法院系统率先成立涉数据纠纷合议庭

2021 年 9 月，广州互联网法院主动适应数字化发展要求，成立全国首个横跨 3 个审判业务部门的涉数据纠纷专业合议庭，聚焦网络虚拟财产、数据财产权益、个人信息保护、互联网竞争秩序、人工智能技术等领域，为破解"数据孤岛"、数据交易失范及价值不明、数据安全存疑等问题，提供司法"新解"，填补司法空白，促进裁判规则统一，服务构建公正透明的营商环境。

针对数据权益争议案件的特性，试行诉讼标的、数据主体、使用场景、处理环节"四维识别机制"，实现立案智能甄别。采取专家型人民陪审员制度，建立具有特定专业知识的专家型人民陪审员队伍，辅助法官准确认定案件事实，提升法律适用准确性。

数据纠纷合议庭成立以来，已受理涉数据纠纷案件超 600 件，妥善运用公平原则、效率原则和劳动价值论等跨学科理论，及时回应了社会公众关注的数据权属与数据流通中产生的法律问题。

截至 2022 年 6 月，广州仲裁委已与内地 150 家仲裁机构和 41 家境外仲裁机构签约认可并共同推广广州仲裁委制定的全球首个互联网仲裁推荐标准——"广州标准"。境外仲裁机构主要包含港澳台地区、新加坡、韩国、俄罗斯、匈牙利、伊朗、巴西等 APEC 成员国家以及"一带一路"沿线国家及地区。

资料来源：杜玮淦，吁青，刘梦薇：《广东在全国法院系统率先成立涉数据纠纷合议庭》；广东省政务服务数据管理局：《广州互联网法院成立全国首个涉数据纠纷专业合议庭》。

（四）增强争议解决专业人员的数字化能力，不断提升依法治数能力水平

数据争议解决机制建设对数字化技术发展的需求，既要从技术应用和革新入手，又要重视技术思维和认识的塑造，没有任何一名争议解决专业人员能够“置身事外”。增强争议解决人员的数字化能力，要吸纳法学与信息技术、人工智能、计算机科学等专业的复合型人才，在人员构成上提高具有专业背景人员的比例；要建立、完善数字化学习的激励机制，以学促进，以学督干，持续塑造专业人员的数字化认知和思维，不断提升专业人员的数字化服务管理能力；要营造全员参与、全员互助的积极良好氛围，定期组织面向全体专业人员的理论培训和实操性技能培训。

（五）加强数据法治宣传，提升全社会数据权益保护意识

大数据是大家的数据，数据权益涉及多方主体，数据权益的保护更是离不开社会公众的意识和努力。要通过宣传数据、数字化、数字经济、数据要素流通等方面的法律法规和制度政策以及数据争议解决有关路径，唤起社会公众对数据权益保护的意识。另外，要加强对数据型企业的宣传教育，引导企业合法合规参与数据要素流通活动，鼓励、督促企业积极履行法律义务及承担社会责任，构建“人人权益得保障，出现争议能解决”的数据要素市场。

扩展阅读

数据争议解决机制的温州经验

随着数据作为新生产要素其价值被进一步发掘，涉数据权益的争议纠纷案件也不可避免地随之而来。为更好推动数据要素集聚、优质企业集聚、创新力量集聚，为温州打造数据产业集群新优势提供有力司法保障，为全省乃至全国

数据资源专业审判提供基层探索经验，确保数据权益保护落到实处，温州市在构建数据争议解决机制率先迈出关键一步，于2022年5月成立了全国首个数据资源法庭和数据资源仲裁院。

数据资源法庭。2022年5月，温州瓯海获批设立“数据资源法庭”，这也是全国首个数据资源法庭，从此数据之争有了“专属裁判”。自设立以来，温州数据资源法庭始终积极探索完善数据资源“三合一”审判模式、探索数字经济治理规则等方面，靠前调研产业发展困境，着力构建数据要素全生命周期司法保护体系。在审理一体化方面，数据资源法庭实行刑事、民事、行政“三合一”归口审理模式，只要案件涉及数据资源，就可以在此审理。在审理能力提升方面，瓯海法院先后出台了5份审判规则、司法保障等意见，温州中院成立了工作专班，每月研判分析，加强工作指导。瓯海法院也同步建立了专项团队以推进法庭建设。此外，温州两级法院积极对数据来源的合法性判定、数据利用的合规性判定、数据联合计算安全合规评估、数据产品交易行为安全合规评估等方面提供司法指导意见。在部门衔接与沟通方面，法院联合市委网信办、市发改委、市经信局、市大数据局、瓯海区政府等单位及数据合规领域专家学者定期召开数据安全合规论证会，在制度设计层面确保从场景设计到产品产出全生命周期的合规性。截至2023年4月底，数据资源法庭共审理“利用知名平台盗卖账号”“短视频代运营纠纷”“个人隐私泄露安宁权纠纷”等知名数据资源类案件271件，其中民事案件247件、刑事案件24件，涉及虚拟币、非法代充游戏道具、作品信息网络传播、侵犯公民个人信息等多个前沿领域，不断探索新型数据资源诉讼规则，为营造开放、健康、安全的数字生态温州样板提供有力的司法保障。

数据资源仲裁院。温州数据资源仲裁院主要受理平等民事主体之间在数据资源生产、储存、交易、使用等各环节中，因数据交易定价、保密、权属等问题引发的合同纠纷、知识产权纠纷及其他财产权益纠纷。该院主要依托线上数字化应用运行立案受理、材料送达、开庭审理等裁判程序；同时，线下组建一支数据专家队伍和2名常驻工作人员助力支撑数据案件审理和实体服务咨询事项。目前，该院依托互联网远程视频审理功能，已审理首起涉外数据产品交易仲裁案件，并成功促成双方和解。数据资源仲裁院在致力于平等保护数据提供方、使用方和数据交易各方的合法权益，完善多元化数据资源民商事纠纷解决机制的同时，积极倡导合法使用数据和增强数据合规安全意识，为各方提供事前、事中、事后合规安全审查服务，为数字经济健康发展提供准司法保障。

资料来源：蒋文泽，连佳佳：《全国首个｜这个法庭为数据领域司法审判提供温州经验》；温州市司法局：《温州市成立全国首家数据资源仲裁院》；陈东升，黄瑞琦：《全国首家数据资源法庭成立一周年创造数字经济司法保护“温州经验”》。

第十章　国内与国外数据流动

在新发展格局下，做大做强国内数据要素统一大市场的同时，积极开拓多元化国际市场，深度对接国际经贸体系，有效利用国内国际两个市场两种数据资源，更高水平参与国内国际双循环。以场景创新为牵引，加快全面数字化发展，催生新产业、新业态和新模式，激活重要领域数据潜能，推动建设更具国际竞争力的现代产业体系。围绕区域发展战略，率先打造粤港澳大湾区、长三角地区、京津冀地区、成渝经济圈等若干区域一体化数据要素市场，支撑全国统一大市场建设。适时将北京、上海、广东打造成为国内数据要素大循环的核心枢纽和国内国际双循环的战略链接点，打造可信跨境数据空间，维护数据主权。

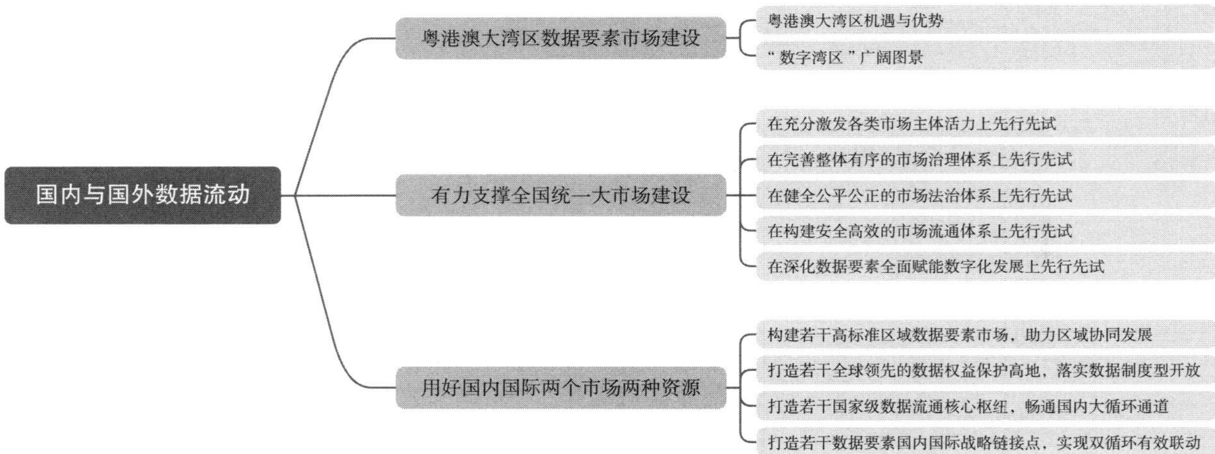

图 10–1　国内与国外数据流动思维导图

第一节　粤港澳大湾区数据要素市场建设

粤港澳大湾区是我国开放程度最高、经济活力最强的区域之一，在国家发展大局中具有重要战略地位。建设粤港澳大湾区，既是新时代推动形成全面开放新格局的新尝试，也是推动“一国两制”事业发展的新实践。广东省身处粤港澳大湾区，是内地与港澳地区进行经济、文化、政治联系交往的重要纽带，在政策保障、体制机制和区域位置等方面具有明显优势。

一、粤港澳大湾区机遇与优势

2019 年 2 月，党中央、国务院印发了《粤港澳大湾区发展规划纲要》，明确粤港澳大湾区在国家发展大局中具有重要战略地位，并提出在遵循创新驱动、改革引领、协调发展、统筹兼顾、绿色发展、保护生态、开放合作、互利共赢、共享发展、改善民生、“一国两制”、依法办事等原则下，加强粤港澳深度合作，提升粤港澳大湾区综合实力，形成以创新为主要支撑的经济体系和发展模式。因此，粤港澳大湾区发展建设具有国家层面纲领性文件保障。同时，深圳作为我国首批经济特区，并在 2019 年被中央赋予建设中国特色社会主义先行示范区的新使命，在重点领域和关键环节改革上获得更多自主权及政策支持。

广东省作为粤港澳大湾区的关键组成部分，享有粤港澳大湾区在交通、经济、国际等方面的区位优势。粤港澳大湾区地处我国沿海开放前沿，以泛珠三角区域为广阔发展腹地，在“一带一路”建设中具有重要地位。一是交通条件便利，拥有香港国际航运中心和吞吐量位居世界前列的广州、深圳等重要港口，以及香港、广州、深圳等具有国际影响力的航空枢纽，便捷高效的现代综合交通运输体系正在加速形成。二是经济实力雄厚，经济发展水平全国领先，产业体系完备，集群优势明显，经济互补性强，香港、澳门服务业高度发达，珠三角九市已初步形成以战略性新型产业为先导、先进制造业和现代服务业为主体的产业结构。三是创新要素集聚，创新驱动发展战略深入实施，广东全面创新改革试验稳步推进，国家自主创新示范区加快建设；粤港澳三地科技研发、转化能力突出，拥有一批在全国乃至全球具有重要影响力的高校、科研院所、高新技术企业和国家大科学工程，创新要素吸引力强，具备建设国际科技创新中心的良好基础。四是国际化水平领先，香港作为国际金融、航运、贸易中心和国际航空枢纽，拥有高度国际化、法治化的营商环境以及遍布全球的商业网络，是全球最自由经济体之一；澳门作为世界旅游休闲中心和中国与葡语国家商贸合作服务平台的作用不断强化，多元文化交流的功能日益彰显；珠三角九市是内地外向度最高的经济区域和对外开放的重要窗口，在全国加快构建开放型经济新体制中具有重要地位和作用。

案例 10–1

跨边界　共未来　深圳外贸新业态的“金字招牌”

《关于深圳建设中国特色社会主义先行示范区　放宽市场准入若干特别措施的意见》明确指出“放宽数据要素交易和跨境数据业务等相关领域市场准入”的要求，鼓励企业加强数据跨境合作，促进数字经济的发展。

加强国际合作，使企业更好融入全球市场，提升企业国际竞争力。提供跨境电商平台，帮助企业实现海外销售和物流配送。支持多种货币结算和支付方式，为企业提供便捷的跨境支付解决方案。构建数据海关创新应用“跨境贸易大数据平台”助企业提高通关效率。推出了“单一窗口”系统，实现跨境贸易的电子化申报和清关，提高通关效率和贸易便利性。

统计数据显示，深圳跨境电商产业年产值规模已超 5000 亿元。2022 年深圳跨境电商进出口额超 1800 亿元，同比增长超 2.3 倍，成为深圳外贸新业态的“金字招牌”。

资料来源：市口岸办：《深圳市跨境电商产业年产值规模超 5000 亿元》。

二、“数字湾区”广阔图景

当前，大湾区建设进入新阶段，经济、社会等各方面融合发展诉求更加凸显，数字湾区迎来重要的发展机遇期。香港、澳门具备良好的经济基础和数字化发展条件，拥有大量适应数字化发展要求的专业人才，“数字湾区”建设将作为数字化广东建设的先手棋和粤港澳大湾区建设的主战场。加快推动“湾区通”工程，充分发挥数字政府牵引支撑作用，以数字化助推粤港澳三地营商环境、产业发展、社会治理与公共服务深度融合，统一大市场加速形成，数字化规制规则与新型基础设施软硬联通，打造各类要素资源充分聚集、畅通流动的智慧城市群，居民企业宜居宜业、舒适便利的优质生活圈。广东省将充分发挥数字政府建设“大平台、大数据、大服务、大治理、大协同”的牵引和支撑能力，从“要素通”“基座通”“营商通”“产业通”“治理通”“政务通”“深度融湾”七个方面推进“数字湾区”的建设。

“要素通”方面。建设粤港澳大湾区大数据中心，推动香港数据一站通、空间数据一站通与“开放广东”政府数据统一开放平台协同，探索跨境数据流通“白名单”制度和“港澳数据储存特区”，推动数据要素畅通流动。整合粤港澳三地网络资源、算力资源、存储资源和数据资源，探索构建湾区数据综合业务网，建设三地互通的数据要素网络。以广州、深圳数据交易所为载体，建设市场制度、交易规则和平台载体统一的湾区数据要素交易市场，推动建立湾区统一的数据资产登记规则，推动粤港澳三地合作建立数据要素集聚发展区，建设湾区数据要素统一大市场。推动粤港澳协同引才，创新实施“居住在港澳、工作在内地”“科研在港澳、转化在内地”的柔性引才机制，推进“数字湾区”建设人才培养计划，打造数字化人才聚集高地。[①]

① 21世纪经济报道:《杨鹏飞：广东展望“数字湾区”新图景，七大方面推进建设》，https：//www.21jingji.com/article/20230413/herald/56aff45e061bc35770741e5a0a05695c.html。

案例 10-2

立潮头　大胆闯　深圳数据交易所跨境数据交易探索之路

深圳数据交易所通过建立国际化的数据交易平台，在数据跨境合规认定领域、交易平台、交易咨询服务的先锋模仿、数据跨境技术范围等方面先行探索。为中国企业提供了更加便捷、高效的数据跨境交易服务，同时也为国际企业提供了更加广阔的中国市场机会。

国内首单场内跨境数据交易撮合成交了总金额约 500 万元的 5 笔交易，该交易的落地，为我国跨境数据交易作出了积极探索，在跨境数据交易流程与制度、数据合规安全等方面积累了经验。截至 2023 年 3 月 31 日，深圳数据交易所已完成登记备案的跨境交易达 16 笔，覆盖金融科技、数字营销、公共服务等 106 类应用场景，交易规模全国第一。

资料来源：中工网:《明码标价让数据“活”起来“用”起来》。

“基座通”方面。推进湾区 5G 网络深度覆盖，推进国家新型互联网交换中心建设，建设高速泛在融合的网络基础设施。对接国家“东数西算”战略，加快一体化算力网络粤港澳大湾区国家枢纽节点建设，推动湾区内算力基础设施共建共享和融合发展。探索建立湾区网络安全对接机制，推动粤港澳三地网络安全资质互认，建立健全粤港澳三地数据安全、权利保护、跨境传输管理、交易流通、开放共享、安全认证等基础制度和标准规范，强化网络和数据安全防护合作。[①]

“营商通”方面。发挥“粤商通”平台优势，推动与香港、澳门经贸合作信息平台融合对接，为湾区企业提供从开办、年报、融资、税务、政策兑现等一

① 21 世纪经济报道:《杨鹏飞：广东展望“数字湾区”新图景，七大方面推进建设》，https：//www.21jingji.com/article/20230413/herald/56aff45e061bc35770741e5a0a05695c.html。

站式服务，优化市场主体投资生产经营全链条服务。依托“粤商通”平台搭建湾区招商引资平台，为供需双方提供资源互通、服务融合、项目对接、园区展示等综合服务，助推粤港澳三地政府和企业精准高效招商。优化湾区市场主体诉求响应服务，探索市场主体诉求响应平台与香港、澳门特区政府服务平台联动，强化市场主体诉求响应，切实为市场主体纾困解难。加快推进湾区货物通关便利化，推动香港“跨境一锁计划”、澳门“清关易”、广深“湾区一港通”电子化通关建设，加快实现港澳居民往来内地乘车接驳“一码通”，提升数字化便捷通关效率。①

“产业通”方面。加快推动粤港澳三地数字技术联合创新和产业化，对标全球领先地区加快构建高标准、一体化的完整数据产业链，加快湾区数字化产业集聚发展。深化广东国家工业互联网示范区建设，深入实施产业集群数字化转型工程，加快产业数字化转型。加快粤港澳大湾区国际科技创新中心、综合性国家科学中心建设，充分激发数字技术创新动能。②

“治理通”方面。不断完善“一网统管”体系建设，提升“粤治慧”省域治理数字化总平台能力，探索构建湾区治理数字化支撑体系，依托“粤经济”平台推动“湾区经济”“五大要素”等各类经济数据的汇聚和共享应用，提升湾区经济运行调节数字化治理水平，构建协同闭环的数字化社会治理体系，提升政府治理数字化水平。强化湾区智慧城市建设合作和平台联通，加强地理空间、交通信息、经济数据等智慧城市数据要素共享利用，加快智慧医院建设，深入推进智慧社区建设，以此共建湾区智慧城市群。加强三地数字技术联合创新攻关，探索构建统一的“数字空间”底层技术体系，支持科研合作项目需要的应用研究、医疗等数据资源在湾区内有序跨境流动，探索建立

① 21世纪经济报道:《杨鹏飞：广东展望“数字湾区”新图景，七大方面推进建设》，https://www.21jingji.com/article/20230413/herald/56aff45e061bc35770741e5a0a05695c.html。

② 21世纪经济报道:《杨鹏飞：广东展望“数字湾区”新图景，七大方面推进建设》，https://www.21jingji.com/article/20230413/herald/56aff45e061bc35770741e5a0a05695c.html。

粤港澳“数字空间”治理格局。[①]

“政务通”方面。聚焦湾区居民出入境、交通、教育、社保、医疗、养老、融资、旅游等热点领域，加快推动粤港澳三地居民统一身份认证互认，争取国家支持实现回乡证等一批港澳居民高频政务服务事项全流程电子化“跨境通办”，推动粤港澳政务服务一体化。推动“粤系列”移动政务服务平台与香港“智方便”、澳门“一户通”等政府服务应用深度融合对接，建设湾区公共服务综合平台。[②]

“数字融湾”方面。以“数字湾区”建设为着力点，深入实施全省数字政府基础能力均衡化发展规划，以提升数字化基础能力为牵引，带动粤东粤西粤北地区全面融入粤港澳大湾区产业链、供应链，加快提升数字融湾基础能力。与香港特别行政区政府电子投标系统、澳门特别行政区政府采购资讯统一公开平台主管单位建立合作机制，推动湾区交易信息互通，深化“粤公平”公共资源交易平台共享整合，优化提升湾区公共资源交易效率。[③]

第二节　有力支撑全国统一大市场建设

2022 年 3 月，《中共中央　国务院关于加快建设全国统一大市场的意见》印发，明确提出要“加快培育数据要素市场”，“推动数据资源开发利用”。构建全国统一的数据要素大市场旨在以数据要素市场化配置改革为重要抓手，打通数据要素价值创造、价值交换和价值实现的全链条，培育“统一、开放、法治、安全、高效”数据要素市场体系，构建有效市场和有为政府更好结合的“全国统一大市场”，促进数据要素流动规范有序、配置高效公平，全面赋能数字经济、

① 21 世纪经济报道:《杨鹏飞：广东展望“数字湾区”新图景，七大方面推进建设》，https://www.21jingji.com/article/20230413/herald/56aff45e061bc35770741e5a0a05695c.html。

② 21 世纪经济报道:《杨鹏飞：广东展望“数字湾区”新图景，七大方面推进建设》，https://www.21jingji.com/article/20230413/herald/56aff45e061bc35770741e5a0a05695c.html。

③ 21 世纪经济报道:《杨鹏飞：广东展望“数字湾区”新图景，七大方面推进建设》，https://www.21jingji.com/article/20230413/herald/56aff45e061bc35770741e5a0a05695c.html。

数字社会和数字政府高质量发展。基于这个目标，建设全国统一数据要素大市场从以下五个方面发力。

一、在充分激发各类市场主体活力上先行先试

与土地等传统生产要素不同，数据要素因其非排他性和非竞争性而具有鲜明的集体共有属性。因此，在数据要素市场培育过程中，要建立数据共有产权制度，承认并保障参与数据要素价值创造的各类市场主体的数据权益，即坚持“汗水原则”，增强市场主体的获得感。另外，在保护数据共有权益的同时更要明确责任共担的原则，引导各类市场主体在开展数据要素开发利用活动之前就责任划分和风险承担等内容达成共识，增强市场主体的责任感。实现数据要素市场可持续性发展和繁荣，就必须坚决打击数据垄断、数据欺诈和数据不正当竞争等破坏市场秩序的行为，同时保护好个人隐私权益和企业商业秘密，增强市场主体的安全感。

二、在完善整体有序的市场治理体系上先行先试

好的治理体系是提高治理能力的前提和基础。健全数据要素市场治理体系，就要坚持“整体性治理”“数字化治理”“源头性治理”三大方向。首先，以“整体性治理”优化顶层设计，理顺中央、省、市、县在数据要素市场建设方面的权责分工，整合中央层面数据管理职能，强化中央与地方统筹协调工作机制，加强地方主管部门统一归口管理力度。其次，以“数字化治理”重塑政府与市场之间的权力结构、功能配置和边界划分，利用数字化技术实现多元治理主体大规模跨界互动、平台协作与价值协同。最后，以“源头性治理”压实政府部门和市场主体对数据治理的主体责任，在政府部门和企业内部设立“首席数据官”，统筹本部门、本企业数据治理职责和工作。按照“一数一源”的原则，编制职能数据责任清单，强化数据的源头治理。

三、在健全公平公正的市场法治体系上先行先试

数据要素市场的安全、有序运行，离不开合理完善的制度法规体系提供坚实保障。因此，要合理划分中央与地方事权，分工负责建立健全数据要素市场化配置所涉及的法律法规和制度标准。一是在《网络安全法》《数据安全法》和《个人信息保护法》等的基础上，加快出台国家层面数据立法。二是围绕数据要素流通各环节，健全数据产权、数据治理、共享开放、融合应用、交易流通、安全保护等基础制度和标准规范，促进数据要素安全高效有序流动。三是建立数据流通跨部门协同监管制度，健全投诉举报查处机制，严格数据要素市场监管执法。

四、在构建安全高效的市场流通体系上先行先试

市场化配置一般涉及生产、分配、流通和消费四个环节。有效的市场化配置需要充分发挥政府行政机制、市场竞争机制和社会志愿机制的比较优势，构建两级数据要素市场结构。其中，一级数据要素市场是以政府指导价格形成机制为主，构建权威高效的公共数据管理机制，统筹配置公共数据和准公共数据，推进公共数据开发利用和数据融合生态建设；二级数据要素市场是以市场竞争价格形成机制为主，鼓励社会数据入场交易，健全市场运行机制、交易规则和中介服务，满足主体多样性和高质量用户需求。

另外，在两级市场结构的基础上，强化数据新型基础设施、数据运营和数据交易等三大数据要素市场的枢纽建设。一是统筹能源网和算力网建设布局，推动数据中心的建设、整合、改造与提升，构建数据安全存储、数据授权、数据存证、可信传输、数据验证、数据溯源、隐私计算等数据新型基础设施，支撑数据资源汇聚流动和数据要素创新应用。二是建设统一协调、分级管理的中央和地方数据运营机构，负责市场主体准入、评级、认证、退出管理，统筹公共数据运营工作，推动公共数据与社会数据融合及数据生态建设。三是建设各

类数据交易场所，规范数据入场交易。四是着重建设数据要素市场生态，在市场准入和分类分级管理的前提下，培育和丰富数据运营服务商、“数据经纪人”（数据中介服务机构）以及其他一般市场主体。

五、在深化数据要素全面赋能数字化发展上先行先试

首先，以场景创新为抓手，加快公共数据与社会数据融合应用，实现数据要素助力数字政府建设。首先，加强数字政府建设，将数据要素视为提升政府治理效能的新利器。其次，围绕粤港澳大湾区、长三角地区、京津冀地区、环渤海经济圈、成渝经济圈、中部经济区等，率先打造若干区域一体化数据要素市场，支撑全国统一大市场建设。最后，适时将北京、上海、深圳等地打造成为国内数据要素大循环的核心枢纽和国内国际双循环的战略链接点，深度参与数据要素跨境流动规则制定，维护数据主权，建立以跨境监管沙盒为基础的“数据海关”，打造可信跨境数据空间，促进数据要素国内国际双循环。①

第三节　用好国内国际两个市场两种资源

当今世界经济疲软，全球化遭遇逆流，国际形势严峻。中国作为“全球第二大经济体”，是国际环境的塑造者，中国的新发展为世界提供新机遇，正加快构建以国内大循环为主体、国内国际双循环相互促进的新发展格局。

党中央深刻把握数字化发展大势，在全球率先将数据定义为第五大生产要素，通过深化要素市场化配置改革，构建数据要素全国统一大市场，稳步推动规则、规制、管理、标准等制度型开放，增强国内外大循环的动力、活力和话语权，为实现国内国际两个市场两种资源联动循环创造条件。

---

① 傅建平:《深化数据要素改革　构建全国统一大市场》，光明网，https：//tech.gmw.cn/2022-01/05/content_35427475.htm。

一、构建若干高标准区域数据要素市场，助力区域协同发展

围绕粤港澳大湾区、长三角地区、京津冀地区、环渤海经济圈、成渝经济圈、中部经济圈等，率先打造若干区域一体化数据要素市场，实现规则、规制、管理、标准等互认互通，支撑全国统一大市场建设。推动国内强大市场需求与供给的高效适配，加快融入数据要素国内统一大市场。更高水平参与国内大循环和国内国际双循环，打造新发展格局的战略支点，为全面建设中国式现代化提供更有力支撑。

二、打造若干全球领先的数据权益保护高地，落实数据制度型开放

可选择经济基础好、市场化程度高的地区，充分发挥市场在资源配置中的决定性作用，更好发挥政府作用，着力优化鼓励创新的制度环境，强化企业创新主体地位，激发人才创新创造活力。扩大数据要素市场化配置范围和按价值贡献参与分配渠道，推动数据要素由市场评价贡献、按贡献决定报酬，按照“谁投入、谁贡献、谁受益”的原则，着重保护数据要素各参与方的劳动收益，促进劳动者的贡献和劳动报酬相匹配，强化基于数据价值创造的激励导向。建立数据要素收益的再分配调节机制，让各类组织和个人更好共享共用数字经济发展成果。

三、打造若干国家级数据流通核心枢纽，畅通国内大循环通道

可选择北京、上海、深圳、贵阳等城市，率先构建数据要素驱动经济社会高质量发展的体制机制，优化政策环境，扫除数据流通体制机制障碍。进一步优化供给结构，以高质量供给引领和创造新需求，以场景创新为牵引，加快全面数字化发展，催生新产业、新业态和新模式，激活制造业、商业和金融等重要领域的数据潜能，打造具有国际竞争力的数字产业集群，推动产业基础高级化和产业链供应链现代化，打造新型产业重要策源地、先进制造业和现代服务业基地，推动建设更具国际竞争力的现代产业体系。

四、打造若干数据要素国内国际战略链接点，实现双循环有效联动

充分发挥自由贸易试验区、自由贸易港、国际数据港、各类开发区和保税区等引领作用，推动规则衔接、机制对接以及规则软联通和设施硬联通，开展数据交互、业务互通、监管互认和服务共享等方面交流合作，积极参与数据流动、数据安全、数字货币和数字经济税收等国际规则和数字技术标准制定。秉持数据发展价值主张，探索建立包容共享、和而不同、先进适宜的数据规则制度，合作推进高质量、可持续、普惠型的数字贸易基础设施建设。稳住存量市场同时开拓多元化国际市场，深度对接国际经贸体系，有效利用国内国际两个市场两种数据资源，更高水平参与国内国际双循环。

第十一章　数据发展愿景

未来全球数据要素配置话语权的国际竞争将空前激烈，谁掌握数据谁将赢得发展主动权，谁利用好数据谁将赢得未来数字竞争新优势。要以数据价值观引领中国式数据发展，树立正确的数据价值观，汲取”精神养料”廓清“思想迷雾”，力戒数据领域形式主义。构建面向中国式现代化的数据发展价值主张，以“中”为度，行稳致远，牢牢掌握国家数字竞争“主动权”，走出一条具有中国式的数据治理与市场化利用之路。

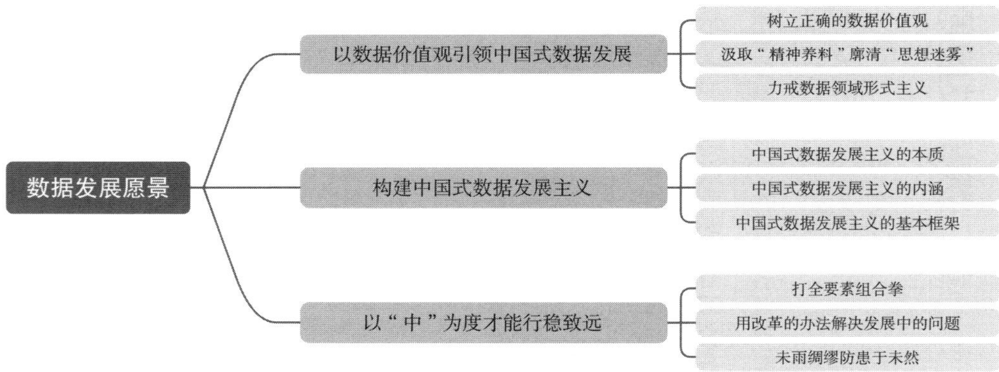
数据发展愿景
以数据价值观引领中国式数据发展
树立正确的数据价值观
汲取“精神养料”廓清“思想迷雾”
力戒数据领域形式主义
构建中国式数据发展主义
中国式数据发展主义的本质
中国式数据发展主义的内涵
中国式数据发展主义的基本框架
以“中”为度才能行稳致远
打全要素组合拳
用改革的办法解决发展中的问题
未雨绸缪防患于未然

第一节　以数据价值观引领中国式数据发展

数据是数字时代第一生产要素，谁掌握了数据谁将掌握发展主动权，谁利用好数据谁将赢得未来数字竞争新优势。

当下，社会各界围绕“**实现什么样的中国式数据发展，怎样实现中国式数据发展**”时代话题各抒己见，公说公有理、婆说婆有理，需要正本清源、凝聚共识再出发。

人类社会发展的根本引领是价值观的引领，实现“**中国式数据发展**”同样需要“**中国式数据价值观**”的引领。

一、树立正确的数据价值观

价值共创：按共商共建共享原则，凝聚各方共识、承担数据共同体责任、形成一致行动、谋求合作最大公约数、达成价值共创，使各类组织和个人成为数据共同体发展的参与者、贡献者、受益者。

利益均衡：在追求个体数据利益时要兼顾其他个体及数据共同体的利益，不断扩大利益汇合点，编织更紧密的共同体利益网络，把各方利益融合提升到更高水平，增进共同体利益。

责任共担：跳出以往“单打独斗、各自为战”的路径依赖，着眼数据共同体的整体效能、发挥整体合力，聚焦共同目标，恪守共同规则，承担共同责任，努力为数据共同体发展作出贡献。

统筹兼顾：正确认识和妥善处理数据要素市场化配置改革发展中的重大关系，坚持全国一盘棋，统筹个人和集体、局部和整体、当前和长远，构建横向到边、纵向到底的国家数据治理体系。

数实共生：数据与数字技术相结合，全面深入渗透到生产、生活、治理各领域，推动数字化、网络化、智能化变革，催生以数字孪生为特征的新业态、新模式、新产品，打造新动能，拓展新边界，开辟新道路。

韧性发展：可持续韧性发展注重环境、社会和经济更具弹性和安全，数字化韧性供应链是可持续韧性发展的关键，构建数据驱动的智能化生产模式和价值网络成为未来经济社会数字化发展的共同选择。

开放共享：坚持以人为本，在开放的基础上，通过共享让数据要素与其它生产要素充分结合、互通有无，提高生产效率和社会运行效率，推动文化和经济融合，促进社会均衡发展和整体进步。

普惠利他：初次分配，以价值共创为导向，保护数据处理者收益。再分配，按照公平优先原则，通过税收减免、社会保障支出等方式，兑现数据所有者权益。三次分配，以慈善公益方式分配数据财富。

共同富裕：把握数据特性及其价值运动规律，构建数据基础制度，夯实还数于民的制度基础，完善共建共治共享的数据生产关系，规范数据财富形成机制，解放和发展数据生产力，促进共同富裕。

二、汲取"精神养料"廓清“思想迷雾”

“不能挂羊头卖狗肉”，面粉≠面包，地块≠商品房，同样，数据要素≠数据产品/服务、算力服务、数字藏品。搞清楚什么才是真正的数据要素，正本清源，凝聚共识，轻装上阵，从头出发。

“打得就是组合拳”，数据要素≠数据生产力，数据要素转化为现实生产力，需要跨学科、高水平、创新型的“劳动力”投入，高风险、高收益、可持续的“资本”投入，超维度、高质量、高价值的“数据”供给，强泛化、深结构、自适应的算法处理，智能化、网络化、绿色化的算力支撑。

“条条大路通罗马”，客观事物的复杂性决定了数据要素的复杂性，数据要素与经济社会活动结合发挥作用的路径应该是多样化的，不能只有“资源化、资产化、资本化”一条道，以及数据交易环节价值变现一条路。

“**兵民是胜利之本**”，企业群众是数据要素发展的胜利之本。要打破“数据割据”，“还数于民”，保护其数据权益，增加其获得感，激发其积极主动性。

“**十个指头弹钢琴**”，有效市场和有为政府更好结合，推进数据要素化既不能盲目乐观、操之过急，避免政绩冲动，也不能畏首畏尾、犹豫不前，要为先行者撑腰。

三、力戒数据领域形式主义

“**人有多大胆地有多大产**”。违背数据交易的客观情况，政绩冲动拍脑袋给出动辄几十亿、上百亿的目标额度，使下面很难办，你瞎指挥，我就乱报，结果就浮夸起来了。

“**拆东墙补西墙**”。利用行政手段干预招投标领域市场，要把原本由政府集中采购的政务云、政务大数据中心等信息化项目拿到数据交易所交易，为其充当数据交易额。

“**行政任务摊派**”。利用行政手段搞运动式摊派，向行政辖区内有关部门、企事业单位摊派数据交易任务，行政乱作为。

“**行政授予垄断**”。用行政手段指定公共数据运营与流通必须通过特定的数据集团和数据交易所，不利于市场公平竞争，扰乱市场秩序，既不合法又不合理，背离数据要素市场化配置改革精神实质。

“**抱别人家孩子充门面**”。通过数据交易规则，要求场外供需双方签订的合法数据交易合同，统一到指定的数据交易所备案，为其充当数据交易额，掩耳盗铃，自欺欺人。

第二节　构建中国式数据发展价值主张

当今世界正面临百年未有之大变局，一切事物皆可数据化，权威机构预测2025年全球产生的数据将达175ZB，而中国数据量将增至48.6ZB，占全球数据量的27.8%，成为全球最大的数据圈。谁掌握了数据谁就掌握发展主动权，谁利用好数据谁将赢得未来数字竞争新优势。

当下，全球化遭遇逆流，数据保护主义抬头，打着数据自由主义的幌子大搞单边主义。中国数字经济规模稳居世界第二，但数据领域的话语体系与我国大国地位不匹配，中国数据领域话语体系整体建设水平有待提高。

一、中国式数据发展价值主张的本质

如何更好发挥数据要素作用？东西方采取了截然不同的数据立场，根本上取决于资本主义与社会主义两种思想体系、两种价值观念和两种社会制度的不同。

中国式数据发展价值主张的本质是数字化的社会主义生产方式和数字技术革命背后的社会主义逻辑在意识形态上的集中体现，它区别于美国“数据自由主义”、欧盟“数据保护主义”。

构建中国式数据发展价值主张的根本目的是解放和发展数据生产力，牢牢掌握国家数字竞争“话语权”，建立更加科学有力的、适合我国国情和发展实际的数据领域话语体系。

二、中国式数据发展价值主张的内涵

我们要坚持社会主义核心价值观，坚持党的集中统一领导，推动有效市场和有为政府更好结合，构建符合人口巨大规模国情的，促进全体人民共同富裕、物质文明和精神文明相协调、人与自然和谐共生、走和平发展道路的“数据发展价值主张”。推动构建数据要素全国统一大市场，更好发挥数据要素作用，促

进全面高质量发展，走出一条中国式数据治理现代化与高质量发展之路。

三、中国式数据发展价值主张的基本框架

（一）解放思想“吃改革饭、走开放路”

数据要素市场化配置改革是一项极具开创性、挑战性和探索性的战略任务，没有现成模式可以参考，没有成熟经验可以借鉴，没有固定路径可以依赖，必须要“吃改革饭、走开放路”，关键要进一步解放思想、实事求是，按照中央擘画数据要素基础制度“四梁八柱”，聚焦堵点、痛点和难点，大兴调查研究之风，以理论创新勇气推动制度创新工作创新，提升数字化能力，鼓励首创为先行者撑腰打气，构建“数据发展价值主张”话语体系，牢牢掌握国家数字竞争的“话语权”。

（二）把握“六大思维”与“十大关系”

树立数据治理“六大思维”。推进全面数据要素化、价值化和市场化，要以战略思维为引领，以系统思维推进数据治理体系建设，以辩证思维和创新思维调整数据生产关系，以精准思维提高数据供给质量与效率，以底线思维夯实数据安全保障体系。

处理好数据要素“十大关系”。构建供给和需求正反馈机制，促进公共数据与非公共数据融合，允许适度垄断促进数据流通，规范场外流通与培育场内交易并重，探索多元化确权分配，可信技术支撑治理落地，推进数据合规促进创新，包容监管促进发展，完善争议处理强化权益保障，有效利用国内国际两个市场两种数据资源。

（三）明确利益相关者的权利与义务

发挥新型举国体制优势，创造性贯彻落实宪法第六条，加快国家数据立法，

健全共建共治共享的数据生产关系，探索建立中国式数据共有制，创立数据共有权与数据用益权“两权分离”的数据产权结构。

将数据用益权细分成数据资源持有权、数据加工使用权、数据产品经营权，并健全“三权结构性分置”运行机制。按“先法定后约定、有约定从约定、无约定从法定”原则，支持依法登记、商事民事合同约定、行政协议约定等多元化确权方式。

从数据的生产、分配、流通、消费等关键环节着手，坚持“价值共创、责任共担、利益均衡”数据共同体理念，调整和完善数据所有者、生产者、处理者、中介服务者、消费者等利益相关方权利义务。

（四）规范数据财富形成机制

一次分配。强化对数据处理者基于价值创造的激励导向，扩大按价值贡献参与分配渠道，由市场评价贡献、按贡献决定报酬，着重保护数据资源持有方、数据加工使用方、数据产品经营方的劳动收益，促进劳动者的贡献和劳动报酬相匹配，推动数据资产入表，共享共用数据要素发展成果。

再分配。在保护个人隐私、商业秘密和保障数据安全的基础上，通过国家数据立法赋予各类组织和个人“数据共有权”，鼓励权利所有者以互惠利他方式，支持其相关数据参与价值创造，由政府通过税收抵扣、社会保障支出等再分配兑现其数据收益。

三次分配。鼓励数据矿主、产业龙头、大型数字平台等以慈善公益方式分配数据财富。

（五）探索进取型“守门人”制度

“疏”与“堵”相结合，赋予数据矿主、产业龙头、大型数字平台、数据交易机构、数据处理者等“守门人”地位，立足防守，更图发展，使之在做好个人信息保护与数据安全防守的同时，更发挥其行业生态带动能力、产业链供应链协同能力、数据治理与技术创新能力，带动中小企业及其行业生态伙伴，提高数据供给水平，增加全社会数据附加值和市场流动性。

国家数据局要统筹安排，明确“守门人”认定条件及退出机制，细化它的权利、责任与义务；推动建立政府部门与“守门人”之间以及“守门人”之间的协作机制，形成政府引导、“守门人”带动、市场主体广泛参与的数据流通安全治理与高质量发展的新工作格局。

（六）推动高标准数据要素市场体系建设

健全市场结构。构建适宜数据要素特性及其运动规律的市场结构，是推动数据的充分生产、合理分配、高效流通、自由消费的关键所在。要在全国统一大市场体系内，以平衡效率与秩序、安全与发展为价值导向，以统一、完整、开放为原则，从合理化、高级化和梯度化三个方面，建设高标准的数据要素市场体系。

完善市场规则。数据要素市场准入规则、竞争规则和流通交易规则，包括市场主体进入市场的资格规范、市场主体的性质规范、市场主体退出市场的规范，市场客体进出市场规则等。

培育市场生态。规范发展国家级数据交易所和区域级数据交易机构，大力发展行业性数据交易平台、数据合作社、数据银行、数据信托、数据经纪人、数据服务商、第三方专业服务机构、行业及跨境可信数据空间等多元化数据流通生态。

数据安全合规。推进数据安全合规就是发展数据生产力，数据安全合规可以规避风险、增加确定性、创造价值、提升竞争力，应贯穿数据要素化的全过程各方面，推进全员、成体系、全过程的数据安全合规治理体系建设，提高数据安全合规治理能力，打造政府、企业、个人参与的数据安全合规共同体。

（七）完善国家数据治理组织体系

以组建国家数据局为重要契机，坚持全国一盘棋，着眼加强对数字化集中统一领导，整体推进数字中国建设，构建国家数据治理体系，明确其职能定位，突出核心职能，整合相近职能，加强监督职能，充实协调职能。

强化中央和地方数字化统筹协调工作机制，加强各地区各部门统一归口管理力度，以现行条块化管理体制为基础，调整优化数据职能配置和领导指挥关系，强化上级数据主管部门对下级数据主管部门的领导。

加强政府和企业首席数据官、数据合规师及专业技术人才队伍建设，推动“还数于民”在实际工作中落地、落实、落细。

（八）营造良好的数据发展环境

要素协同。坚持问题和需求导向，创新数据要素与其他生产要素的协同联动机制及应用场景，加大技术支撑、人才保障、经费投入，发挥要素协同效应。

争议处理。创新适合数据要素运动特性的争议处理方式，合理配置数据权益纠纷解决的社会资源，完善和解、调解、仲裁、行政复议与诉讼有机衔接、相互协调的多元化纠纷解决机制。

包容协同监管。从构筑国家数字竞争新优势的战略高度，通过包容协同监管促进数据要素市场化发展，坚持监管规范和促进发展两手并重、两手都要硬，明确规则，划出底线，设置好“红绿灯”。

容错机制。建立健全“鼓励创新、价值驱动、包容审慎”的容错纠错机制，鼓励各类主体参与改革创新、大胆探索，突破体制机制障碍，广泛凝聚改革共识，增强改革动力，形成百舸争流、百花齐放的良好改革局面。

第三节　以“中”为度才能行稳致远

2023 年初，ChatGPT-3 横空出世，立刻吸引了全世界的目光。

“生成式人工智能”正以前所未有的进化速度和颠覆性的改变，迅速催生各行各业新业态、新方式和新场景，将深刻改变人们的生产生活方式以及思想、经济、社会的历史演进模式。

一个崭新的数字智能时代正拉开帷幕。

一、打全要素组合拳

“生成式人工智能”代表未来社会生产力的发展方向，其成功的背后是劳动力、资本、数据、技术等生产要素的高效协同与高水平配置。即：

- 跨学科、高水平、创新型的“劳动力”投入
- 高风险、高收益、可持续的“资本”投入
- 超维度、高质量、高价值的“数据”供给
- 强泛化、深结构、自适应的“技术”算法处理
- 智能化、网络化、绿色化的“技术”算力支撑

人们在欣赏之余，不由发问。

我国数字经济规模全球第二，拥有超大规模市场体系、海量数据应用场景和巨大数字化发展潜力。但类似 ChatGPT-3 这样的具有全球影响力的重大科技创新成果，为什么没有首先出现在中国呢？这个问题值得深思。

当前，我国数据供给侧结构性矛盾突出、技术被卡脖子、人才红利挖掘不充分、资本无序扩张等关键问题尚未有效解决。

特别是，各界对数据要素这一新生事物的特性和运动规律的把握需要一个过程，各地区积极改革实践，不断取得突破，但也面临数据理论、数据能力、数据话语“三大困境”，处于爬坡过坎阶段。出现两类倾向。

1. “左倾”：超越客观实际、搞形式主义、拍脑袋盲动蛮干。
2. “右倾”：看不清、拿不准、等等看、不敢干。

要坚持实事求是，一切从实际出发。

1. 防止左：就是避免像大跃进这种盲目发展。
2. 警惕右：就是避免思想保守、不思进取、故步自封。

二、用改革的办法解决发展中的问题

也许很多人会习惯性从文化、制度、体制、机制、组织等“上层建筑”层面寻找答案，但我们认为，应从“经济基础”层面，特别是“生产关系”深层次寻找破题之道。

要“吃改革饭、走开放路”，发挥新型举国体制优势，深入推进全要素市场化配置改革，着力解决深层次矛盾。

我们正在经历第四次产业革命，以数据为关键生产要素的数字经济蓬勃发展，共享开放、协同共生、数实融合成为数字化发展的主基调。

把握百年未有大变局之“变”，就必须深刻认识数智化社会化大生产之“大”，它已经远远超越前三次产业革命，需要重塑共建共享共治共用共赢的生产关系来适应数据生产力发展，推动生产方式变革。

要深入推进数据要素市场化配置改革，破解理论困境、能力困境和话语困境，建设全国统一大市场，更好发挥数据要素作用，促进全面高质量发展，牢牢掌握我国数字化发展“主动权”、国家数字竞争“话语权”。

三、未雨绸缪防患于未然

数据泡沫。“阳光下的泡沫是彩色的”，互联网的泡沫数据不是虚假数据，其内容本身的价值不高，但在整体数据中占比很大，将影响人们的认知和决策，潜移默化地影响社会价值取向。数据估值虚高，易引发泡沫，存在洗钱风险。

数据迷雾。在“数据手工艺”到“数据工程”演进中，因数据缺乏治理或本身有杂质、有污染、有假冒伪劣等，或者人工智能等分析方法有问题，又或者两者兼而有之，“地基不牢、地动山摇”，由此得出的相关结果会将公众引向歧途。

数据危机。二十二年前，引发金融危机的是互联网泡沫；或许二十二年后，引发金融危机的是“数据泡沫”。未来数据要素化程度越来越高，产生大量的数据衍生品，在市场上“量化”交易可能引发新的“数据危机”。

图表目录

CONTENTS

案例目录

CONTENTS

后记

一部来自改革前沿、听到炮声的团队倾心力作

永遇乐·数据发展之路

心之所善，怎畏白头，不倦求索。

日短勤学，才疏墨淡，去惑于南粤。

虚实互倚，知数识文，莫忘乐忧交错。

不从陈时理，新变所生，抱真无我。

今时数者，犹九州雨，万木迎春纷绰。

昔日闻机，笃行勇往，弘任怀中落。

言无常数无常，新词难赋，夜起端坐。

少年游，我辈行装，重峦尽过。

为天地立心，为生民立命，为往圣继绝学，为万世开太平。

数据要素是一个新生事物，它迷人又神秘，可爱又难以捉摸。

各界对数据要素的特性及其价值运动规律尚未把握，存在理论困境、能力困境、话语困境，数据要素供给侧结构性矛盾突出，导致“捧着金饭碗要饭吃”，长此以往，将严重制约数据要素更好发挥作用。

推进数据要素市场化配置改革是破解困境、解决矛盾的“关键一招”，它是一个理论与实践、普遍与特殊、一般与个别有机结合的动态过程，也是一个需要不断丰富和持续完善的创新过程。

以数据为关键要素的数字化变革浪潮，广泛而深刻地影响着社会各界，如何前瞻谋划、敏捷应变，将是在这场变革与竞争中占据先机的关键。

三年来，广东作为中国改革开放的前沿阵地，弘扬敢闯敢试、敢为人先的改革精神，在全国率先开启数据要素市场化配置，“一盘棋”成体系高位推进，取得一系列全国首创型创新成果，为全国数据要素改革贡献广东样本。

三年来，我和我的团队身处改革前沿阵地，“听得见炮声”，积极投身改革，走遍南粤大地，深入企业调研，掌握一手材料，倾听多方面意见，摸清现状，剖析问题，抓主要矛盾，谋划改革框架，设计创新举措，起草政策文件，推进试点落地，评估政策绩效。

三年来，我和我的团队以高度的责任感、使命感和奉献精神，为改革倾注了极大精力，战疫情、搞研究、抓落实、促改革，增长了经验、提升了本领、开阔了眼界、锻炼了队伍，在国内数据要素领域树立了独具特色、敢于创新、标新立异的咨询风格，这才是三年来我们最大的体验和收获。

凡是过往，皆为序章。

生命仍在继续，变革仍在加速。

征途漫漫，唯有奋斗，方得始终。

本书的初衷与期许是以广东改革实践经验为核心案例，对国内外数据要素化发展做了一点梳理和反思，为探索中国式数据发展道路、理论、制度、文化等提供学术助力。

本书编写过程中，国家信息中心周民副主任、北京大学黄益平教授、清华大学孟庆国教授、复旦大学朱扬勇教授、中国政法大学李爱君教授、华东政法大学高富平教授、中央党校（国家行政学院）翟云研究员、北京师范大学吴沈括副教授、中国软件评测中心吴志刚副主任、清华大学博士后张腾、华为公司数据产业发展首席专家陈荣富等数据要素领域专家，为完善本书框架体系提出了大量宝贵意见和建议。王一珺、邓佳乐、游子逸、李孟、李筠筱、林嘉岚为本书撰写作出了很多努力。广东省政务服务数据管理局、广东省地方金融监督管理局、广东省工业和信息化厅、广州市政务服务数据管理局、深圳市发展和改革委员会、深圳市商务局、深圳市统计局、广州市海珠区政务服务数据管理局、广州互联网法院、广州仲裁委员会、佛山市市场监督管理局、佛山市顺德区政务服务数据管理局和中国移动通信集团有限公司、华为技术有限公司、鹏城实验室、深圳市南山区医疗集团、广东电网能源投资有限公司、深圳数据交易所、广东数据发展联盟等单位对案例的收集工作给予了大力支持和帮助，在此一并表示诚挚的感谢。

由于水平有限，难免有纰漏之处，敬请读者予以指正。